V&R Academic

Schriften zum deutschen und
internationalen Persönlichkeits- und
Immaterialgüterrecht

Band 39

Herausgegeben von Professor Dr. Haimo Schack, Kiel,

Direktor des Instituts für Europäisches und

Internationales Privat- und Verfahrensrecht

Jann Hendrik Cornels

Die Schranken des Designrechts

V&R unipress

Bibliografische Information der Deutschen Nationalbibliothek

Die Deutsche Nationalbibliothek verzeichnet diese Publikation in der Deutschen
Nationalbibliografie; detaillierte bibliografische Daten sind im Internet über
http://dnb.d-nb.de abrufbar.

ISBN 978-3-8471-0435-3
ISBN 978-3-8470-0435-6 (E-Book)

Gedruckt mit freundlicher Unterstützung der Studienstiftung ius vivum.

Von der Christian-Albrechts-Universität zu Kiel als Dissertation angenommen im Jahr 2015.

meiner Familie

Inhalt

Vorwort

Die vorliegende Arbeit wurde im Wintersemester 2014/2015 von der rechtswissenschaftlichen Fakultät der Christian-Albrechts-Universität zu Kiel als Dissertation angenommen. Literatur und Rechtsprechung konnte ich bis Ende Februar 2015 berücksichtigen.

Mein besonderer Dank gilt meinem Doktorvater, Prof. Dr. Haimo Schack. Diese Arbeit entstand während meiner Zeit als wissenschaftlicher Mitarbeiter an seinem Lehrstuhl. Sein gekonntes Fördern und Fordern waren für mich eine sehr wertvolle Hilfe. Ich freue mich, dass er diese Arbeit in seine Schriftenreihe zum deutschen und internationalen Persönlichkeits- und Immaterialgüterrecht aufgenommen hat. Ich danke ihm und Prof. Dr. Joachim Jickeli, meinem Zweitgutachter, darüberhinaus sehr herzlich für die rekordverdächtig schnelle Erstellung der Gutachten. Eine bessere Betreuung hätte ich mir nicht wünschen können.

Bei der Studienstiftung ius vivum bedanke ich mich für den ausgesprochen großzügigen Druckkostenzuschuss.

Diese Dissertation ist das Ende eines langen Weges. Dr. Benjamin Raue und Dr. Florian Jotzo haben mich auf ihm begleitet. Beide hatten immer ein offenes Ohr für mich und ermöglichten mir, auch provokante Thesen im wissenschaftlichen Diskurs zu testen. Bei Lars Cornels und Catharina Schäcke fand ich bedingungslosen Rückhalt. Ihre unermüdliche Unterstützung hat entscheidend dazu beigetragen, dass ich dieses Projekt erfolgreich abschließen konnte.

Hamburg im März 2015,
Jann Hendrik Cornels

Einleitung

Eine attraktive Produktgestaltung ist heute wichtiger denn je. Die Form, Linienführung, Textur oder Farbgebung eines Produktes sind kein Zufall, sondern das Ergebnis einer bewussten Gestaltung. Neben der Marke ist das Produktdesign heute ein zentraler Faktor für die Kaufentscheidung. In den Unternehmen ist dies längst bekannt. Auch die Politik hat den wachsenden Stellenwert des Designrechts[1] und die damit verbundenen Chancen für die europäische Wirtschaft erkannt. Jüngst hat die Europäische Kommission das Design gar als ein Schlüsselelement für die Wachstumsstrategie »Europa 2020« identifiziert.[2]

Diesem erheblichen Interesse der Wirtschaft an Designs hat die EU mit der Gemeinschaftsgeschmacksmusterverordnung[3] Rechnung getragen und ein einheitliches, unionsweit wirkendes Designschutzrecht eingeführt. Die Geschmacksmusterrichtlinie[4] sollte außerdem in den Mitgliedstaaten die Bedingungen für den nationalen Designschutz angleichen.

Mit Blick auf die herausragende Bedeutung des Designs ist es wenig überraschend, dass sich die korrespondierenden Schutzrechte großer Beliebtheit erfreuen. 2013 sind beim HABM in Alicante 23.194 Design-Anmeldungen eingegangen[5] und beim DPMA wurden 57.704[6] Designs registriert. In Deutschland

---

1 In dieser Arbeit wird einheitlich vom »Designrecht« gesprochen, gemeint sind damit alle Normen, die Designs betreffen, d.h. das deutsche seit 2014 so genannte DesignG, die GGV (»Gemeinschaftsdesign«) und die GRL.

2 Selbstverpflichtung 19, KOM(2010)546endg., S. 22; Vgl. auch Kommission Arbeitspapier SWD(2013)380final vom 23.9.2013, abrufbar unter http://ec.europa.eu/enterprise/policies/innovation/policy/design-creativity/index_en.htm.

3 Verordnung (EG) Nr. 6/2002 des Rates vom 12.12.2001 über das Gemeinschaftsgeschmacksmuster, ABl. L 3 vom 5.1.2002, S. 1 ff. (GGV).

4 Richtlinie 98/71/EG des Europäischen Parlaments und des Rates vom 13. Oktober 1998 über den rechtlichen Schutz von Mustern und Modellen, ABl. L 289 vom 28.10.1998, S. 28 ff. (GRL).

5 Vgl. SSC007 – Statistics of Community Designs, S. 1, abrufbar unter https://oami.europa.eu/ohimportal/de/the-office. Eine Anmeldung kann mehrere unterschiedliche Designs enthalten.

6 Vgl. Jahresbericht des DPMA 2013, S. 99, abrufbar unter http://presse.dpma.de/presseservice/publikationen/jahresberichte/index.html.

waren 2013 297.132 nationale registrierte Designs in Kraft.[7] In den letzten 10 Jahren wurden beim HABM insgesamt 863.572 Designs eingetragen.[8] Die Tendenz ist steigend.

A.　Problemaufriss

Beim Designschutz kann es aber nicht nur darum gehen, den Bedürfnissen der Wirtschaft maximal entgegenzukommen. Wie bei anderen Schutzrechten auch muss vielmehr ein gerechter Ausgleich aller betroffenen Interessen herbeigeführt werden.[9] Mit der GGV und der GRL hat der Unionsgesetzgeber seine Normsetzungsprärogative genutzt und seine Vorstellung dieser Abwägung in Gesetzesform gegossen. Den Designinhabern hat er ein Schutzrecht mit einer umfangreichen Sperrwirkung[10] an die Hand gegeben. Auffällig ist indes, dass er nur einen sehr kurzen Schrankenkatalog vorgesehen hat.[11]

Diese Arbeit untersucht, ob dem Unionsgesetzgeber damit ein ausgewogener Interessenausgleich gelungen ist und welche Möglichkeiten es noch für den Rechtsanwender gibt gegenläufige Interessen zu berücksichtigen.

B.　Gang der Untersuchung

Im ersten Kapitel wird das Gesamtsystem des aktuellen Designrechts dargestellt und wie sich die einschlägigen Regelungen zueinander verhalten. Aus diesem Gesamtsystem ergeben sich die Vorgaben und Spielräume für die Gesetzgeber und Rechtsanwender. Dabei richtet sich der Blick zuerst auf die Internationalen Verträge. Danach wird eingehend erörtert, wie das Designrecht durch das Unionsrecht beeinflusst wird. Neben den europäischen Grundrechten kommt dabei vor allem der GRL eine herausragende Bedeutung zu.

Das zweite Kapitel widmet sich umfassend dem methodologischen Rahmen. Das Designrecht setzt sich aus Regelungen zusammen, die über mehrere Rechtssysteme hinweg verwoben sind. Dieser Umstand wirft komplexe methodologische Fragen auf, deren Beantwortung durchaus umstritten ist. Letztlich geht es darum, Schranken auszulegen und wenn nötig Rechtsfortbildung zu betreiben; dafür aber muss das angewendete Handwerkzeug erläutert werden.

7　Vgl. Jahresbericht des DPMA 2013, S. 99.
8　Vgl. SSC007 – Statistics of Community Designs, S. 2.
9　Vgl. *Eichmann*/v. Falckenstein, GeschmMG[4], Allg. Rn. 8.
10　Vgl. etwa *Eichmann*/v. Falckenstein, GeschmMG[4], Allg. Rn. 9, § 38 Rn. 9.
11　Vgl. Art. 13 und zur Erschöpfung Art. 15 GRL.

Nur so sind die Auslegungs- und Rechtsfortbildungsergebnisse nachvollziehbar und überzeugend.

Genauso wichtig ist es, einige übergeordnete Gesichtspunkte offenzulegen. Im dritten Kapitel wird deshalb das strukturelle Verhältnis von Schutzbereich und Schranken dargestellt, das vermeintliche Gebot zu deren enger Auslegung besprochen und darüber hinaus geklärt, ob man im Designrecht grundsätzlich rechtsfortbildend tätig werden darf. Schließlich ist der Blick auf das Verhältnis zwischen Urheber- und Designrecht zu richten.

Nach dieser Grundlegung werden im vierten Kapitel die inhaltlichen Schranken des Designrechts erörtert. Ausführlich wird erarbeitet, wie man die in Art. 20 GGV, Art. 13 GRL und § 40 DesignG kodifizierten Schrankenregelungen verstehen muss. Eine gewisse Sonderstellung nimmt hierbei die designrechtliche Erschöpfung ein (Art. 21 GGV, Art. 15 GRL und § 48 DesignG). Sie knüpft weder an eine bestimmte Benutzung oder einen bestimmten Personenkreis an. Letztlich werden aber auch durch sie Benutzungen freigestellt. Aus dieser Gesamtwürdigung der Schranken ergibt sich, welche Sachverhalte gesetzlich nicht geregelt sind; wie mit ihnen umzugehen ist, wird danach untersucht. Am Ende soll ein vollständiges und nachvollziehbares Bild darüber entstehen, wie der Unionsgesetzgeber die unterschiedlichen Interessen berücksichtigt hat und wer im Zweifel neben ihm noch einen angemessenen Interessenausgleich fördern kann.

Nicht behandelt werden die erzeugnisspezifischen Ausnahmen[12], die gewisse Merkmale vom Schutz als Design ausschließen. Ausgeklammert werden damit die Regelungen zu innenliegenden (Art. 4 Abs. 2 GGV, Art. 3 Abs. 3 GRL, § 4 DesignG)[13] oder technisch bedingten (Art. 8 Abs. 1 GGV, Art. 7 Abs. 1 GRL, § 3 Nr. 1 DesignG)[14] Gestaltungen und insbesondere must-fit (Art. 8 Abs. 2 GGV, Art. 7 Abs. 2 GRL, § 3 Nr. 2 DesignG)[15] und must-match (Art. 110 GGV, Art. 14 GRL, § 73 DesignG)[16] Gestaltungen.

---

12 *Ruhl*, GGV², Vor Art. 20 – 23 Rn. 2.
13 Dazu *Ruhl*, GGV², Art. 4 Rn. 12 ff.; *Eichmann*/v. Falckenstein, GeschmMG⁴, § 4 Rn. 1 ff.
14 Dazu *Ruhl*, GGV², Art. 8 Rn. 17 ff.; *Eichmann*/v. Falckenstein, GeschmMG⁴, § 3 Rn. 3 ff.
15 Dazu *Ruhl*, GGV², Art. 8 Rn. 49 ff.; *Eichmann*/v. Falckenstein, GeschmMG⁴, § 3 Rn. 12 ff.
16 Zur lebhaft diskutierten Ersatzteilfrage etwa *Ruhl*, GGV², Art. 110 Rn. 1 ff.; *Eichmann*/v. Falckenstein, GeschmMG⁴, § 73 Rn. 1 ff.; ausführlich *Kerl*, Ersatzteilfrage.

Kapitel 1: Vorgaben und Spielräume

Im Designrecht zeigt sich die ganze Komplexität des modernen Rechts des »geistigen Eigentums«[17]. Der nationale Gesetzgeber ist in der Ausgestaltung der designrechtlichen Schrankenregelung nicht frei, er muss vielfältige Vorgaben der internationalen Konventionen und vor allem des Unionsrechts beachten. Diese Vorgaben bestimmen seine Ausgestaltungsspielräume. Letztlich ist auch die Judikative an diese Vorgaben gebunden, wenn es um die Gesetzesauslegung oder Rechtsfortbildung geht.

Auch die GGV ist in dieses Geflecht aus internationalen und europarechtlichen Vorgaben eingebettet. Sie binden damit auch den europäischen Gesetzgeber und alle Rechtsanwender.

A.   Internationale Konventionen

Für das Designrecht kommen mehrere internationale Verträge in Betracht, aus denen sich Vorgaben ergeben können. Dies sind die *Pariser Verbandsübereinkunft zum Schutz des gewerblichen Eigentums*[18] *(PVÜ)*, die *Revidierte Berner Übereinkunft zum Schutz von Werken der Literatur und Kunst*[19] *(RBÜ)*, das *Haager Abkommen über die internationale Hinterlegung gewerblicher Muster oder Modelle*[20] *(HMA)* und insbesondere das *Übereinkommen über handelsbezogene Aspekte der Rechte des geistigen Eigentums*[21] *(TRIPs)*.

---

17 Zum Begriff ausführlich *Ohly*, JZ 2003, 545 ff.

18 Vom 20. März 1883, in der revidierten Fassung von Stockholm vom 14. Juli 1967, BGBl. 1970 II S. 391, ber. 1985 II S. 975; zuletzt geändert durch ÄndBek. vom 20. August 1984, BGBl. 1984 II S. 799.

19 Vom 9. September 1886, BGBl. II S. 1071; zuletzt geändert durch Änderungsbeschluss vom 2. Oktober 1979, BGBl. 1985 II S. 81.

20 Das HMA umfasst drei Verträge: die Londoner Akte, die Haager Akte und die Genfer Akte. Allen dreien traten sowohl die BRD als auch die EG (heute EU) bei; dazu näher *Eichmann/v. Falckenstein*, GeschmMG[4], Int. Rn. 3 und *Kerl*, Ersatzteilfrage, S. 255 Fn. 1091.

21 Anhang 1 C des Übereinkommens zur Errichtung der Welthandelsorganisation vom

I.   Pariser Verbandsübereinkunft und Revidierte Berner Übereinkunft

Art. 1 Abs. 2 PVÜ zählt neben technischen Schutzrechten und Kennzeichenrechten »*die gewerblichen Muster und Modelle*« auf. Sie sind damit Teil des gewerblichen Eigentums im Sinne der PVÜ. Die PVÜ gibt allerdings keine umfangreichen Regelungen vor, sondern verpflichtet die Verbandsmitglieder lediglich, die gewerblichen Muster und Modelle überhaupt zu schützen; sie bestimmt einen Mindestschutzstandard und das Gebot der Inländerbehandlung (Art. 2 PVÜ). So macht die PVÜ zwar einige materiell-rechtliche Vorgaben, wie etwa das Prioritätsrecht für den Hinterleger, Art. 4 A Abs. 1 PVÜ. Etwaige Schrankenregelungen werden durch die PVÜ aber nicht berührt.

Mit der RBÜ verhält es sich ebenso. Artikel 2 Abs. 7 RBÜ stellt es den Verbandsländern frei, den Anwendungsbereich und die Voraussetzungen des Schutzes für Muster und Modelle festzulegen[22]. Aus ihr sind daher auch keine weitergehenden Vorgaben für den Designschutz abzuleiten.

II.   Haager Musterabkommen

Das HMA ermöglicht es, international Muster zu hinterlegen. Es ist ein Registrierungsabkommen, vergleichbar mit dem *Madrider System*[23] für Markenregistrierungen oder dem *PCT-Vertrag* für Patentanmeldungen. Als solches macht es so gut wie keine[24] materiell-rechtlichen Vorgaben.

III.   TRIPs

Anders als die genannten Konventionen enthält Art. 26 Abs. 2 TRIPs Vorgaben für Schrankenregelungen. Hiernach steht es den Vertragsstaaten grundsätzlich frei, »*begrenzte Ausnahmen vom Schutz gewerblicher Muster und Modelle*« vorzusehen. Das TRIPs-Übereinkommen zwingt die Vertragsstaaten nicht dazu, lässt ihnen aber die Freiheit.[25] Zugleich beschränkt es sie. Die Vertragsstaaten dürfen Ausnahmen nur dann vorsehen,

---

15. April 1994, BGBl. 1994 II S. 1730; zuletzt geändert durch ABl. L 311 vom 29. 11. 2007, S. 37 ff.

22 Unbeschadet des Art. 7 Abs. 4 RBÜ.

23 Bestehend aus dem Madrider Markenabkommen (MMA) und dem Protokoll zum Madrider Markenabkommen (PMMA).

24 Ausnahme: Art. 17 Abs. 3 HMA bezüglich der Schutzdauer für internationale Hinterlegungen.

25 *Peter*, in: Busche/Stoll/Wiebe, TRIPs², Art. 26 Rn. 13.

»*sofern solche Ausnahmen nicht unangemessen im Widerspruch zur normalen Verwertung geschützter gewerblicher Muster oder Modelle stehen und die berechtigten Interessen des Inhabers des geschützten Musters oder Modelles nicht unangemessen beeinträchtigen, wobei auch die berechtigten Interessen Dritter zu berücksichtigen sind*«.

Diese Vorgaben in Art. 26 Abs. 2 TRIPs sind freilich recht unbestimmt. Die Formulierung ist der des Dreistufentests in Art. 9 Abs. 2 RBÜ angelehnt.[26] Aus letzterem wird gefolgert, dass eine urheberrechtliche Schranke für private Vervielfältigungen zulässig ist.[27] Im TRIPs-Übereinkommen erlaubt Art. 26 Abs. 2 TRIPs noch weitere Ausnahmen.

Das ergibt sich schon aus der Struktur des Art. 26 TRIPs.[28] Art. 26 Abs. 1 TRIPs verlangt[29] nur ein Verbotsrecht gegen gewerbliche Handlungen. Wenn private Handlungen aber schon nicht vom Verbotsrecht erfasst sind, muss Art. 26 Abs. 2 TRIPs auch andere Schranken ermöglichen. Andernfalls wäre der Absatz unnötig.[30]

Bisher gibt es noch keine WTO-Entscheidungen zu Art. 26 Abs. 2 TRIPs. Die Regelung ähnelt aber stark den Ausnahmebestimmungen zum Urheberrecht (Art. 13 TRIPs), Markenrecht (Art. 17 TRIPs) und Patentrecht (Art. 30 TRIPs)[31]. Letzterer weist einen fast identischen Wortlaut auf. Zumindest zur Auslegung der Artt. 13 und 30 TRIPs hat sich das zuständige WTO-Streitschlichtungsorgan (fortan: *das Panel*) schon geäußert.[32] Diese Entscheidungen können deshalb auch für die Auslegung des Art 26 Abs. 2 TRIPs herangezogen werden – sie haben Indizwirkung.[33]

1.   Begrenzte Ausnahmen

Nach Art. 26 Abs. 2 TRIPs muss die Schranke zunächst eine begrenzte Ausnahme sein. Der Begriff »*begrenzte Ausnahmen*« ist auf den ersten Blick tau-

---

26 Vgl. etwa *Gervais*, TRIPS Agreement[4], S. 418 Rn. 2.345; *Kur*, GRUR Int. 1995, 185, 190.
27 *Staehelin*, TRIPs[2], S. 137; *Kur*, GRUR Int. 1995, 185, 191.
28 *Peter*, in: Busche/Stoll/Wiebe, TRIPs[2], Art. 26 Rn. 15; *Staehelin*, TRIPs[2], S. 137; *Kur*, GRUR Int. 1995, 185, 191.
29 Weitergehende Rechte sind aber zulässig, vgl. *Kur*, in: Beier/Schricker, From GATT to TRIPs, S. 156.
30 *Kur*, in: Beier/Schricker, From GATT to TRIPs, S. 156; *Peter*, in: Busche/Stoll/Wiebe, TRIPs[2], Art. 26 Rn. 15.
31 *Gervais*, TRIPS Agreement[4], S. 418 Rn. 2.345; *Straus*, GRUR Int. 2005, 965, 970.
32 Zu Art. 30 TRIPs WT/DS 114/R – Canada – Patent Protection of Pharmaceutical Products, und zu Art. 13 TRIPs WT/DS 160/R – United States – Section 110(5) of the US Copyright Act.
33 *Straus*, GRUR Int. 2005, 965, 970; vgl. auch *Carvalho*, TRIPs[3], S. 423 Rn. 26.5; *Peter* in: Busche/Stoll/Wiebe, TRIPs[2], vor Art. 25 Rn. 30 meint, dass die Art. 25, 26 leges speciales seien und deshalb die weiteren Regelungen TRIPs-intern nicht zur Auslegung herangezogen werden können.

tologisch. Ausnahmen müssen immer begrenzt sein, sonst wären sie keine.[34] Nach der Rechtsprechung der WTO zu Art. 30 TRIPs hat »*begrenzt*« aber einen weitergehenden Inhalt[35]: Der Begriff deute auf eine enge Ausnahme hin, welche die Rechte des Patentinhabers nur gering schmälert;[36] das Regelungswerk dürfe durch sie nicht ausgehöhlt werden[37]. Es müsse zudem klar erkennbar sein, wie weit die Rechte aus dem Patent beschnitten werden.[38] Darüber hinaus sei eine Ausnahme nicht schon dadurch »*begrenzt*«, dass sie sich nur auf einen bestimmten Technologiebereich beziehe.[39] Entscheidend sei, ob die Schranke innerhalb dieses Technologiebereichs nur Ausnahmefälle erfasst.

Wirtschaftliche Auswirkungen seien nur im Zusammenhang mit den beiden weiteren Tatbestandsmerkmalen zu beachten.[40] Damit legt das Panel Art. 30 TRIPs eher eng aus.[41] Zu Art. 13 TRIPs vertritt das Panel eine identische Auslegung: Eine Ausnahme müsse klar definiert und eng in Umfang und Reichweite sein, damit sie »*begrenzt*« ist.[42] Die Schranke darf daher nur echte Ausnahmefälle freistellen.[43]

Diese Grundsätze sind auf Art. 26 Abs. 2 TRIPs übertragbar.[44] Auch hier gilt deshalb: Eine Ausnahme darf die Rechte des Designinhabers nur gering schmälern. Gleichzeitig muss sie klar definiert sein und darf nur echte Ausnahmefälle erfassen. »*Begrenzt*« wird daher nach qualitativen *und* quantitativen Gesichtspunkten ausgelegt[45]. Erstere sichern, dass Ausnahmen nicht die we-

---

34 Treffend *Peter*, in: Busche/Stoll/Wiebe, TRIPs[2], Art. 26 Rn. 14.

35 WT/DS 114/R para. 7.30 – Canada – Patent Protection of Pharmaceutical Products; so auch schon *Straus*, GRUR Int. 2005, 965, 971.

36 »*The term »limited exception« must therefore be read to connote a narrow exception – one which makes only a small diminution of the rights in question*«, WT/DS 114/R para. 7.30 – Canada – Patent Protection of Pharmaceutical Products.

37 »*[…] one that does not undercut the body of rules from which it is made*«, WT/DS 114/R para. 7.30 – Canada – Patent Protection of Pharmaceutical Products.

38 *v. Saint-André/Taşdelen*, in: Busche/Stoll/Wiebe, TRIPs[2], Art. 30 Rn. 9.

39 »*An Article 30 exception cannot be »limited« by limiting it to one field of technology, because the effects of each exception must be found to be »limited« when measured against each affected patent*«, oben Fn. 36 para. 7.92.

40 »*Viewing all three conditions as a whole, it is apparent that the first condition (»limited exception«) is neither designed nor intended to adress the issue of economic impact directly*«, oben Fn. 36 para. 7.49.

41 Vgl. noch deutlicher in der Wortwahl *v. Saint-André/Taşdelen*, in: Busche/Stoll/Wiebe, TRIPs[2], Art. 30 Rn. 9.

42 »*In our view, the first condition of Article 13 requires that a limitation or exception in national legislation should be clearly defined and should be narrow in its scope and reach*«, WT/DS 160/R para. 6.112 – United States – Section 110(5) of the US Copyright Act.

43 Zu Art. 13 TRIPs WT/DS 160/R para. 6.109 – United States – Section 110(5) of the US Copyright Act; vgl. auch *Füller/Langeloh*, in: Busche/Stoll/Wiebe, TRIPs[2], Art. 13 Rn. 11.

44 *Straus*, GRUR Int. 2005, 965, 970.

45 Anders wohl *Füller/Langeloh*, in: Busche/Stoll/Wiebe, TRIPs[2], Art. 13 Rn. 8 und *Kerl*, Ersatzteilfrage, S. 251; eindeutig aber das Panel in WT/DS 160/R para. 6.109 – United States –

sentlichen Wertungen des Regelungssystems unterlaufen, dem sie entstammen. Letztere fordern, keine Regelsituation zur Ausnahme zu erklären. Wenn sich 70 % der Gaststätten darauf berufen könnten, »ausnahmsweise« öffentlich Musik abspielen zu dürfen, dann wären die verbleibenden 30 % in Wahrheit die Ausnahme.

2.   Unangemessener Widerspruch zur normalen Verwertung

Eine Ausnahmeregelung darf zudem nicht »*in einem unangemessenen Widerspruch zur normalen Verwertung*« stehen. Was eine »*normale Verwertung*« ist und wann eine Ausnahme in »*unangemessenem Widerspruch*« zu ihr steht, ergibt sich nicht ohne weiteres aus dem Wortlaut.[46] Erhellend ist hier wieder der Blick auf die vergleichbaren Regelungen.

Für Art. 30 TRIPs hat das Panel entschieden, dass die »*normale Verwertung*« eines Patentes darin bestehe, alle Formen des Wettbewerbs auszuschließen, die den durch die gewährte Monopolstellung zu erwartenden wirtschaftlichen Ertrag erheblich mindern könnten.[47] Rechtsicherheit schafft auch diese Definition nicht. Statt des unbestimmten »*normal*« führt es das ebenso auslegungsbedürftige »*erheblich*« ein. Einzig deutlich wird, dass dieses Element noch keine Interessenabwägung benötigt, sondern das Panel quantitativ wertet.[48] Trotzdem liegt auch in der »*normalen Verwertung*« eine normative Wertung, denn es kann immer nur um Erträge gehen, die aus einer Verwertung folgen, die wirtschaftlich üblich und überhaupt vom Schutzrecht umfasst ist.[49]

Auch das Merkmal »*unangemessener Widerspruch*« ist wenig greifbar.[50] Sicher ist: Nicht jeder Eingriff in die »*normale Verwertung*« ist automatisch »*unangemessen*«. Zumindest im Kern muss der Schutzbereich des Designs aber

---

Section 110(5) of the US Copyright Act »*[…] narrow in a quantitative as well as a qualitative sense*«, und *Carvalho*, TRIPS[3], S. 425 Rn. 26.8.

46 Vgl. *Peter*, in: Busche/Stoll/Wiebe, TRIPs[2], Art. 26 Rn. 17, 18.

47 »*The normal practice of exploitation by patent owners, as with* **owners of any other intellectual property right**, *is to exclude all forms of competition that could detract significantly from the economic returns anticipated from a patent's grant of market exclusivity*«[Hervorhebung von mir], WT/DS 114/R para. 7.30 – Canada – Patent Protection of Pharmaceutical Products.

48 Stimmig aber auch *Peter*, in: Busche/Stoll/Wiebe, TRIPs[2], Art. 26 Rn. 17, der »normale Verwertung« und »unangemessen« als einen Prüfungsstrang begreift und es letztlich für unerheblich hält, ob eine Ausnahmeregelung angemessen in die »normale Verwertung« eingreift oder »die schutzlos gelassene Verwertungsart nicht mehr unter den Begriff der normalen Verwertung zu subsumieren« sei.

49 »*What is common within a relevant community*« und »*a normative standard of entitlement*«, WT/DS 114/R para. 7.54 – Canada – Patent Protection of Pharmaceutical Products; vgl. *Peter*, in: Busche/Stoll/Wiebe, TRIPs[2], Art. 26 Rn. 17; *Carvalho*, TRIPS[3], S. 425 Rn. 26.10 ff.; *v. Saint-André/Taşdelen*, in: Busche/Stoll/Wiebe, TRIPs[2], Art. 30 Rn. 12.

50 Treffend *Peter*, in: Busche/Stoll/Wiebe, TRIPs[2], Art. 26 Rn. 18.

bestehen bleiben und darf nicht weiter eingeschränkt werden, als es die gegenseitigen Interessen verlangen.[51] Letztlich ist deshalb eine Abwägung zwischen dem Zweck der Ausnahme und dem berechtigten Interesse des Schutzrechtsinhabers an einer möglichst ungestörten *»normalen Verwertung«* erforderlich.

3.   Berechtigte Interessen

Schließlich dürfen Schrankenregelungen auch

> *»die berechtigten Interessen des Inhabers des geschützten Musters oder Modelles nicht unangemessen beeinträchtigen, wobei auch die berechtigten Interessen Dritter zu berücksichtigen sind«.*

Hier spricht Art. 26 Abs. 2 TRIPs erstmals ausdrücklich eine umfangreiche Interessenabwägung an, zwischen dem Zweck der Ausnahme, den Interessen des Designinhabers und von Dritten.[52] Tatsächlich müssen die Interessen des Designinhabers schon auf der zweiten Ebene einbezogen werden. Denn nur so kann überhaupt festgestellt werden, wann eine Ausnahme in einem »unangemessenen Widerspruch« zur Verwertung steht. Denkbar ist deshalb, dass zumindest der Hinweis auf die »berechtigten Interessen« des Designinhabers rein deklaratorisch ist und eigentlich schon mit dem Wort »unangemessen« auf der zweiten Ebene abgedeckt.[53]

Der Hinweis auf sie ist trotzdem sinnvoll, denn auf der zweiten Ebene wird lediglich das Verwertungsinteresse angesprochen. Die »berechtigen Interessen«, die auf der letzten Ebene in Einklang zu bringen sind, reichen weiter. Man kann sie auch nicht mit »rechtlichen Interessen« gleichsetzen.[54] Denn eine solche Verengung widerspräche dem Wortlaut und wird auch durch keine anderen Argumente gestützt. Es kommen deshalb alle »berechtigten Interessen« der beteiligten Personenkreise in Betracht – seien es wirtschaftliche oder ideelle.[55]

---

51 *Peter*, in: Busche/Stoll/Wiebe, TRIPs², Art. 26 Rn. 18.
52 *Peter*, in: Busche/Stoll/Wiebe, TRIPs², Art. 26 Rn. 19; die berechtigten Interessen Dritter haben bei Lichte betrachtet Einfluss auf alle Ebenen, vgl. *Carvalho*, TRIPS³, S. 429 Rn. 26.14.
53 *Peter*, in: Busche/Stoll/Wiebe, TRIPs², Art. 26 Rn. 18.
54 So von der EU vorgetragen für Art. 30 TRIPs in WT/DS 114/R zusammenfassend para. 7.73 – Canada – Patent Protection of Pharmaceutical Products. Vgl. zu Art. 30 *v. Saint-André/Taşdelen*, in: Busche/Stoll/Wiebe, TRIPs², Art. 30 Rn. 18 ff.
55 Vgl. *Carvalho*, TRIPS³, S. 425 Rn. 26.12; *Peter*, in: Busche/Stoll/Wiebe, TRIPs², Art. 26 Rn. 21.

4.   Ergebnis

Zweckmäßig unterscheidet Art. 26 Abs. 2 TRIPs drei Ebenen. Auf der ersten geht
es um die Schrankenregelung im Verhältnis zum Regelungssystem; auf der
zweiten kommt es maßgeblich auf den Beschränkungsumfang im Verhältnis
zum Verwertungsinteresse an; eine umfassende Interessenabwägung folgt dann
auf der dritten Ebene. Art. 26 Abs. 2 TRIPs ermöglicht sehr differenzierte
Wertungen. Die dafür nötige weite Formulierung bewirkt leider ein gehöriges
Maß an Rechtsunsicherheit.

IV.   Zusammenfassung

Obwohl es einige internationale Konventionen gibt, die das Designrecht betreffen, enthält lediglich das TRIPs-Übereinkommen in Art. 26 Abs. 2 TRIPs
wesentliche Vorgaben für Schrankenregelungen. Verstößt ein Vertragsstaat
gegen diese Vorgaben, kann er dazu gezwungen werden, seine Gesetze TRIPs-
konform auszugestalten. Bei jeder Schrankenregelung ist deshalb auch immer an
deren Vereinbarkeit mit Art. 26 Abs. 2 TRIPs zu denken.

B.   Grundrechte

Schranken haben nur einen Zweck: Sie sollen das bestehende Spannungsfeld
zwischen dem künstlich geschaffenen Monopol des Schutzrechtsinhabers und
anderen berechtigten Interessen auflösen.[56] Letztlich werden deshalb immer
Grundrechte miteinander in Einklang gebracht. Sie sind deshalb für die
Schrankenregelungen von besonderer Bedeutung.

I.   Europäischer Grundrechteschutz

Mit Inkrafttreten des Vertrages von Lissabon am 1. 12. 2012 bestimmt Art. 6 EUV,
welche Rechtsquellen es für Grundrechte auf europäischer Ebene gibt. Dies ist
vor allem die Charta der Grundrechte der Europäischen Union (GRCh)[57], die
gleichrangig neben den Verträgen steht und deshalb Teil des Primärrechts ist[58],

---

56 *Eichmann*/v. Falckenstein, GeschmMG[4], § 40 Rn. 1; vgl. zu den urheberrechtlichen Schranken ausführlich *Stieper*, Schranken, S. 42 ff.
57 Charta der Grundrechte der Europäischen Union i. d. F. vom 12. 12. 2007, ABl. C 83 vom 30. 3.
2010, S. 389 ff., berichtigt durch ABl. C 326 vom 26. 10. 2012, S. 391 ff.; vgl. Art. 6 Abs. 1 EUV.
58 *Jarass*, EuR 2013, 29.

daneben aber auch die grundrechtsbezogenen Normen der Verträge und die allgemeinen Rechtsgrundsätze, die der EuGH als Grundrechte entwickelt hat.[59] Solange die EU der EMRK[60] nicht beigetreten ist[61], ist diese dennoch als Recht*serkenntnis*quelle[62] für die Auslegung der GRCh von entscheidender Bedeutung.[63] Daneben sind auch die gemeinsamen Verfassungsüberlieferungen der Mitgliedstaaten eine wertvolle Auslegungshilfe.[64]

1.   Bindungswirkung

Die GRCh ist für die Organe, Einrichtungen und sonstigen Stellen der EU verpflichtend. Obwohl sich dies nicht unmittelbar aus dem Wortlaut ergibt, verpflichtet die GRCh auch die EU als Rechtsperson.[65] Damit unterliegt die gesamte Hoheitsgewalt der EU den europäischen Grundrechten.[66] Sie vermitteln den Unionsbürgern subjektive Rechte.[67]

Gemäß Art. 51 Abs. 1 S. 1 GRCh sind auch alle Mitgliedstaaten und deren Stellen an die Grundrechtecharta gebunden, soweit sie Unionsrecht durchführen.[68] Das ist weit zu verstehen: Immer wenn ein Sachverhalt vom Unionsrecht erfasst wird, gelten die Unionsgrundrechte.[69]

Weil das Designrecht mittlerweile sehr weitgehend europäisch geprägt ist, bestimmen also die europäischen Grundrechte die Auslegung von Schranken. Ein näherer Blick auf die europäischen Grundrechte ist deshalb unumgänglich. Art. 17 Abs. 1, 2 GRCh ist das zentrale Grundrecht für den Schutzrechtsinhaber.

---

59 *Jarass*, GRCh[2], Einleitung Rn. 41, die auch nach Inkrafttreten der GRCh von Bedeutung sind, vgl. aaO, Rn. 30; *Pache*, in: Heselhaus/Nowak, Hdb. EU-Grundrechte, § 4 Rn. 120.
60 Konvention zum Schutz der Menschenrechte und Grundfreiheiten i.d.F. der Bekanntmachung vom 22.10.2010, BGBl. II S. 1198; Neubekanntmachung der Europäischen Menschenrechtskonvention vom 4.11.1950 BGBl. 1952 II S. 685, ber. S. 953.
61 Der EuGH hat in seinem Gutachten den Beitritt abgeblockt, vgl. EuGH, ECLI:EU:C:2014:2454, Tz. 144 ff.
62 *Kingreen*, in: Calliess/Ruffert, EUV/AEUV[4], Art. 6 EUV Rn. 7; *Jarass*, GRCh[2], Einleitung Rn. 42.
63 Dies verdeutlicht auch Art. 52 GRCh.
64 Vgl. Art. 52 GRCh.
65 *Jarass*, GRCh[2], Art. 51 Rn. 5.
66 *Borowsky*, in: Meyer, GRCh[4], Art. 51 Rn. 16.
67 Das gilt in all ihren Funktionen (Abwehr, Gleichbehandlung, Leistung), *Jarass*, GRCh[2], Einleitung Rn. 52.
68 *Jarass*, NVwZ 2012, 457 ff.
69 Der EuGH formuliert »(...) *wenn eine nationale Rechtsvorschrift in den Geltungsbereich des Unionsrechts fällt, sind keine Fallgestaltungen denkbar, die vom Unionsrecht erfasst würden, ohne dass diese Grundrechte anwendbar wären*«, ECLI:EU:C:2013:105 = NVwZ 2013, 561 Tz. 21 – Åkerberg Fransson, mit Anm. *Gooren*, NVwZ 2013, 564; näher dazu *Thym*, NVwZ 2013, 889; zum Anwendungsbereich auch schon *Jarass*, NVwZ 2012, 457, 459.

Gegenläufige Interessen schützen vor allem die Artt. 7, 11, 13 und Artt. 15, 16 GRCh.

2.   Inhalt des Art. 17 GRCh

Art. 17 Abs. 2 GRCh stellt klar: »*Geistiges Eigentum*[70] *wird geschützt*«[71]. Diese Aussage wird als reichlich allgemein kritisiert.[72] Richtigerweise muss sie so verstanden werden, dass auch das geistige Eigentum Eigentum im Sinne von Art. 17 Abs. 1 GRCh ist und grundsätzlich das gleiche Schutzniveau genießt.[73]

Diese Auslegung wird von der Erläuterung zur GRCh[74] getragen. Ihr kann man klar entnehmen, dass das geistige Eigentum ein Aspekt des Eigentumsrechts ist und nur deshalb ausdrücklich erwähnt wird, weil seine Bedeutung stark zunimmt.[75] Soweit es angemessen sei, sollen die Garantien des Art. 17 Abs. 1 GRCh auch für das geistige Eigentum gelten.[76]

Letztlich berücksichtigt dieses Verständnis auch die Rechtsprechung zur EMRK. Unabhängig davon, dass die GRCh ein selbstständiger Rechtsakt ist, muss nach Art. 52 Abs. 3 GRCh die EMRK zwingend beachtet werden. Der EGMR hat in vielen Entscheidungen festgestellt, dass geistiges Eigentum eine Form des Eigentums im Sinne der EMRK ist.[77]

Deshalb kommt es darauf an, wie der Schutzbereich des Art. 17 Abs. 1 GRCh ausgestaltet ist. Dieser ist bisher noch recht unscharf. Wie Art. 14 GG ist auch Art. 17 GRCh ein normgeprägtes Grundrecht.[78] Zutreffend enthält Art. 17 Abs. 1, 2 GRCh eine Institutsgarantie des geistigen Eigentums.[79] Zugleich unterliegt auch das geistige Eigentum auf europäischer Ebene der Sozialpflichtigkeit.[80] Damit wird dem Unionsgesetzgeber verfassungsrechtlich ein ähnlicher

---

70 Zum Begriff des »geistigen Eigentums« i.d.S. vgl.: *Frenz,* Hdb. Europarecht, Bd. 4, EU-Grundrechte, Rn. 2852 f.; *Streinz,* in: Streinz, EUV/AEUV², Art. 17 Rn. 25.

71 Die Sprachfassungen unterscheiden sich in Nuancen, *Geiger,* EIPR 2009, 113, 115; *Peukert,* EIPR 2011, 67 f.

72 Z.B. *Geiger,* EIPR 2009, 113 f. m.w.N.

73 Dazu umfangreich *Griffiths/McDonagh,* in: Geiger, Constructing IP, S. 75 ff.; *Jarass,* GRCh², Art. 17 Rn. 9; zur Rechtslage vor Geltung der GRCh *Tettinger,* FS Bartenbach, S. 43 ff.

74 Erläuterung des Präsidiums des Konvents, ABl. C 303 vom 14.12.2007, S. 2 ff.

75 Erläuterung zu Art. 17 GRCh, aaO, S. 2, 23.

76 *Depenheuer,* in: Tettinger/Stern, Kölner Kommentar GRCh, Art. 17, Abs. 29.

77 *Griffiths/McDonagh,* in: Geiger, Constructing IP, S. 75, 83 ff. m.w.N.

78 *Calliess,* in: Calliess/Ruffert, EUV/AEUV⁴, Art. 17 Rn. 3; *Jarass,* GRCh², Art. 17 GRCh Rn. 13; *Wolffgang,* in: Lenz/Borchardt, EU-Verträge⁶, Anh. zu Art. 6 EUV Rn. 43.

79 Die Erläuterung zu Art. 17 GRCh, ABl. C 303 vom 14.12.2007, S. 2, 23 stellt auf die nationalen Eigentumsgarantien ab, siehe auch *Jarass,* GRCh², Art. 17 Rn. 1.

80 EuGH, ECLI:EU:C:1997:377 = EuZW 1998, 178 Tz. 72 – SAM; ECLI:EU:C:1998:583 = Slg. 1998, I-7967 Tz. 79 – Generics; ECLI:EU:C:2005:285 = GRUR 2006, 66 Tz. 119 – Friuli-Venezia; ebenso EuG, ECLI:EU:T:2003:281 = Slg. 2003, II-4653 Tz. 170 – Bergh; *Calliess,* in: Ehlers, EU-Grundrechte³, § 16.4 Rn. 26.

Gestaltungsauftrag erteilt, wie ihn z. B. das GG dem deutschen Gesetzgeber aufgibt. Er muss mittels Inhalt- und Schrankenbestimmungen das geistige Eigentum in seinem Kernbestand sicherstellen und dabei diese Rechtsposition mit den anderen grundrechtlich abgesicherten Positionen einzelner und der Allgemeinheit zu einem gerechten Ausgleich bringen.[81]

Designrechtliche Schranken müssen dementsprechend grundrechtlich verhältnismäßig[82] sein – also ein schutzwürdiges Interesse auf geeignete[83] Weise fördern, erforderlich[84] und angemessen[85] sein, vgl. Art. 52 Abs. 1 S. 2 GRCh. Klassisch geht es dabei vor allem darum, ob der mit einer Schranke verbundene Eingriff in Art. 17 GRCh gerechtfertigt ist.

Für die vorliegende Arbeit bedeutsamer ist allerdings, ob Grundrechte Dritter auch dazu führen können, dass eine bestimmte Schranke nicht nur *zulässig* sondern sogar *geboten* ist.[86]

In Deutschland werden gegenläufige Grundrechtspositionen über die praktische Konkordanz ausgeglichen.[87] Die betroffenen Interessen müssen zu einem möglichst schonenden Ausgleich gebracht werden. Dabei hat der Gesetzgeber allerdings eine weite Einschätzungsprärogative[88], die lediglich durch das Über- und Untermaßverbot begrenzt wird.[89]

Das europäische »Verfassungsrecht«[90] ist heute dogmatisch noch nicht so tiefschürfend aufgearbeitet wie die deutschen Grundrechte.[91] Auf den schonenden Ausgleich über die praktische Konkordanz läuft es aber auch auf Uni-

---

81 Vgl. z. B. *Calliess*, in: Calliess/Ruffert, EUV/AEUV[4], Art. 17 GRCh Rn. 3.

82 EuGH, ECLI:EU:C:2005:285 = GRUR 2006, 66 Tz. 125 – Friuli-Venezia; ECLI:EU:C:2008:461 = Slg. 2008, I-6351 Tz. 355 – Kadi; *Heselhaus*, in: Heselhaus/Nowak, Hdb. EU-Grundrechte, § 32 Rn. 82.

83 EuGH, ECLI:EU:C:2010:127 = EuZW 2010, 388 Tz. 86 – Raffinerie Mediterranee; *v. Danwitz*, in: Danwitz/Depenheuer/Engel, Lage des Eigentums, S. 215, 253.

84 Es darf keine milderen, gleich wirksamen Mittel geben: EuGH, ECLI:EU:C:2009:369 = Slg. 2009, I-5127 Tz. 41 – Nijemeisland; ECLI:EU:C:2010:127 = EuZW 2010, 388 Tz. 86 – Raffinerie Mediterranee; *Depenheuer*, in: Tettinger/Stern, Kölner Kommentar GRCh, Art. 17, Abs. 53. Der EGMR hat einen großzügigeren Maßstab vgl. *Cremer*, in: Dürr/Grote/Marauhn, EMRK/GG Konkordanzkommentar, Kap. 22 Rn. 123.

85 EuGH, ECLI:EU:C:2008:461 = Slg. 2008, I-6351 Tz. 360 – Kadi; ECLI:EU:C:2010:127 = EuZW 2010, 388 Tz. 86 – Raffinerie Mediterranee; *Frenz*, Hdb. Europarecht, Bd. 4, EU-Grundrechte, Rn. 2981 f.

86 Das ist vor allem für die ungeregelten Sachverhalte relevant. Vgl. zum deutschen UrhG auch *Stieper*, Schranken, S. 63.

87 BVerfGE 93, 1, 21 m.w.N.; für das deutsche Urheberrecht ausführlich *Stieper*, Schranken, S. 45 f.; vgl. *P. Raue*, FS Nordemann, S. 327, 337.

88 Zu Art. 14 Abs. 1 S. 2 GG BVerfGE 79, 29, 40 – Vollzugsanstalten.

89 *Epping*, GG[6], Rn. 91 ff.; *Hesse*, Grundzüge[20], Rn. 317.

90 Und als solches lässt sich das Primärrecht wohl bezeichnen, vgl. EuGH, ECLI:EU:C:2008:461 = Slg. 2008, I-6351 Tz. 281 – Kadi; und *Oppermann*, FS Hirsch, S. 149, 151 f.

91 *B. Raue*, GRUR Int. 2012, 402, 406 sieht darin berechtigterweise keine Erkenntnisschwierigkeiten.

onsebene hinaus. Denn wenn man auf europäischer Ebene Schutzpflichten anerkennt, ist die Situation dieselbe wie z. B. in Deutschland. Das Abwehrrecht
kann bis zum Rande der Verhältnismäßigkeit beschränkt werden, die Schutz-
pflicht sichert nur einen Kernbestand. Daraus resultiert die weite Einschätzungsprärogative[92]

II.   Das Verhältnis zum GG

Mit Art. 51 Abs. 1 GRCh hat der Unionsgesetzgeber die bestehende EuGH-
Rechtsprechung zum Anwendungsbereich der europäischen Grundrechte
übernommen.[93] Danach binden diese auch die Mitgliedstaaten umfassend.[94]
Selbst wo eine Richtlinie Umsetzungsspielräume eröffnet, müssen diese im
Einklang mit der GRCh ausgefüllt werden[95] – auf die nationalen Grundrechte der
Mitgliedstaaten kommt es regelmäßig nicht an.[96] Im Anwendungsbereich einer
Richtlinie sind also in erster Linie[97] die europäischen Grundrechte entscheidend.

Diese Bindungswirkung wird vom BVerfG weitgehend akzeptiert. Solange das
Unionsrecht einen mit dem GG vergleichbaren Schutz im Wesentlichen ge-
währleistet, setzt es seine Prüfkompetenz für nationale Umsetzungsakte aus[98],
allerdings nur, wenn durch sie *zwingende* Vorgaben umgesetzt werden. Sobald
ein Gestaltungsspielraum besteht und der deutsche Gesetzgeber innerhalb die-

---

92 Schutzpflichten für Art. 17 GRCh bejahen z. B. *Heselhaus*, in: Heselhaus/Nowak, Hdb. EU-
Grundrechte, § 32 Rn. 62; *Bernsdorff*, in: Meyer, GRCh[4], Art. 51 Rn. 16; *Jarass*, GRCh[2],
Art. 17 Rn. 24. In Bezug auf Schutzpflichten allgemein zurückhaltend *Kingreen*, in: Calliess/
Ruffert, EUV/AEUV[4], Art. 51 GRCh Rn. 23 f.

93 Erläuterung zu Art. 51 GRCh, ABl. C 303 vom 14.12.2007, S. 2, 32. *Thym*, NVwZ 2013, 889,
890 meint, dadurch werde die Fortgeltung eher angedeutet. Vgl. aber der bisherigen Linie
entsprechend EuGH, ECLI:EU:C:2013:105 = NVwZ 2013, 561 Tz. 21 – Åkerberg Fransson.

94 EuGH, ECLI:EU:C:1991:254 = ZUM 1992, 418 Tz. 42 – ERT; ECLI:EU:C:1997:631 =
Slg. 1997, I-7493 Tz. 12 ff. – Annibaldi; ECLI:EU:C:2003:333 = EuZW 2003, 592 Tz. 75 –
Schmidberger; *Scholz* in: Maunz/Dürig, GG, 66. Erg. 2012, Art. 23 Rn. 90; *Jarass*, NVwZ
2012, 457, 458 f.

95 EuGH, ECLI:EU:C:2006:429 = EuZW 2006, 566 Tz. 104 f. – Parlament ./. Rat;
ECLI:EU:C:2003:596 = EuZW 2004, 245 Tz. 87 – Lindqvist; ECLI:EU:C:2008:54 = GRUR
2008, 241 Tz. 68 – Promusicae; *Calliess*, JZ 2009, 113, 115 ff.; kritisch dazu *Huber*, NJW 2011,
2385, 2386 f.

96 *Thym*, NVwZ 2013, 889 f. und schon in NJW 2006, 3249, 3250 f.; *Lindner*, EuZW 2007, 71, 73;
Calliess, JZ 2009, 113, 115 ff. mit ausführlicher Darstellung des dahinter liegenden Streits.
Dazu, inwieweit doch noch auf nationale Grundrechte zurückgegriffen werden kann, insb.
S. 119 f. Zu den Auswirkungen im Immaterialgüterrecht *B. Raue*, GRUR Int. 2012, 402 f.

97 Der EuGH spricht allerdings von einer grundrechtlichen Doppelgeltung,
ECLI:EU:C:2013:107 = EuZW 2013, 305 Tz. 59 – Melloni; *Thym*, NVwZ 2013, 889, 891 f.

98 BVerfGE 73, 339, 387 – Solange II; st. Rspr. und durch Art. 23 Abs. 1 GG kodifiziert; dazu
Scholz, in: Maunz/Dürig, GG, 66. Erg. 2012, Art. 23 Rn. 80; dabei kommt auch die vom
BVerfG bevorzugte Trennungsthese zum Ausdruck *Thym*, NVwZ 2013, 889, 892.

ses Spielraumes tätig wird, prüft das BVerfG die Normen weiterhin am Maßstab des GG.[99]

Diese Rechtsprechung führt das BVerfG auf einen »Kollisionskurs«[100], denn der EuGH geht von einem Vorrang der europäischen Regelungen aus.[101] Praktisch dürften dieser Vorbehalt und der damit verbundene Streit zunehmend an Bedeutung verlieren. Denn der Konflikt kann ohnehin nur bei Richtlinien auftreten und diese werden immer detaillierter ausgestaltet und lassen den Mitgliedstaaten immer weniger Spielräume. In solchen Fällen anerkennt auch das BVerfG[102], dass die GRCh angewendet werden muss.[103]

In welchem Umfang die nationalen Grundrechte des GG die Auslegung der Schranken im Designrecht leiten, hängt damit vom Harmonisierungsgrad und Anwendungsbereich der GRL ab.

C.   Einfluss der Geschmacksmuster-Richtlinie

Will die EU einen Gegenstand unmittelbar selbst regeln, bedient sie sich der Verordnung. Diese gilt unmittelbar ohne Umsetzungsakt in jedem Mitgliedstaat[104]. Bildlich gesprochen schreibt die EU den Mitgliedstaaten direkt Normen in ihre Gesetzbücher.[105]

Sollen nationale Regelungswerke vereinheitlicht werden, bedient sie sich der Richtlinie. Deren Vorgaben müssen Mitgliedstaaten in nationales Recht umsetzen.[106] Eine Richtlinie kann mehr oder weniger große Umsetzungsspielräume aufweisen oder eine strikte Übernahme vorschreiben; sie kann sich darauf beschränken, ein Mindestmaß festzuschreiben oder eine konkrete Sachverhalt-

---

99 Für Gesetzgebungsakte BVerfGE 118, 79, 96 f. – Treibhausgas-Emissionshandel. Im Rahmen der Auslegung BVerfGE 129, 78 Tz. 54 – Le – Corbusier-Möbel; GRUR 2012, 390 Tz. 28 – AnyDVD; ausführlich *Wendel*, EuZW 2012, 213, 215 f.

100 Den es weiterhin fortsetzt und verschärft BVerfGE 133, 277 – Antiterrordatei. *Thym*, NVwZ 2013, 889, 890 f. spricht insoweit von einer (potentiellen) Kriegserklärung; vgl. auch *Jotzo*, Cloud, S. 34.

101 EuGH, ECLI:EU:C:2013:105 = NVwZ 2013, 561 Tz. 21 – Åkerberg Fransson; *Scholz*, in: Maunz/Dürig, GG, 66. Erg. 2012, Art. 23 Rn. 91; *Britz*, EuGRZ 2009, 1, 5; *Callies*, JZ 2009, 113, 117.

102 Etwa BVerfGE 118, 79, 95 f.; 123, 267, 354; 89, 155, 188.

103 EuGH, ECLI:EU:C:2013:107 = EuZW 2013, 305 Tz. 55 ff. – Melloni; dazu auch *Thym*, NVwZ 2013, 889 f.; *Calliess*, JZ 2009, 113, 121; vgl. *Jarass*, EuR 2013, 29, 37.

104 Art. 288 Abs. 2 AEUV; *Haratsch/Koenig/Pechstein*, Europarecht⁹, S. 168.

105 Die Verordnung (EG) Nr. 6/2002 des Rates vom 12. Dezember 2001 über das Gemeinschaftsgeschmacksmuster hat ein europäisches Schutzrecht geschaffen, das unabhängig neben das nationale Designrecht getreten ist. Es bildet einen abgeschlossenen Regelungsgegenstand und enthält deshalb keine Vorgaben für das nationale DesignG.

106 Art. 288 Abs. 3 AEUV; zur Funktionsweise vgl. *Grundmann*, JZ 1996, 274, 282 ff.; *Riehm*, JZ 2006, 1035, 1037.

Ergebnis-Relation vorgeben.[107] Letzteres bedeutet eine Vollharmonisierung.[108] Eine Richtlinie kann in diesem Rahmen frei gestaltet werden. Denkbar ist, gewisse Regelungen vollharmonisierend wirken zu lassen, für andere Teilbereiche lediglich ein Mindestmaß festzuschreiben und wieder andere ganz den Mitgliedstaaten zu überantworten.[109]

Voll- und Mindestharmonisierung betreffen die Harmonisierungs*intensität*. Sie bestimmt, wie die Mitgliedstaaten mit den Vorgaben umgehen müssen.[110] Davon zu trennen ist die Frage des Anwendungsbereichs einer Richtlinie. Dieser bestimmt, welche Sachverhalte der Regelung unterworfen sind.[111] Das eine hat mit dem anderen nichts zu tun.[112]

Im Folgenden werden zunächst der Harmonisierungsgrad der GRL (I.) und deren Anwendungsbereich (II.) untersucht, um anschließend einen Überblick über die Auswirkungen (III.) zu geben.

I.   Harmonisierungsgrad

1.   Kompetenzgrundlage der Richtlinie 98/71/EG

Anerkannt ist, dass der Unionsgesetzgeber grundsätzlich die Kompetenz zur Vollharmonisierung hat.[113] Die Richtlinie 98/71/EG wurde insbesondere auf Art. 100a EGV 1957[114] gestützt. Dieser scheint die Vollharmonisierung als Regelfall nahezulegen; das ergebe sich auch aus dem Kontrollmechanismus der Abs. 4 – 10.[115] Letztlich ist daraus aber nicht einmal die Vermutung für eine

---

107 *Roth*, in: Gsell/Herresthal, Vollharmonisierung im Privatrecht, S. 13, 19.
108 *Roth*, in: Gsell/Herresthal, Vollharmonisierung im Privatrecht, S. 13, 18.
109 *Roth*, in: Gsell/Herresthal, Vollharmonisierung im Privatrecht, S. 13, 19.
110 *Roth*, in: Gsell/Herresthal, Vollharmonisierung im Privatrecht, S. 13, 18.
111 *Buchmann*, Umsetzung, S. 40 f.
112 So deutlich auf den Punkt gebracht von *Roth* in: Gsell/Herresthal, Vollharmonisierung im Privatrecht, S. 13, 19; vgl. statt vieler *Gsell/Schellhase*, JZ 2009, 20, 22; *Tietje*, in: *Grabitz/Hilf/Nettesheim*, Recht der EU, Art. 114 AEUV Rn. 38 f.
113 Zum alten Recht umfangreich *Roth*, in: Gsell/Herresthal, Vollharmonisierung im Privatrecht, S. 13, 20 f.; kritisch aber z. B. *Emmerich/Doehner*, FS Derleder, S. 367 ff.
114 Vertrag zur Gründung der Europäischen Gemeinschaft vom 25. März 1957, BGBl. 1957 II S. 766 ff. (EGV 1957); danach Art. 95 Vertrag zur Gründung der Europäischen Gemeinschaft i. d. F. bis 30. November 2009 (EGV); seit dem 1. Dezember 2009 Art. 114 Vertrag über die Arbeitsweise der Europäischen Union (AEUV), konsolidierte Fassung bekanntgemacht im ABl. C 115 vom 9. 5. 2008, S. 47 ff.
115 So *Roth*, in: Gsell/Herresthal, Vollharmonisierung im Privatrecht, S. 13, 22 m.w.N.; a. A. *Lutter*, FS Everling, S. 765, 776, der bestenfalls eine optionale Harmonisierung indiziert sieht.

Vollharmonisierung ableitbar. Deshalb muss man den Harmonisierungsgrad jeder Richtlinie durch Auslegung[116] bestimmen.

2. Auslegung der Richtlinie

Weil sich an den jeweiligen Harmonisierungsgrad so weitreichende Folgen knüpfen, wäre es wünschenswert, wenn der Richtliniengeber seinen Willen zweifelsfrei ausdrücken würde.[117] Das ist jedoch leider die Ausnahme. Mit Glück entscheidet irgendwann der EuGH verbindlich über den Harmonisierungsgrad.[118] Das hat er für die GRL bisher nicht getan, deshalb ist eine umfangreiche Auslegung geboten. Zum Zuge kommen dabei die üblichen Auslegungsmethoden: Wortlaut, Systematik, Historie und Teleologie.[119]

a) Erwägungsgründe

Die Erwägungsgründe sind regelmäßig von besonderer Bedeutung: Obgleich sie im Rechtsakt stehen, sind sie zwar keine Rechtsquelle.[120] Doch sind die Erwägungen des Gesetzgebers eines von mehreren Auslegungskriterien und bei jeder historischen Auslegung[121] zu berücksichtigen. Darüber hinaus bilden sie das »primäre *policy statement*« des Richtliniengebers und als solches die »Richtschnur für jede teleologische Interpretation«.[122]

Gleich der erste Erwägungsgrund der GRL macht deutlich, dass die GRL den Binnenmarkt fördern soll[123]; Hindernisse für den freien Warenverkehr sollen beseitigt und ein System geschaffen werden, das den Wettbewerb innerhalb des Binnenmarktes vor Verfälschung schützt. Im 1. Erwägungsgrund heißt es weiter:

>*Die Angleichung der Rechtsvorschriften der Mitgliedstaaten über den rechtlichen Schutz von Mustern und Modellen [...] würde diese Ziele fördern«.*

---

116 Dazu näher *Roth*, in: Gsell/Herresthal, Vollharmonisierung im Privatrecht, S. 13, 22 mit Verweis auf GAin Trstenjak, ECLI:EU:C:2008:581 = Slg. 2009, I-2949 Tz. 74 f. – VTB/VAB.

117 Wie er es nun erstmals kürzlich in Art. 4 Richtlinie 2011/83/EU des Europäischen Parlaments und des Rates vom 25. Oktober 2011 über die Rechte der Verbraucher, ABl. L 304 vom 22. 11. 2011, S. 64 ff. (Verbraucherrechte-RL), getan hat.

118 So z. B. für die Richtlinie 95/46/EG vom 24. 10. 1995 zum Schutz natürlicher Personen bei der Verarbeitung personenbezogener Daten und zum freien Datenverkehr, ABl. L 281 vom 23. 11. 1995, S. 31 ff. (allgemeine Datenschutz-RL); vgl. EuGH, ECLI:EU:C:2011:777 = EuZW 2012, 37 Tz. 29 – ASNEF.

119 Dazu umfangreich unten S. 41 ff. m. w. N.; vgl. zur Auslegung des europäischen Sekundärrechts z. B. *Riesenhuber*, in: Riesenhuber, Europäische Methodenlehre[2], § 11 Rn. 13 ff.

120 *Köndgen*, in: Riesenhuber, Europäische Methodenlehre[2], § 7 Rn. 40.

121 Dazu unten S. 45.

122 Vgl. GA *Jacobs*, ECLI:EU:C:1997:174 = Slg. 1998, I-1199 Tz. 39 ff. – Dietzinger; treffend *Köndgen*, in: Riesenhuber, Europäische Methodenlehre[2], § 7 Rn. 42.

123 Das muss sie auch, denn sonst hätte sie nicht auf Art. 100a EGV 1957 gestützt werden können.

»Angleichung« legt vom Wortlaut her keine Vollharmonisierung nahe. Eine »Angleichung« ist nun einmal keine umfassende Rechtsvereinheitlichung. In der englischen Sprachfassung ist von »approximation« die Rede, in der französischen von »rapprochement«. Beides meint eher eine »Annäherung« und spricht gegen eine voll-vereinheitlichende Wirkung. Bei Unionsrechtsakten ist der Wortlaut allerdings mit einiger Vorsicht zu genießen.[124]

Auch den EuGH hält ein unklarer Wortlaut nicht davon ab, eine vereinheitlichende Wirkung anzunehmen. So hat er z. B. entschieden, dass die allgemeine Datenschutz-RL vollharmonisierend wirkt.[125] Auch deren Erwägungsgründe geben die »*Angleichung der Rechtsvorschriften*« als Zweck der Richtlinie aus.[126] Diese Formulierung hat den EuGH nicht davon abgehalten, von einer weitgehend vollharmonisierenden Wirkung der Richtlinie auszugehen, da der von ihr bezweckte Abbau von Handelshemmnissen im Binnenmarkt eine Vollharmonisierung fordere.[127]

Die Erwägungsgründe zur GRL legen nahe, auch hier den unklaren Wortlaut »Angleichung« nicht überzubewerten. Denn an anderer Stelle finden sich deutliche Aussagen zur Harmonisierungsintensität: In den folgenden Erwägungsgründen heißt es, »*Unterschiede [der Rechtsordnungen] [können] zu einer Verzerrung des Wettbewerbs im Binnenmarkt führen*«[128]. Es sei deswegen zwar »*nicht notwendig, die Gesetze [...] vollständig anzugleichen*«, es reiche vielmehr

> »*wenn sich die Angleichung auf diejenigen innerstaatlichen Rechtsvorschriften beschränkt, die sich am unmittelbarsten auf das Funktionieren des Binnenmarkts auswirken*«.[129]

Dies seien nicht die »*Bestimmungen über Sanktionen und Rechtsbehelfe sowie Vollzugsbestimmungen*«[130]. Sollen die Ziele des Binnenmarkts aber verwirklicht werden, dann sei es erforderlich,

> »*dass die Bedingungen für die Erlangung eines eingetragenen Rechts an einem Muster in allen Mitgliedstaaten identisch sind*« und »*dass eingetragene Rechte an Mustern dem*

---

124 Zur Bedeutung von Wortlaut-Argumenten siehe unten S. 42 f., vgl. etwa EuGH, ECLI:EU:C:2011:396 = EuZW 2011, 631 Tz. 54 ff. – Gebr. Weber; *Paunio/Lindroos-Hovinheimo*, ELJ 16 (2010), 395, 399; GA *Jacobs*, ECLI:EU:C:1997:552 = Slg. 1997, I-6495 Tz. 65 – Wiener; *Anweiler*, Auslegungsmethoden, S. 168 ff.; *Martens*, Methodenlehre, S. 339 f.

125 EuGH, ECLI:EU:C:2011:777 = EuZW 2012, 37 Tz. 29 – ASNEF, s. o. Fn. 118.

126 Erwägungsgrund 8 der Datenschutz-RL.

127 Dazu *Jotzo*, Cloud, S. 35 ff.

128 Erwägungsgrund 2 der GRL.

129 Erwägungsgrund 5 der GRL.

130 Erwägungsgrund 5 der GRL.

Rechtsinhaber in allen Mitgliedstaaten grundsätzlich einen gleichwertigen Schutz gewähren«.[131]

Daraus ergibt sich ein klares Bild. Der Unionsgesetzgeber überlässt einige Regelungsfelder den Mitgliedstaaten. Die anderen Regelungen werden jedoch von der Richtlinie vorgegeben. Anders ist es nicht zu verstehen, wenn die Schutzvoraussetzungen *»identisch«* sein sollen und in jedem Mitgliedsstaat *»ein gleichwertiger Schutz«* herbeigeführt werden muss.

Der Unionsgesetzgeber hatte also einen hohen Harmonisierungsgrad vor Augen, als er die GRL erlassen hat.

b)   System des Designrechts

Auch das Verhältnis der nationalen Designgesetze und der GGV spricht für eine vollharmonisierende Wirkung der GRL. Aus den Gesetzesmaterialien ergibt sich, dass mit ihr zwei Ziele verfolgt wurden: Erstens ging es um die Harmonisierung der nationalen Designgesetze,[132] und zweitens sollten diese wiederum mit der GGV vereinheitlicht werden.

Der Vorteil ist offenkundig. Durch die GRL können so zwischen allen Designrechten in der EU materiell-rechtlich einheitliche Bedingungen geschaffen werden[133]. Ausdrücklich stand im Erwägungsgrund 12 des Richtlinienvorschlags aus 1993, dass es

> *»für die Erleichterung des freien Warenverkehrs wesentlich«* sei, *»dass eingetragene Musterrechte dem Rechtsinhaber in allen Mitgliedstaaten denselben Schutz gewähren und dass dieser Schutz mit dem durch das eingetragene Gemeinschaftsgeschmacksmuster verliehenen Schutz identisch ist«.*[134]

Auch der Wirtschafts- und Sozialausschuss vertrat in seiner Stellungnahme[135] zum RL-Vorschlag 1993 diese Ansicht. Der Richtlinienvorschlag sei *»eine unabdingbare Ergänzung der Verordnung über das Gemeinschaftsgeschmacksmuster«*[136]. Zwar müsse *»sich eine Angleichung nicht auf sämtliche Aspekte der einzelstaatlichen Musterschutzvorschriften erstrecken«.* Stattdessen reiche es aus, *»jene Merkmale anzugleichen, die für die Koexistenz des einzelstaatlichen und des gemeinschaftlichen Musterschutzes notwendig sind«.* Dabei gehe es um

---

131 Erwägungsgründe 9 und 10 der GRL.
132 Dort wurde noch von Geschmacksmusterrechten gesprochen.
133 Gewisse Unterschiede sind unvermeidbar. Sie sind schon deswegen erforderlich, weil das Schutzgebiet unterschiedlich ist.
134 Vorschlag für eine Richtlinie des Europäischen Parlaments und des Rates über den Rechtsschutz von Mustern, ABl. C 345 vom 23.12.1993, S. 14 ff. = GRUR Int. 1994, 511, fortan (RL-Vorschlag 1993).
135 ABl. C 110 vom 2.5.1995, S. 12 ff.
136 Ebd. S. 13, Nr. 4.3.

»die Definition von Muster, die Schutzvoraussetzungen, einschließlich der Ausschluss-gründe [...], die Definition der Rechte aus dem Muster einschließlich ihrer Beschrän-kung sowie um die Erschöpfung von Rechten«.[137]

Sanktionen, Rechtsbehelfe und Vollzugsbestimmungen sind damit nicht ange-sprochen. Nahezu alle anderen materiell-rechtlichen Bestimmungen werden jedoch erfasst. Der Ausschuss hielt es also für wichtig, dass alle von dem RL-Vorschlag-1993 erfassten Aspekte vereinheitlicht werden. Diesen Zweck-Erwä-gungen musste der Unionsgesetzgeber in der endgültigen Fassung der GRL Rechnung tragen. Dies konnte er nur durch eine vollharmonisierende Richtlinie.

Auch der deutsche Gesetzgeber hat diesen Aspekt erkannt. Im Gesetzes-entwurf der Bundesregierung zum Geschmacksmusterreformgesetz[138] stellt er klar:

»Das vorgeschlagene neue Geschmacksmustergesetz soll sich [...] an die Regelungen über das Gemeinschaftsgeschmacksmuster anlehnen, um eine einheitliche Rechtslage und auch eine für das Gemeinschaftsgeschmacksmuster und das nationale Ge-schmacksmuster einheitliche Rechtsprechung zu ermöglichen«.[139]

Dieser grundlegenden Wertung ist auch der Rechtsausschuss gefolgt.[140]

Diese Analyse zeigt: Allen Akteuren waren die systematischen Zusammen-hänge bewusst und sie wollten die Vollharmonisierung. Diese Absicht spiegelt sich auch deutlich in den Erwägungsgründen wider. Der etwas unklare Wortlaut einzelner Erwägungsgründe ändert an diesem Auslegungsergebnis nichts. Die GRL vereinheitlicht deshalb in ihrem Anwendungsbereich das nationale Recht der Mitgliedstaaten untereinander und dieses wiederum mit der GGV.[141] Au-ßerhalb des Anwendungsbereiches der GRL ist der nationale Gesetzgeber frei.[142]

II.   Anwendungsbereich der Richtlinie

Die Spielräume des nationalen Gesetzgebers in Bezug auf die Schrankenrege-lugen stehen und fallen also mit dem Anwendungsbereich[143] der GRL.

Unproblematisch von ihr erfasst sind all jene Sachverhalte, für die sie positive

---

137 Ebd. S. 14, Nr. 4.4.
138 BT-Drucks. 15/1075 vom 28.5.2003.
139 BT-Drucks. 15/1075, S. 27.
140 BT-Drucks. 15/2191, S. 3 »… im Übrigen unverändert anzunehmen«.
141 Vgl. etwa *Auler*, in: Büscher/Dittmer/Schiwy, Gewerblicher Rechtsschutz[3], § 40 DesignG Rn. 1.
142 *Riehm*, in: Gsell/Herresthal, Vollharmonisierung im Privatrecht, S. 83, 86 f.; *Wagner*, Mindestharmonisierung, S. 44.
143 Teilweise wird auch vom »Gegenstandsbereich« gesprochen, z.B. *Jäger*, Überschießende Richtlinienumsetzung im Privatrecht, S. 31; *Wagner*, Mindestharmonisierung, S. 42 ff.

Regelungsvorgaben enthält.[144] So fällt etwa jede private Nutzung eines geschützten Musters unter die Schranke des Art. 13 Abs. 1 lit. a GRL und damit in ihren Anwendungsbereich und die Schutzdauer eines Designs beträgt maximal 25 Jahre, Art. 10 GRL.

Schwierig ist die Abgrenzung zwischen denkbaren negativen Regelungsvorbehalten und dem durch die Richtlinie unberührten Bereich. Dieses Problem wird sehr deutlich bei den Schranken:

Art. 13 GRL stellt nur einige wenige Sachverhalte ausdrücklich über Schranken frei, schweigt aber zu vielen weiteren möglichen Nutzungshandlungen.

Regelt die GRL z. B., wie ein geschütztes Design im Rahmen einer Berichterstattung über Tagesereignisse verwendet werden darf?

Über diesen Sachverhalt trifft die GRL keine positive Regelung. Es ist daher denkbar, dass dieser Sachverhalt schlicht nicht berührt werden soll. Die nationalen Gesetzgeber wären dann frei, selbst eine diesbezügliche Schranke zu erlassen.

Letztlich ist für jeden Sachverhalt durch Auslegung zu ermitteln, ob die Richtlinie ihn unberührt lassen will oder *ob* und *wie* sie diesen nicht ausdrücklich erwähnten Sachverhalt abschließend regelt.[145]

Häufig ist am Anfang einer Richtlinie ihr Anwendungsbereich festgelegt, so auch in Art. 2 GRL. Dieser stellt jedoch nur klar, für welche Muster die GRL gilt. Die Norm sagt nichts darüber aus, ob auch die nicht ausdrücklich durch Schranken geregelten Sachverhalte in ihren Anwendungsbereich fallen.

Dass die GRL diesbezügliche negative Regelungsvorbehalte enthält, ergibt sich allerdings aus ihrem Zweck. Wie oben dargestellt, zielt die GRL auf eine Vollharmonisierung.[146] Tatsächlich ist es mit einem gleichwertigen Schutzniveau nicht weit her, wenn die Ausnahmen zahlreich und unterschiedlich geregelt sind – mehr Schranken bedeuten weniger Schutz.[147]

Lägen die übrigen Sachverhalte außerhalb des geregelten Bereichs, würde daneben auch der materiell-rechtliche Gleichlauf der nationalen Designschutzrechte verhindert und das ausgeklügelte europäische Schutz-System zerstört. Beides ist mit dem Zweck der GRL unvereinbar. Deshalb müssen auch

---

144 *Riehm*, in: Gsell/Herresthal, Vollharmonisierung im Privatrecht, S. 83, 91.
145 Vgl. *Riesenhuber*, System und Prinzipien, S. 156; *Riehm*, JZ 2006, 1035, 1040; *Gsell/Schellhase*, JZ 2009, 20, 22.
146 Im Zweifel für einen abschließenden Anwendungsbereich *Riehm*, in: Gsell/Herresthal, Vollharmonisierung im Privatrecht, S. 83, 96; a. A. wohl *Wagner*, Mindestharmonisierung, S. 53 f.
147 Zur herausragenden Bedeutung der Schranken für eine erfolgreiche Harmonisierung *Piotraut*, in: Ohly, Common Principles, S. 147, 148.

die nicht ausdrücklich erwähnten Sachverhalte in den Anwendungsbereich der GRL fallen.[148]

III. Auswirkungen

Über positive Regelungsvorgaben und negative Regelungsvorbehalte erfasst der Anwendungsbereich der GRL damit alle denkbaren Sachverhalte, die als Rechtsfolge eine Freistellung über Schranken haben können. Wegen ihrer vollharmonisierenden Wirkung ist die Sachverhalt-Ergebnis-Relation verbindlich und die GRL vereinheitlicht positiv wie negativ die Schrankenregelungen aller nationalen Designrechte.

Die GRL beeinflusst damit in einem kaum zu überschätzenden Maße die Auslegung des Designrechts.[149]

1. Europäisches Recht

Grundsätzlich hat die GRL keine direkten Auswirkungen auf die GGV. Es ist aber sinnvoll, die GGV parallel zur GRL auszulegen[150] und gegebenenfalls fortzubilden. Nur so wird der systematisch wichtige Gleichlauf vom europäischen und nationalen Designschutz erhalten.

2. Nationales Recht

Auf der nationalen Ebene hat die GRL hingegen direkt sehr weitgehende Folgen.

a) Umsetzungsspielräume

Der deutsche Gesetzgeber hat im vollharmonisierten Bereich sachlich überhaupt keine Umsetzungsspielräume.[151] Im Anwendungsbereich der GRL muss das deutsche DesignG deren Sachverhalt-Ergebnis-Relation genau abbilden. Es steht

---

148 Zur großen Relevanz eines weiten Anwendungsbereiches für die Harmonisierung durch Richtlinien *Gsell/Schellhase*, JZ 2009, 20, 22; a. A. anscheinend *Schulze*, FS Ullmann, S. 93, 107.

149 *Eichmann*/v. Falckenstein, GeschmMG[4], Allg. Rn. 14 stellt den Einfluss auf die Auslegung zutreffend dar, nimmt in der Kommentierung aber nur selten Bezug darauf; aus der englischen Literatur etwa *Tritton u. a.*, Intellectual Property[4], Rn. 5–011.

150 Siehe oben S. 34 f.; *Ohly*, ZEuP 2004, 296, 299.

151 Vgl. allgemein zur Regelungsdichte *Herresthal*, in: Gsell/Herresthal, Vollharmonisierung im Privatrecht, S. 113, 128 ff.; *Gsell/Schellhase*, JZ 2009, 20, 23 f.; und zu Spielräumen bei einer Vollharmonisierung *Riehm*, in: Gsell/Herresthal, Vollharmonisierung im Privatrecht, S. 83, 100 ff.

ihm lediglich frei, die Form und Mittel zu wählen.[152] Damit wird die Regelungskompetenz im Ergebnis faktisch[153] auf die europäische Ebene verlagert.

b)   Autonome Auslegung

Europäische Rechtsakte müssen autonom ausgelegt werden.[154] Die letztinstanzliche Auslegungskompetenz liegt beim EuGH.[155] Das letztinstanzliche nationale Gericht muss ihm deshalb bei Zweifeln entscheidungserhebliche Auslegungsfragen vorlegen, Art. 267 Abs. 3 AEUV[156].

c)   Referenzrahmen

Schrankenregelungen sind immer das Ergebnis eines Abwägungsprozesses. Diese Abwägungen werden jedoch nicht im luftleeren Raum vorgenommen, sondern auf der Grundlage einer Wertebasis. In Deutschland z.B. wird diese zuvörderst durch die Grundrechte festgeschrieben.[157]

Wie gezeigt, lässt die GRL den Mitgliedstaaten bei der Umsetzung der Schranken keinen Spielraum. Die nationalen Designgesetze müssen exakt die Schrankenregelungen der GRL abbilden, auch deren Schranken sind das Ergebnis von Abwägungsprozessen. Die Wertebasis für diese Abwägungen ist hier aber das europäische Primär- und Sekundärrecht.[158] Weil ohne Umsetzungsspielräume ausschließlich EU-Recht angewendet wird, müssen die Mitgliedstaaten die GRCh beachten.[159] Damit verschiebt sich der maßgebliche Refe-

---

152 *Grundmann*, JZ 1996, 274, 283; *Riehm*, JZ 2006, 1035, 1037; *Roth*, in: Gsell/Herresthal, Vollharmonisierung im Privatrecht, S. 13, 18 f.

153 Grundsätzlich ist der nationale Gesetzgeber weiterhin frei, auf nationaler Ebene Normen nach seinem Belieben zu erlassen. Die GRL derogiert nicht das nationale Recht. Die Konsequenz wäre aber ein Vertragsverletzungsverfahren. Es besteht also zumindest eine faktische Einschränkung der Gesetzgebungskompetenz. Vgl. zur mangelnden derogativen Wirkung etwa *Canaris*, FS Bydlinski, S. 47, 52 ff.

154 Jeweils m.w.N. *Riesenhuber*, in: Riesenhuber, Europäische Methodenlehre², § 11 Rn. 4 ff.; *Herresthal*, in: Gsell/Herresthal, Vollharmonisierung im Privatrecht, S. 113, 121 f.; *Martens*, Methodenlehre, S. 335 f.; *Zwanzger*, Gemeinschaftsgeschmacksmuster, S. 28 f.

155 Etwa *Karpenstein*, in: Grabitz/Hilf/Nettesheim, Recht der EU, Art. 267 AEUV Rn. 51; *Herresthal*, in: Gsell/Herresthal, Vollharmonisierung im Privatrecht, S. 113, 121.

156 EuGH, ECLI:EU:C:1982:335 = Slg. 1982, 3415, Tz. 13 f., 16 – C.I.L.F.I.T.; *Riehm*, in: Gsell/Herresthal, Vollharmonisierung im Privatrecht, S. 83, 85; zum Designrecht *Eichmann*/v. Falckenstein, GeschmMG⁴, Allg. Rn. 14; Zu den Ausnahmen nach der »acte clair«-Doktrin oder »acte éclairé«, näher *Martens*, Methodenlehre, S. 362; *Schmidt-Räntsch* in: Riesenhuber, Europäische Methodenlehre², § 23 Rn. 13, 28 ff.; *Arnull*, The EU and its ECJ², S. 626 f. m.w.N. Die »acte clair«-Doktrin des EuGH bezieht sich anders als die klassische »in claris«-Regel nicht nur auf den Wortlaut, sondern auch auf eine umfangreiche Auslegung, vgl. mit begrifflicher Kritik *Edward*, in Maduro/Azoulai, The Past and Future of EU Law, S. 173, 179; Analyse der EuGH-Rechtsprechung bei *Vogenauer*, Auslegung, Bd. 1, S. 358 ff.

157 Für das Urheberrecht etwa *Stieper*, Schranken, S. 45 ff.

158 Zu den Grundrechten oben S. 25 ff.

159 *B. Raue*, GRUR Int. 2012, 402, 404.

renzrahmen für alle Abwägungen und Auslegungen von nationalen, einzelstaatlichen auf einen gemeinsamen europäischen Referenzrahmen.

Sehr große Verwerfungen sind dadurch zwar nicht zu erwarten. Gewisse Unterschiede mögen aber zu Tage treten. Schließlich geht es nun nicht mehr z. B. um einen deutschen, sondern um einen Referenzrahmen, der sich als Konsens unter allen EU Mitgliedstaaten herausbildet.

Das deutsche GG ist im Designrecht damit bei Lichte betrachtet bedeutungslos geworden, selbst wenn man die etwas weiter gefasste Linie des BVerfG seit der *Solange II*-Entscheidung berücksichtigt.[160]

d)   Rechtsfortbildung

Weitreichend sind auch die Auswirkungen auf die Rechtsfortbildung auf nationaler Ebene. Auch in Deutschland wird darüber diskutiert, ob die wenigen Schrankenregelungen ausreichend sind oder teilweise fortgebildet werden müssten. Manche wollen hier etwa die nationalen, urheberrechtlichen Schranken analog anwenden.[161] Unter der Geltung der GRL kann das deutsche DesignG allerdings gar nicht mehr autonom fortgebildet werden.[162] Denn alle denkbaren designrechtlichen Sachverhalte liegen im Anwendungsbereich der GRL, und von deren Vorgaben darf auch nicht im Wege einer Rechtsfortbildung abgewichen werden. Das bedeutet, dass nur der EuGH über die Fortbildung verbindlich entscheiden darf. Dabei wird er sich, wie oben beschrieben, nur am europäischen Referenzrahmen orientieren. Nur wenn die Schranke mit dem europäischen Referenzrahmen vereinbar ist, kann sie auf nationaler Ebene Bestand haben.

IV.   Fazit

Für die weitere Untersuchung ergibt sich damit folgendes:

Bei den geschriebenen Schranken kommt es entscheidend darauf an, wie die GRL auszulegen ist.[163] Das deutsche Recht bildet diese Richtlinienregelungen ab und ist sachlich mit ihnen identisch. Die GGV könnte theoretisch anders als die GRL ausgelegt werden. Wie erläutert, ist dies aber weder sinnvoll noch ist zu erwarten, dass der EuGH die in der GGV vorgesehenen Schranken anders auslegt. Deshalb muss sich der erste Blick auf die GRL richten. Aus ihr ergibt sich dann die Auslegung der GGV und des deutschen DesignG. Die Literatur und

---

160 Vgl. dazu oben S. 29 f.; vgl. zur InfoSoc-RL *Stieper*, GRUR 2014, 1060, 1064.
161 Das hält z. B. der deutsche Gesetzgeber für möglich, vgl. BT-Drucks. 15/1075, S. 54; auch *Schulze*, FS Ullmann, S. 93, 108 ff.
162 *Eichmann*/v. Falckenstein, GeschmMG[4], Allg. Rn. 14.
163 *Eichmann*/v. Falckenstein, GeschmMG[4], Allg. Rn. 14.

Entscheidungen zu nationalen Schrankenreglungen sind ein Hinweis darauf, wie die Schrankenregelungen auf europäischer Ebene verstanden werden. Letztlich muss man sie aber mit einer gewissen Vorsicht betrachten und sich vergegenwärtigen, dass das europäische Recht stets autonom ausgelegt werden muss.[164]

Auch in Bezug auf die nicht ausdrücklich geregelten Sachverhalte ist es zweckdienlich, zunächst die GRL zu untersuchen. Nur wenn sie mit einer Schranke fortgebildet werden kann, ist es letztlich überhaupt möglich, das deutsche Recht in diese Richtung zu entwickeln. In einem ersten Schritt geht es also darum, ob und wie die GRL fortgebildet werden kann und in einem zweiten Schritt darum, wie diese Rechtsfortbildung auf die GGV und auf das deutsche Designrecht übertragen werden kann.[165]

---

164 *Eichmann*/v. Falckenstein, GeschmMG[4], Allg. Rn. 14 nimmt auf diesen Umstand ausdrücklich Bezug, legt dessen Beachtung aber ansonsten nicht offen.

165 Zur richtlinienkonformen Rechtsfortbildung allgemein vgl. BGH, NJW 2009, 427 Tz. 21 – Quelle. *Eichmann*/v. Falckenstein, GeschmMG[4], Allg. Rn. 14, hält eine richtlinienkonforme Rechtsfortbildung grundsätzlich für möglich.

Kapitel 2: Methodologischer Rahmen

Im Designrecht muss also vor allem die europäische Ebene analysiert werden. Dort werden die maßgeblichen Wertungen getroffen. Weil es zu ihr (noch) deutlich weniger Material gibt als zum deutschen Recht, ist man schnell in der Versuchung, sich vor allem am nationalen Recht zu orientieren. Das ist falsch. Das europäische Recht ist zwar nicht autark, aber autonom.[166] Das gilt für die materiell-rechtlichen Wertungen ebenso wie für die Methodenlehre.

Im Folgenden wird zunächst der Blick auf den methodologischen Rahmen gerichtet, um das angewendete Handwerkszeug der Rechtsfindung offenzulegen. Auf Unionsebene ist zwar vieles ähnlich, doch gibt es immer wieder Besonderheiten zu beachten.

Für die Schranken besonders relevant ist die *richtlinienkonforme Rechtsfortbildung*. In Deutschland ist hier vieles umstritten, umso wichtiger ist es, die methodologischen Prämissen deutlich zu machen.

A.   Zur Auslegung

In der deutschen Rechtswissenschaft wird traditionell zwischen *Auslegung i. e. S.* und *Rechtsfortbildung* unterschieden.[167] Der EuGH tut dies nicht, der französischen Tradition folgend fasst er beides zusammen.[168] Tatsächlich darf bezweifelt

---

166 Vgl. *Martens*, Methodenlehre, S. 131 ff.; *Zwanzger*, Gemeinschaftsgeschmacksmuster, S. 24 f.

167 Vgl. u. a. *Meier-Hayoz*, Richter als Gesetzgeber, S. 42; *Hassold*, 2. FS. Larenz, S. 211, 218 ff.; *Zippelius*, 2. FS Larenz, S. 739, 743 f.; *Neuner*, Contra legem, S. 90 f.; vgl. zur Entwicklung der Wortlautgrenze *Baldus* in: Riesenhuber, Europäische Methodenlehre², § 3 Rn. 1 ff.

168 Dort wird nur von *interprétation* gesprochen, vgl. nur *Schroeder*, FS Roth, S. 735, 739; *Walter*, Rechtsfortbildung, S. 55 ff.; *Borchardt*, GS Grabitz, S. 29, 37. Diese vermeintliche Unschärfe wird vor allem von deutschen Autoren kritisiert, vgl. etwa *Riesenhuber*, ERCL 2010, 384 ff.; *Klatt*, Wortlautgrenze, S. 26; *Walter*, Rechtsfortbildung, S. 58 ff.; mit Ausnahmen *Roth*, RabelsZ 75 (2011), 787, 828 ff.; a. A. z. B. *Pötters/Christensen*, JZ 2011, 387,

werden, ob eine am Wortlaut orientierte Abgrenzung beider Bereiche auf Unionsebene überzeugend und sinnvoll wäre.[169] Es gibt zwar auch im Unionsrecht einige Bereiche, in denen das Wortlautargument absoluten Vorrang beansprucht. Von diesen wenigen Fällen darauf zu schließen, dass diese Unterscheidung auch im Allgemeinen unerlässlich ist, ginge aber zu weit.[170]

Wenn die folgende Darstellung diese Unterscheidung trotzdem beibehält, ist das nur der besseren Verständlichkeit für den deutschen Leser und keiner methodologischen Notwendigkeit geschuldet.

I. Auslegung auf europäischer Ebene

Die Auslegung i. e. S.[171] erfolgt auf europäischer Ebene autonom[172], aber nach ähnlichen Mustern, wie in Deutschland[173]. Verwendet werden können semantische, systematische, historische und teleologische Argumente.[174]

1. Wortlaut

Auch im Unionsrecht ist der Ausgangspunkt regelmäßig der Normtext.[175] Das ist richtig, denn das Primär- und Sekundärrecht sind in ihrer wörtlich fixierten Form nach Art. 55 Abs. EUV, Art. 297 Abs. 1 UAbs. 3 S. 1 AEUV verbindlich.[176] In ihr spiegelt sich der Wille des Unionsgesetzgebers wider.[177] Mit Blick auf die

---

388 ff.., 391; *Köndgen*, GPR 2005, 105; *Grosche*, Rechtsfortbildung, S. 113 ff. Ausführlich zur Unterscheidung und zur Wortlautgrenze *Martens*, Methodenlehre, S. 367 ff.

169 Vgl. *Martens*, Methodenlehre, S. 367 ff.; für das deutsche Recht ebenso zweifelnd etwa *Rüthers/Fischer/Birk*, Rechtstheorie[7], Rn. 731 ff.; *Kriele*, Rechtsgewinnung[2], S. 221 ff.; *Germann*, Rechtsfindung, S. 104 ff.; *Rhinow*, Rechtssetzung, S. 158 ff. Einen größeren Sinn darin erkennend z.B. *Meier-Hayoz*, Der Richter als Gesetzgeber, S. 42; *Hassold*, 2. FS Larenz, S. 211, 218 ff.; *Zippelius*, 2. FS Larenz, S. 739, 742 ff.; *Schünemann*, FS Klug, S. 169, 180; *Larenz/Canaris*, Methodenlehre der Rechtswissenschaft[3], S. 143; *Bydlinski*, Methodenlehre[2], S. 467 ff.; *Canaris*, Lücken[2], S. 19 ff.; *Kramer*, Methodenlehre[4], S. 54 ff.; *Neuner; Contra legem*, S. 90 ff.

170 Ausführlich und kritisch *Martens*, Methodenlehre, S. 367 ff., 503.

171 Gemeint ist damit die Auslegung innerhalb der Wortlautgrenze, wie sie in Deutschland verstanden wird.

172 Näher *Riesenhuber*, in: Riesenhuber, Europäische Methodenlehre[2], § 11 Rn. 4 ff.; *Zwanzger*, Gemeinschaftsgeschmacksmuster, S. 28 f.; schon *Bleckmann*, NJW 1982, 1177, 1178 ff.

173 *Heiderhoff*, Gemeinschaftsprivatrecht[2], S. 44.

174 Vgl. jeweils grundlegend *Martens*, Methodenlehre, S. 331 ff. (Wortlaut), 378 ff. (Historie), 406 ff. (Systematik), 456 ff. (Teleologie); *Pechstein/Drechsler*, in: Riesenhuber, Europäische Methodenlehre[2], § 8 Rn. 17 ff.; *Riesenhuber*, in: Riesenhuber, Europäische Methodenlehre[2], § 11 Rn. 13 ff.

175 *Zwanzger*, Gemeinschaftsgeschmacksmuster, S. 29.

176 *Groh*, in: Müller/Burr, Rechtssprache, S. 263, 267 f.

177 Undefinierte Begriffe sind nach dem gewöhnlichen Sprachgebrauch, der Systematik und

vielen unterschiedlichen Sprachfassungen ist das Gewicht des Wortlautarguments allerdings stark zu relativieren.[178] Als alleiniges Auslegungsargument genügt es meistens nicht, sondern es muss durch andere Argumente flankiert werden.[179]

2.   Systematik

Dies können z. B. systematische Argumente sein. Der EuGH verwendet solche mittlerweile häufig. So beruft er sich bei der Auslegung des Primärrechts auf das »System der Verträge«[180] und misst auch anderen systematischen Erwägungen eine große Bedeutung zu[181]. Darüber hinaus werden systematische Argumente auch bei der Auslegung des Sekundärrechts immer beachtenswerter.[182] Denn mittlerweile darf man zumindest von einer kohärenten Begriffsverwendung innerhalb *eines* Sekundärrechtsaktes ausgehen.[183] Weil die Regelungsdichte im Sekundärrecht immer stärker wächst, sind immer häufiger auch systematische Schlüsse möglich. Neben der *äußeren Ordnung* offenbaren Sekundärrechtsakte

der Teleologie zu bestimmen, vgl. z. B. EuGH, ECLI:EU:C:2010:606 = EuZW 2011, 58 Tz. 60 – Landkreis Bad Dürkheim; ECLI:EU:C:2005:150 = EuZW 2005, 245 Tz. 21 – easyCar; ECLI:EU:C:1985:195 = Slg. 1985, 1405 Tz. 20 – van Dijk's Boekhuis.

178 Vgl. etwa EuGH, ECLI:EU:C:2011:396 = EuZW 2011, 631 Tz. 54 ff. – Gebr. Weber; GA *Jacobs*, ECLI:EU:C:1997:352 = Slg. 1997, I-6495 Tz. 65 – Wiener; *Paunio/Lindroos-Hovinheimo*, ELJ 16 (2010), 395, 400; *Anweiler*, Auslegungsmethoden, S. 153 ff., 168.

179 Auch der EuGH sichert seine Auslegung üblicherweise mit weiteren Argumenten ab, vgl. z. B. EuGH, ECLI:EU:C:2011:299 = GRUR 2011, 930 Tz. 31 – Ving Sverige (wörtlich und teleologisch); ECLI:EU:C:2011:277 = EuZW 2011, 522 Tz. 31 – McCarthy (wörtlich, systematisch und teleologisch); ECLI:EU:C:2010:534 = EuZW 2011, 62 Tz. 35 – Chatzi (wörtlich und teleologisch). Deshalb ist eine enge »in claris«-Regel wenig überzeugend; etwas zurückhaltender z. B. *Zwanzger*, Gemeinschaftsgeschmacksmuster, S. 30 f.

180 Vgl. etwa EuGH, ECLI:EU:C:2010:717 = NZA 2011, 53 Tz. 45 – Günter Fuß; ECLI:EU:C:2010:39 = Slg. 2010, I-635 Tz. 29 – Transportes Urbanos y Servicos Generales SAL; auch GA *Trstenjak*, ECLI:EU:C:2011:559 Tz. 94 – Maribel Dominguez; GA *Kokott*, ECLI:EU:C:2011:552 Tz. 90 – Toshiba.

181 Vgl. z. B. EuGH, ECLI:EU:C:2006:541 = Slg. 2006, I-7795 Tz. 80 ff. – Reynolds Tobacco ./. Kommision.

182 Vgl. nur EuGH, ECLI:EU:C:2012:419 = EuZW 2012, 638 Tz. 44 – Content Services; ECLI:EU:C:2011:507 = Slg. 2011, I-6843 Tz. 41 ff. – Beneo-Orafti; ECLI:EU:C:2010:365 = Slg. 2010, I-5767 Tz. 64 ff. – Luigi Pontini; ECLI:EU:C:2008:743 = NZA 2009, 95 Tz. 41 ff. – Ruben Andersen; ECLI:EU:C:2011:109 = NVwZ 2011, 929 Tz. 35 ff. – Kommission ./. Irland; ECLI:EU:C:2007:575 = EuZW 2008, 19 Tz. 48 – Rampion; ECLI:EU:C:2002:163 = EuZW 2002, 339 Tz. 23 – Leitner. Dazu *Martens*, Methodenlehre, S. 433; *Riesenhuber*, in: Riesenhuber, Europäische Methodenlehre², § 11 Rn. 4 ff.; *Buck*, Auslegungsmethoden, S. 200; *S. Grundmann*, Auslegung, S. 340; *Grundmann*, RabelsZ 75 (2011), 882, 883 ff.; kritisch *Dederichs*, Methodik, S. 104; *Höpfner/Rüthers*, AcP 209 (2009), 1, 12.

183 Dies allerdings nur eine widerlegliche Vermutung, vgl. EuGH, ECLI:EU:C:2010:484 = Slg. 2010, I-7943 Tz. 42 – Kirin Amgen. Trotz aller Bemühungen ist leider nicht immer Kohärenz vorhanden, vgl. *Martens*, Methodenlehre, S. 434.

im Idealfall vermehrt auch eine *innere* Ordnung.[184] Bei systematischen Erwägungen *horizontal* zwischen unterschiedlichen Sekundärrechtsakten ist aber Vorsicht geboten,[185] weil die Kohärenz oft genug verfehlt wird.

Schließlich kann man auch die primärrechtskonforme Auslegung[186] als systematisches Argument begreifen. Nach der ständigen Rechtsprechung des EuGH ist das Sekundärrecht so auszulegen, dass es nicht mit höherrangigem Recht kollidiert.[187] Das Primärrecht muss deshalb zwingend beachtet werden.[188]

Der Wert eines systematischen Arguments lässt sich freilich nur im konkreten Einzelfall für eine bestimmte Norm herausarbeiten.[189] Im Allgemeinen sind systematische Argumente aber auch auf Unionsebene auffindbar und dann sehr nützlich, weil sie die Kohärenz der Gesamtrechtsordnung fördern[190].

Schließlich ist der Blick noch auf ein systematisches Argument gerichtet, dass es nur auf Unionsebene gibt: die *mitgliedstaatskonforme Auslegung*. Die Unionsrechtsordnung ist zwar autonom, aber dennoch mit dem Recht der Mitgliedstaaten verwoben. Aus dem Prinzip der Unionstreue folgt, dass Konflikte zwischen den unterschiedlichen Rechtsordnungen so weit wie möglich zu vermeiden sind.[191] Deshalb ist es geboten, den Blick auf beide Ebenen zu richten und auch das Unionsrecht so auszulegen, dass es auf nationaler Ebene zu möglichst wenigen Verwerfungen führt. Das gilt besonders bei der Ausfüllung

---

184 *Riesenhuber*, in: Riesenhuber, Europäische Methodenlehre², § 11 Rn. 23; *Zwanzger*, Gemeinschaftsgeschmacksmuster, S. 32.

185 Sehr kritisch gegenüber solchen systematischen Erwägungen z. B. *Höpfner/Rüthers*, AcP 209 (2009), 1, 12.

186 *Martens*, Methodenlehre, S. 440 ff.

187 Vgl. zur primärrechtskonformen Auslegung z. B. EuGH, ECLI:EU:C:2012:219 = GRUR 2012, 703 Tz. 56 – Bonnier Audio; ECLI:EU:C:2010:582 = Slg. 2010, I-8965 Tz. 60 – McB; ECLI:EU:C:2009:810 = Slg. 2009, I-12193 Tz. 53 ff. – Detiček; ECLI:EU:C:2008:54 = GRUR 2008, 241 Tz. 68 – Promusicae. Vgl. zur rechtsgrundsatzkonformen Auslegung etwa EuGH, ECLI:EU:C:1994:24 = Slg. 1994, I-223 Tz. 9 – Herbrink; ECLI:EU:C:2004:202 = EuZW 2004, 505 Tz. 30 – Borgmann; ECLI:EU:C:2006:16 = EuZW 2006, 276 Tz. 32 – Werhof; ECLI:EU:C:2008:392 = Slg. 2008, I-4951 Tz. 174 – Impala; ECLI:EU:C:2010:534 = EuZW 2011, 62 Tz. 43 – Chatzi. Vgl. zur vertragskonformen Auslegung nur EuGH, ECLI:EU:C:1983:369 = Slg. 1983, 4063 Tz. 15 – Kommission ./. Rat; ECLI:EU:C:1986:439 = Slg. 1986, 3477 Tz. 21 – Klensch; ECLI:EU:C:1991:143 = Slg. 1991, I-1647 Tz. 17 – Rauh; ECLI:EU:C:2007:576 = EuZW 2007, 730 Tz. 22 – Schutzverband der Spirituosen-Industrie; ECLI:EU:C:2008:392 = Slg. 2008, I-4951 Tz. 174 – Impala; etwa *Leible/Domröse*, in: Riesenhuber, Europäische Methodenlehre², § 9 Rn. 7 ff.

188 Zum zunehmenden Einfluss im Immaterialgüterrecht vgl. *Geiger*, in: Ohly, Common Principles, S. 223. 232 ff.

189 Vgl. *Martens*, Methodenlehre, S. 415.

190 Daneben werden auch das Prinzip der Gewaltenteilung und die richterliche Zurückhaltung gefördert, vgl. hierzu z. B. *Martens*, Methodenlehre, S. 436.

191 Dazu *Martens*, Methodenlehre, S. 451 f.; vgl. *Danwitz*, EuR 2008, 769, 784 f.; *Edward*, E.L. Rev. 20 (1995), 539, 548.

von Lücken.[192] Auf Unionsebene ist die Rechtsvergleichung damit unverzichtbar.[193]

3. Historie

Auch historische Argumente können grundsätzlich dabei helfen, das Unionsrecht zu erhellen.[194] Das gilt in erster Linie für das Sekundärrecht. Weil zum Primärrecht aber nur wenige Gesetzgebungsmaterialien veröffentlicht wurden[195] und gerade das Primärrecht einen dynamischen Charakter hat[196], sind Rückschlüsse aus dessen Entstehungsgeschichte nur begrenzt möglich.[197]

Im Sekundärrecht ist die Lage anders. Zumindest zu neueren Sekundärrechtsakten werden teilweise recht umfangreiche Gesetzgebungsmaterialien veröffentlicht, aus denen der Wille des Unionsgesetzgebers[198] erschlossen werden kann.[199] Eine zentrale Rolle kommt jedenfalls den Erwägungsgründen[200] zu, die der Gesetzgeber jedem Sekundärrechtsakt vorangestellt hat.

4. Teleologie

Teleologische Argumente haben auf Unionsebene ein besonderes Gewicht.[201] Der EuGH begründet seine Auslegungsergebnisse regelmäßig mit ihnen und

---

192 Aus den Rechtsordnungen der Mitgliedsstaaten können u. U. allgemeine Rechtsgrundsätze hergeleitet werden, vgl. *Martens*, Methodenlehre, S. 149, 451 f.

193 Vgl. *Zwanzger*, Gemeinschaftsgeschmacksmuster, S. 35.

194 Vgl. *Hess*, IPRax 2006, 348, 354; kritisch aber etwa *Bredimas*, Methods, S. 54 f., 64; *Bengoetxea*, Legal Reasoning, S. 234 ff.; *Anweiler*, Auslegungsmethoden, S. 246 ff.; *Dederichs*, Methodik, S. 122 f.; *Vogenauer*, Auslegung, Bd. 1, S. 385 f., 420 ff.

195 Richtigerweise kann trotz Artt. 13, 15 Abs. 2, 3 AEUV nur veröffentlichtes Material herangezogen werden; vgl. *Riesenhuber*, in: Riesenhuber, Europäische Methodenlehre², § 11 Rn. 34; *Gruber*, Methoden, S. 173 ff.; *Zwanzger*, Gemeinschaftsgeschmacksmuster, S. 31; weitergehend z. B. *Leisner*, EuR 2007, 689, 696.

196 Vgl. etwa *Bengoetxea*, Legal Reasoning, S. 251 ff.; *Mertens de Wilmars*, C.D.E. 22 (1986), 5, 19.

197 *Pechstein/Drechsler*, in: Riesenhuber, Europäische Methodenlehre², § 8 Rn. 32 lehnen historische Argumente insgesamt ab; zweifelnd auch *Martens*, Methodenlehre, S. 395.

198 Zum Willen des Unionsgesetzgebers kritisch und umfassend *Martens*, Methodenlehre, S. 380 ff.

199 Der EuGH verwendet ihn häufig als Argument, vgl. z. B. EuGH, ECLI:EU:C:2011:29 = GRUR 2011, 216 Tz. 38 – Flos; ECLI:EU:C:2010:620 = GRUR 2011, 50 Tz. 35 – Padawan; ECLI:EU:C:2004:697 = GRUR 2005, 254 Tz. 20 – Fixtures Marketing; auch die Generalanwälte berufen sich darauf vgl. etwa GA *Trstenjak*, ECLI:EU:C:2011:403 Tz. 63 – Williams u. a.

200 Zu ihnen näher *Riesenhuber*, in: Riesenhuber, Europäische Methodenlehre², § 11 Rn. 36; siehe dazu auch oben S. 32.

201 Vgl. nur *Bredimas*, Methods, S. 70 ff. (sie nennt das allerdings »functional method«); *Bengoetxea*, Legal Reasoning, S. 250 ff., 255 f., 257 f.; *S. Grundmann*, Auslegung, S. 394;

weist ihnen große Bedeutung zu.[202] Das ist überzeugend, weil schon die Struktur der EU selbst bedingt, dass die verfolgten Ziele vom Rechtsanwender stark beachtet werden müssen. Denn häufig lässt sich im EU-Gesetzgebungsverfahren über die Zwecke und Ziele ein politischer Konsens erreichen, nicht jedoch über die konkreten Mittel, mit denen diese erreicht werden sollen.[203]

Die teleologische Auslegung kann immer nur in zwei Schritten erfolgen: Zunächst muss das Telos hergeleitet werden, bevor es für die Auslegung nutzbar gemacht werden kann.[204] Dieser erste Schritt muss genauso mit rechtlichen Argumenten begründet werden wie andere Auslegungsergebnisse auch.[205] Um das Telos zu ermitteln, kann man sich also historischer, systematischer und semantischer Argumente bedienen[206] – mit all ihren von Fall zu Fall unterschiedlichen Gewichtungen und Besonderheiten.[207] Dabei kann an verschiedene Zwecke angeknüpft werden: An den mit der Norm selbst verfolgten Zweck und an die übergreifenden Ziele, die mit dem ganzen Regelungsbereich erreicht werden sollen.[208] Auch der »*effet utile*«[209] ist als Begründungstopos Teil der teleologischen Auslegung auf Unionsebene. Nach ständiger Rechtsprechung des EuGH[210] ist eine Vorschrift des Unionsrechts so auszulegen, dass ihre praktische Wirksamkeit gewahrt bleibt.[211]

Buck, Auslegungsmethoden, S. 221; *Zwanzger*, Gemeinschaftsgeschmacksmuster, S. 34; *Oppermann/Classen/Nettesheim*, Europarecht[6], S. 143; *Roth*, RabelsZ 75 (2011), 787, 801, der aber auch auf die Kritik an der teleologischen Auslegung hinweist.

202 Etwa EuGH, ECLI:EU:C:2012:487 = EuZW 2012, 703 Tz. 12 – ebookers.com Deutschland; ECLI:EU:C:2011:685 = GRUR 2012, 300 Tz. 54 – eDate Advertising; ECLI:EU:C:2011:507 = Slg. 2011, I-6843 Tz. 41 – Beneo-Orafti; ECLI:EU:C:2010:592 = NVwZ 2011, 32 Tz. 49 – Lassal; ECLI:EU:C:2006:764 = GRUR 2007, 225 Tz. 34 – SGAE; ECLI:EU:C:2000:467 = EuZW 2000, 723 Tz. 50 – Deutschland ./. Kommission; vgl. auch die empirische Untersuchung von *Dederichs*, Methodik, S. 98.

203 Damit wird der EuGH freilich in eine missliche Position gebracht, weil er über etwas entscheiden muss, wofür der Gesetzgeber nicht die politische Kraft entwickeln konnte, vgl. *Martens*, Methodenlehre, S. 461.

204 *Müller/Christensen*, Juristische Methodik, Bd. II – Europarecht[3], Rn. 103; *Rüthers/Fischer/Birk*, Rechtstheorie[7], Rn. 725 ff., die allerdings dem Normzweck insgesamt die entscheidende Bedeutung zuweisen möchten.

205 Vgl. *Everling*, FS Lord Slynn, Bd. I, S. 29, 38.

206 *Martens*, Methodenlehre, S. 459; zum Streitstand zwischen der subjektiven versus objektiven Theorie der Gesetzesauslegung zusammenfassend *Fleischer*, AcP 211 (2011), 317, 321 ff.

207 Alle oben aufgezeigten Besonderheiten des Unionsrechts werden dabei wieder relevant. So hat z. B. das historische Argument im Primärrecht weniger Gewicht als im Sekundärrecht. Wenn es um das übergreifende Telos eines Regelungsbereiches geht, wird man stärker auf die Systematik und weniger auf den Wortlaut einzelner Normen zurückgreifen.

208 Vgl. *Jansen*, ZRG (GA) 128 (2011), 1, 13.

209 Zum Begriff etwa *Potacs*, EuR 2009, 465, 466.

210 EuGH, ECLI:EU:C:2010:592 = NVwZ 2011, 32 Tz. 51 – Lassal; ECLI:EU:C:2009:716 = EuZW 2009, 890 Tz. 47 – Sturgeon; ECLI:EU:C:2007:636 = Slg. 2007, I-9413 Tz. 36 – For-

5.   Verhältnis der Auslegungskriterien zueinander

Welche Argumente jeweils welchem Begründungstopos zugeordnet werden können, ist durchaus umstritten. Letztlich kommt es darauf nicht entscheidend an. Ein Argument gewinnt durch die Einordnung weder an Bedeutung noch wird es überzeugender. Auch wie die Argumente zueinander zu gewichten sind, kann nur im Einzelfall überzeugend begründet werden.[212]

II.   Richtlinienkonforme Auslegung (i. e. S.) auf nationaler Ebene – interpretatorische Vorrangregel

Grundsätzlich ist der nationale Rechtsanwender zur *richtlinienkonformen Auslegung* verpflichtet.[213] Das wirft auf nationaler Ebene vielfältige methodologische Probleme auf.[214] In seiner Rechtsprechung zu Art. 288 Abs. 3 AEUV macht der EuGH den nationalen Gerichten einige methodologische Vorgaben.[215]

Geht es – wie hier zunächst – um die *richtlinienkonforme Auslegung i. e. S.* dann fragt sich vor allem, in welchem Verhältnis dieses Auslegungsinstrument zum übrigen klassischen Auslegungskanon[216] steht.

Der nationale Richter ist verpflichtet, die *richtlinienkonforme Auslegung* »unter voller Ausschöpfung des Beurteilungsspielraums« vorzunehmen.[217] Aus dem vom EuGH entwickelten *»Äquivalenzgrundsatz«* folgt, dass der nationale Rechtsanwender alle Methoden heranziehen muss, die er auch bei der Rechtsfindung im nationalen Recht einsetzen kann.[218] Die Auslegung ist *»so weit wie möglich«* am Wortlaut der Richtlinie und an dem mit ihr verfolgten Zweck auszurichten.[219] Damit stellt der EuGH klar: Alles was der Richter darf, muss er

---

tum Projekt Finanz; ECLI:EU:C:2000:98 = Slg. 2000, I-1129 Tz. 21 – Kommission ./. Frankreich.

211 Vgl. dazu näher *Riesenhuber*, in: Riesenhuber, Europäische Methodenlehre[2], § 11 Rn. 42a; *Potacs*, EuR 2009, 465, 467 f.; *Martens*, Methodenlehre, S. 463 ff.

212 Dazu ausführlich *Martens*, Methodenlehre, S. 499 ff.; siehe zur Gewichtung des EuGH *Müller/Christensen*, Juristische Methodik, Bd. II – Europarecht[3], Rn. 681 ff.

213 Für das Designrecht *Eichmann*/v. Falckenstein, GeschmMG[4], Allg. Rn. 14.

214 Diese werden vor allem bei der Rechtsfortbildung virulent, vgl. unten S. 56 ff.

215 Dazu auch *Roth*, in: Riesenhuber, Europäische Methodenlehre[2], § 14 Rn. 25 ff.

216 Nach *Savigny*, System, Band I, S. 213: Wortlaut, Systematik, Historie, Teleologie.

217 EuGH, ECLI:EU:C:1984:153 = ZIP 1984, 1386 Tz. 28 – von Colson.

218 Z.B. EuGH, ECLI:EU:C:1995:441 = Slg. 1995, I-4705 Tz. 13 – van Schijndel; ECLI:EU:C:1997:208 = JZ 1997, 1174 Tz. 28–30 – Dreampaehl; ECLI:EU:C:2004:10 = GRUR 2004, 501 Tz. 67 – X; ECLI:EU:C:2005:270 = EuZW 2005, 369 Tz. 65 – Berlusconi (Gleichbehandlung von Sanktionen); ECLI:EU:C:2007:163 = EuZW 2007, 247 Tz. 82 – Unibet.

219 Vgl. etwa EuGH, ECLI:EU:C:2000:346 = EuZW 2000, 506 Tz. 30 – Océano Grupo Editorial

auch tun, um ein richtlinienkonformes Ergebnis herbeizuführen. Unter mehreren Auslegungsergebnissen muss also jenes gewählt werden, das der vorgegebenen Sachverhalt-Ergebnis-Relation entspricht. Diese *richtlinienkonforme Auslegung* bewirkt also eine *interpretatorische Vorrangregel*.[220]

Dennoch können der *richtlinienkonformen Auslegung* Schranken gesetzt sein.[221] Gegen den ausdrücklichen Willen des nationalen Gesetzgebers[222] darf ein Umsetzungsgesetz z. B. nicht richtlinienkonform ausgelegt werden. Der nationale Rechtsanwender ist keinesfalls dazu aufgerufen, *contra legem*[223] zu judizieren. Das Gebot zur *richtlinienkonformen Auslegung* soll (und kann) nichts an der Rollenverteilung zwischen nationalem Gesetzgeber und Rechtsprechung ändern.[224]

Das gilt grundsätzlich auch für die *Auslegung i. e. S.*, spielt bei ihr jedoch regelmäßig keine Rolle. Der Rechtsanwender muss die üblichen Auslegungsgrenzen beachten – in Deutschland z. B. die Wortlautgrenze. Falls er sie überschreitet, geht die Rechtsfindung aber nahtlos in die Rechtsfortbildung über.[225] Bei ihr zeigt sich dann schnell, welche methodologischen Abgründe eine Richtlinie für den Rechtsanwender aufreißen kann.

B.   Zur Rechtsfortbildung

Folgt man der in Deutschland klassischen Einteilung, steht neben der *Auslegung i. e. S.* die *Rechtsfortbildung*. Der enge Schrankenkatalog im Designrecht legt es sehr nahe, dass die maßgebenden Interessen durch die *Auslegung i. e. S.* der Schranken allein nur unzureichend in Einklang gebracht werden können. Deshalb spielt die *Rechtsfortbildung* für die vorliegende Untersuchung der Schranken des Designrechts eine zentrale Rolle. Im Grenzbereich der Rechtsfindung ist ein methodologisch sauberes Vorgehen unabdingbar. Denn zwischen

---

SA; ECLI:EU:C:2003:280 = EuZW 2003, 434 Tz. 36 – Mau; ECLI:EU:C:2009:466 = Slg. 2009, I-6653 Tz. 60 – Mono Car Styling.

220 Dazu ausführlich *Canaris*, FS Medicus, S. 25, 58 ff.; *ders.*, FS Bydlinski, S. 47, 66 ff.

221 Ausführlich *Canaris*, FS Bydlinski, S. 47, 66 ff.; *Brechmann*, Richtlinienkonforme Auslegung, S. 265 ff.; *Franzen*, Privatrechtsangleichung, S. 373 ff.

222 Den Streitstand zwischen »subjektiver« und »objektiver« Theorie zusammenfassend *Fleischer*, AcP 211 (2011), 317, 318 ff.

223 Zum Begriff etwa *Bydlinski*, in: Koller u.a., Einheit und Folgerichtigkeit im Juristischen Denken, S. 27; *ders.*, JBl 1997, 617 ff.; anders verwendet von *Neuner*, Contra legem, 132, 148 ff. Zu den Rechtsfortbildungsschranken näher unten S. 61.

224 Vgl. EuGH, ECLI:EU:C:2006:443 = EuZW 2006, 730 Tz. 110 – Adeneler; *Roth*, in: Riesenhuber, Europäische Methodenlehre², § 14 Rn. 36.

225 Kritisch zum Nutzen der Wortlautgrenze, vgl. etwa *Rüthers/Fischer/Birk*, Rechtstheorie⁷, Rn. 731 ff.; *Kriele*, Rechtsgewinnung², S. 221 ff.; *Germann*, Rechtsfindung, S. 104 ff.; *Rhinow*, Rechtssetzung, S. 158 ff.; siehe oben S. 41 f. m. w. N.

zulässiger Rechtsfindung und rechtspolitischen Wunschvorstellungen liegt oft nur ein schmaler Grat, der allzu schnell überschritten ist.

I.   Rechtsfortbildung auf europäischer Ebene

Wie oben festgestellt[226], muss die *Rechtsfortbildung* letztlich auf europäischer Ebene erfolgen.

1.   Kompetenz zur Rechtsfortbildung

Die Kompetenz zur Rechtsfortbildung hat auf Unionsebene in letzter Instanz der EuGH.[227] Er selbst hat daran keinen Zweifel[228] und mit dieser Einschätzung Recht. Über die Gründungsverträge verteilt finden sich viele Indizien für die Kompetenzzuweisung, und sie entspricht auch der Intention der Gründungsmitglieder.[229] Entsprechend ist die Rechtsfortbildungskompetenz des EuGH in Deutschland höchstrichterlich bestätigt worden.[230]

2.   Lückenbegriff

Auch im Unionsrecht ist die Rechtsfortbildung nur zulässig, wenn eine Gesetzeslücke besteht.[231] Eine solche Lücke kommt von vornherein nur in Betracht, falls der Regelungsbereich kompetentiell der Union zugewiesen ist.[232] Sie liegt vor, wenn das Fehlen einer Regelung mit einem allgemeinen Grundsatz des Gemeinschaftsrechts unvereinbar ist.[233] Mit anderen Worten: Es braucht eine »planwidrige Unvollständigkeit innerhalb des positiven Rechts [...] gemessen am Maßstab der gesamten geltenden Rechtsordnung«.[234]

---

226 Siehe oben S. 39.
227 Etwa *Neuner*, in: Riesenhuber, Europäische Methodenlehre[2], § 13 Rn. 9; *Everling*, JZ 2000, 217, 221 f.; *Röthel*, Normkonkretisierung, S. 332; zur Entwicklung des Richterrechts *Edward*, in: Schulze/Seif, Richterrecht, S. 75 ff.; *Calliess*, NJW 2005, 929, 930.
228 Vgl. etwa EuGH, ECLI:EU:C:1985:507 = Slg. 1985, 3997 Tz. 14 ff. – Krohn.
229 Näher dazu etwa *Neuner*, in: Riesenhuber, Europäische Methodenlehre[2], § 13 Rn. 8; *Walter*, Rechtsfortbildung, S. 135 ff.; *Ukrow*, Rechtsfortbildung, S. 91 ff.; *Ahmling*, Analogiebildung, S. 141 ff.; *Everling*, JZ 2000, 217, 221.
230 BVerfGE 75, 223, 242 ff – Kloppenburg.
231 Kritisch zu diesem Element *Grosche*, Rechtsfortbildung, S. 113; *Vogenauer*, ZEuP 2005, 234, 254; *Schulze/Seif*, Richterrecht, S. 6.
232 *Neuner*, in: Riesenhuber, Europäische Methodenlehre[2], § 13 Rn. 9; *Franzen*, Privatrechtsangleichung, S. 65 f., 500 ff.
233 So etwa EuGH, ECLI:EU:C:1985:507 = Slg. 1985, 3997 Tz. 23 – Krohn.
234 *Canaris*, Lücken[2], S. 39, 198; zum Lückenbegriff auch *Walter*, Rechtsfortbildung, S. 80 ff.; kritisch *Martens*, Methodenlehre, S. 505 ff.

Ob eine Lücke vorhanden ist, kann also nur systemimmanent beantwortet werden. Es muss ein hinreichend bestimmtes Regelungssystem geben,[235] damit überhaupt ein gesetzgeberischer Plan erkennbar werden kann. Obwohl das Unionsrecht kein vollständiges Regelungssystem ist, bildet es doch in vielen Bereichen eine »partiell geschlossene« Rechtsordnung.[236] Es ist deswegen nicht per se so fragmentarisch und offen, dass Lücken von vornherein nicht in Betracht kämmen.[237]

Auf Unionsebene spielt der Gleichheitssatz eine entscheidende Rolle, wenn es darum geht, Lücken auszufüllen.[238] Der EuGH lässt sich in ständiger Rechtsprechung davon leiten, »dass vergleichbare Sachverhalte nicht unterschiedlich und unterschiedliche Sachverhalte nicht gleich behandelt werden, sofern eine solche Behandlung nicht objektiv gerechtfertigt ist«.[239] Er stellt damit auf die bekannte *vergleichbare Interessenlage* ab.

Die Lückenfeststellung bei Verordnungen bereitet in Hinblick auf diese Voraussetzungen keine Schwierigkeiten. Richtlinien weisen allerdings einige systematische Besonderheiten auf, die sich auf die Rechtsfortbildung auswirken.

Der Unionsgesetzgeber muss mit der Richtlinie ein hinreichend vollständiges System einführen wollen.[240] Ansonsten liegt der Schluss nahe, dass er andere Sachverhalte gerade nicht in den Anwendungsbereich mit einbeziehen wollte.[241] Selbst wenn ein Sachverhalt im Anwendungsbereich liegt, kann der Unionsgesetzgeber eine Öffnungsklausel vorsehen und es so weiterhin den Mitgliedstaaten überlassen, die Sachverhalt-Ergebnis-Relation auszugestalten.[242] Bei mindestharmonisierenden Richtlinien ist eine Lücke deshalb regelmäßig sehr viel schwieriger herzuleiten[243] als bei vollharmonisierenden Richtlinien[244]. Auch bei ihnen kommt es aber entscheidend auf den Anwendungsbereich an. Nur

---

235 Das Unionsrecht bildet ein eigenes Rechtssystem; *Bergel*, Méthodologie Juridique, S. 27; *Riesenhuber*, System und Prinzipien, § 2 III 3, S. 30.
236 *Walter*, Rechtsfortbildung, S. 77; zum Begriff der partiellen Geschlossenheit *Martens*, in: Jahrbuch Junger Zivilrechtswissenschaftler 2009, S. 27, 39.
237 A. A. *Heiderhoff*, Gemeinschaftsprivatrecht², S. 42.
238 *Martens*, Methodenlehre, S. 318.
239 EuGH, ECLI:EU:C:2009:716 = EuZW 2009, 890 Tz. 48 – Sturgeon; ECLI:EU:C:1980:228 = Slg. 1980, 2747 Tz. 16 – Überschär; ECLI:EU:C:1993:293 = Slg. 1993, 3823 Tz. 37 – Spanien ./. Kommission; ECLI:EU:C:2004:607 = EuZW 2004, 724 Tz. 56 – Wippel.
240 Vgl. *Ahmling*, Analogiebildung, S. 148 f. m.w. N.
241 Vgl. *Tellis*, ECFR 2008, 353, 361; *Walter*, Rechtsfortbildung, S. 76 ff.
242 Vgl. *Ahmling*, Analogiebildung, S. 148 f.
243 Vgl. *Ahmling*, Analogiebildung, S. 192.
244 Vgl. *Ahmling*, Analogiebildung, S. 193; *Franzen*, Privatrechtsangleichung, S. 608; kritisch zu Lücken auch bei Vollharmonisierung *Bleckmann*, RIW 1987, 929, 933; und wohl auch *Wagner*, Mindestharmonisierung, S. 43.

wenn dieser über die im Normtext geregelten Sachverhalte hinausgeht, kommt eine Lücke innerhalb der Richtlinie überhaupt in Betracht.[245]

3. Rechtsfortbildungsschranken

Auch wenn der EuGH grundsätzlich zur Rechtsfortbildung befugt ist, kann er durch Rechtsfortbildungsschranken doch an ihr gehindert sein. Denn auch der EuGH ist selbstverständlich an das Gesetz gebunden[246]. Solche Rechtsfortbildungsschranken können sich etwa aus dem Willen des Gesetzgebers ergeben.[247] Wenn er deutlich gemacht hat, dass es im Designrecht nur die geschriebenen Schranken geben soll, ist eine Rechtsfortbildung in Richtung neuer Schranken untersagt.[248]

4. Rechtsfortbildungsmethoden

Für die Rechtsfortbildung im Unionsrecht können die bekannten Methoden verwendet werden, also insbesondere die *Analogie*[249], die *teleologische Extension* und *Reduktion*. Dabei müssen allerdings die Besonderheiten der Unionsebene beachtet werden.

a) Analogie

Auch im Unionsrecht beruht der Analogieschluss auf dem Grundgedanken des juristischen Syllogismus[250] und dem Gleichheitssatz.[251] Ist der Rechtsanwender

---

245 Das ist allerdings auch bei Verordnungen so vgl. *Anweiler*, Auslegungsmethoden, S. 319 ff.

246 Diese Bindung hat eine kompetentielle, inhaltliche und zeitliche Dimension; sie muss das institutionelle Gleichgewicht und die konkurrierende Zuständigkeit wahren, siehe *Neuner*, in: Riesenhuber, Europäische Methodenlehre², § 13 Rn. 12 ff.; zu den Grenzen der Rechtsfortbildung auch *ders.*, Privatrecht und Sozialstaat, S. 191 f.; *Walter*, Rechtsfortbildung, S. 227 ff.

247 Je nachdem, welche Bedeutung man ihm zuweist; vgl. *Riesenhuber*, in: Riesenhuber, Europäische Methodenlehre², § 11 Rn. 30 f.; *Neuner* in: Riesenhuber, Europäische Methodenlehre², § 13 Rn. 18; *Höpfner/Rüthers*, AcP 209 (2009), 1, 13 ff.

248 Dies dürfte etwa bei dem Schrankenkatalog von Art. 5 InfoSoc-RL der Fall sein, Richtlinie 2001/29/EG des Europäischen Parlaments und des Rates vom 22. Mai 2001 zur Harmonisierung bestimmter Aspekte des Urheberrechts und der verwandten Schutzrechte in der Informationsgesellschaft, ABl. L 167 vom 22.6.2001, S. 10 ff., ber. ABl. L 6 vom 10.1.2002, S. 71 ff.

249 Dazu *Ahmling*, Analogiebildung, S. 97 ff.; *Anweiler*, Auslegungsmethoden, S. 309 ff.; *Martens*, Methodenlehre, S. 318 ff.

250 Vgl. für Deutschland nur *Rüthers/Fischer/Birk*, Rechtstheorie⁷, Rn. 889; für Frankreich *Mathieu-Izorche*, Le raisonnement juridique, S. 189 ff.; rechtstheoretisch *MacCormick*, Rhetoric, S. 32 ff.; *Bäcker*, Rechtstheorie 40 (2009), 404 ff.; zu dessen Bedeutung innerhalb der Rechtsprechung des EuGH *Martens*, Methodenlehre, S. 312.

mit einem ungeregelten Sachverhalt konfrontiert, so wird er eine Norm suchen, die einen hinreichend ähnlichen Sachverhalt regelt und mit Hilfe des Analogieschlusses den vom Gesetzgeber erkennbar getroffenen Wertmaßstab nutzbar machen. Dahinter steht die Vermutung[252], dass der Gesetzgeber vergleichbare Sachverhalte auch vergleichbar regeln würde oder gar muss. Eine Analogie ist damit letztlich die Anwendung einer Rechtsnorm mit anderen Tatbestandsvoraussetzungen auf einen vergleichbaren, gesetzlich nicht geregelten Sachverhalt.[253]

aa) *Voraussetzungen auf europäischer Ebene*

Die grundlegenden Voraussetzungen für eine Analogiebildung sind denen im deutschen Recht sehr ähnlich. Es muss eine planwidrige Regelungslücke und eine vergleichbare Interessenlage bestehen.[254] Daneben benötigt man eine analogiefähige Norm.[255]

Auf europäischer Ebene kommen dafür Normen aus Richtlinien und Verordnungen in Betracht. Letztere bereiten insoweit keine Schwierigkeiten. Auch eine Richtlinien-Norm muss für eine Analogiebildung konkret genug sein. Andernfalls kann man aus ihr keine vergleichbare Interessenlage herleiten. Mittlerweile sind Richtlinien regelmäßig sehr detailliert ausgestaltet und lassen den Mitgliedstaaten nur wenige Spielräume. Deshalb sind auch Richtlinien-Normen grundsätzlich analogietauglich.[256]

bb) *Analoge Anwendung exogener Schranken*

Als Rechtsfortbildungsmethode kommt die analoge Anwendung *exogener Schranken* in Betracht, d. h. von Schranken, die nicht aus dem Designrecht selbst stammen.

In Deutschland hat man lange Zeit wie selbstverständlich manche urheberrechtlichen Schranken auch im Designrecht angewendet.[257] Genauso könnte man darüber nachdenken, auch im Unionsrecht exogene Schranken auf designrechtliche Sachverhalte analog anzuwenden.

Wenn im Designrecht z. B. eine Schranke für Berichterstattungen über Ta-

---

251 Dazu *Martens*, Methodenlehre, S. 318 ff.; und zum deutschen Recht *Larenz/Canaris*, Methodenlehre³, S. 202 ff.
252 Vgl. *Martens*, Methodenlehre, S. 318.
253 Zum Europarecht *Martens*, Methodenlehre, S. 508; das entspricht auch dem allgemeinen deutschen Verständnis vgl. *Rüthers/Fischer/Birk*, Rechtstheorie⁷, Rn. 889 ff.
254 Zu diesen beiden Merkmalen schon oben S. 49 f.
255 Normen mit strafähnlichem Charakter sind z.B. nicht analogietauglich, *Ahmling*, Analogiebildung, S. 167.
256 So auch *Ahmling*, Analogiebildung, S. 186.
257 Vgl. *v. Gamm*, GeschmMG², § 6 Rn. 8 ff.; *Schulze*, FS Ullmann, S. 93, 98 ff.; siehe unten S. 70 ff.

gesereignisse fehlt könnte man daran denken, die entsprechende urheberrechtliche Schranke aus der InfoSoc-RL analog anzuwenden.

Aus methodologischer Sicht überzeugt dieser Weg auf Unionsebene jedoch nicht. Wie oben erläutert, bedeutet die analoge Anwendung einer Norm nichts anderes, als dass ein bisher ungeregelter Sachverhalt in ihren Anwendungsbereich mit einbezogen wird. Regelt Norm A den Sachverhalt S1, so kann Norm A auch auf Sachverhalt S2 angewendet werden, wenn S1 und S2 ähnlich genug sind und die Wertungen passen.[258]

Alle designrechtlichen Sachverhalte fallen aber in den Anwendungsbereich der GRL. Das muss auch so sein, weil nur so der bezweckte umfassende Harmonisierungseffekt erreicht wird.[259] Außerdem wäre auch die erforderliche planwidrige Regelungslücke nicht überzeugend herzuleiten, wenn die ungeregelten Sachverhalte nicht im Anwendungsbereich der GRL liegen. Denn wenn der Unionsgesetzgeber diese ungeregelten Sachverhalte nicht über die Richtlinie gesetzgeberisch an sich ziehen wollte, wäre es an den Mitgliedstaaten, diese Sachverhalte interessengerecht zu regeln[260]. Für eine planwidrige Regelungslücke *im Unionsrecht* bliebe dann kein Raum.

Ein gesetzlich nicht geregelter Sachverhalt kann auch deshalb nicht einfach einem anderen Regelungsregime (z.B. der InfoSoc-RL[261]) zugeordnet werden, weil die GRL ein abschließender Regelungskomplex ist. Eine analog angewendete exogene Norm nähme auch nicht am Umsetzungsbefehl der GRL teil. Das wäre dann ein Problem, wenn die analog angewendete Norm (wie z.B. die Schranken in Art. 5 Abs. 2, 3 InfoSoc-RL) fakultativ ist. Denn sie müsste nicht zwangsläufig umgesetzt werden.

Diese richtlinienspezifischen Überlegungen bedeuten aber nicht, dass die in exogenen Schranken enthaltenen Wertungen irrelevant sind. Im Gegenteil: Wenn eine planwidrige Regelungslücke in einer Richtlinie feststellbar ist, müssen die Wertungen aus der Gesamtrechtsordnung herausgearbeitet werden, die zeigen, wie der Unionsgesetzgeber die Lücke geregelt hätte. Solche Wertungen zeigen sich oft in exogenen Schranken. Auch wenn man diese Normen selbst nicht analog anwendet, kann man die hinter ihnen stehenden Wertungen berücksichtigen und in der Rechtsfortbildung benutzten.

---

258 *Martens*, Methodenlehre, S. 508; *Rüthers/Fischer/Birk*, Rechtstheorie[7], Rn. 889 ff.
259 Dazu oben S. 35 ff.
260 Diese Regelungen müssten sich noch nicht mal an der GRCh messen lassen, denn hier ginge es ausschließlich um nationales Recht, auf das die nationalen Grundrechte angewendet werden müssten, vgl. dazu S. 29 ff. und zur Lücke näher oben S. 49 ff.
261 Siehe oben Fn. 248.

cc)   Analoge Anwendung der designrechtlichen Schranke

Besser den strukturellen Gegebenheiten des Unionsrechts entspräche eine analoge Anwendung von Art. 13 GRL. Dessen kurzer Schrankenkatalog erschwert allerdings den rechtsfortbildendenden Schritt. Denn in den dort geregelten Schranken werden nur sehr spezifische Interessen abgewogen und freigestellt. Zwischen diesen ausdrücklich geregelten Sachverhalten und den vielfältigen gesetzlich nicht geregelten Sachverhalten lässt sich deshalb eine vergleichbare Interessenlage alleine mit Art. 13 GRL kaum überzeugend begründen. Dennoch darf man eine analoge Anwendung nicht vorschnell ablehnen. Denn eine eventuell bestehende Regelungslücke ließe sich über eine Gesamtanalogie[262] schließen. Hierbei kommt es entscheidend darauf an, welche Wertmaßstäbe das Unionsrecht, als Gesamtrechtsordnung, die z. B. auch die allgemeinen Rechtsgrundsätze einschließt[263], festlegt.[264] Denn nur mit Blick auf die europäische Gesamtrechtsordnung und insbesondere das Primärrecht können die Wertentscheidungen herausgearbeitet werden, die hinter Art. 13 GRL liegen. Eine solche Rechtsfortbildung ist ein Zusammenspiel von *teleologischer Extension* und einem *Analogieschluss.*[265]

b)   Teleologische Reduktion des Schutzbereiches

Daneben ist auch die teleologische Reduktion des Schutzbereiches in Art. 12 GRL eine denkbare Methode.[266] Mit Blick auf den materiell-rechtlichen Anspruch ist es gleichgültig, ob der Schutzbereich über das Verbotsrecht oder eine Schranke beschnitten wird.[267]

5.   Fazit

Eine Rechtsfortbildung ist auch auf Unionsebene möglich. Wie in Deutschland ist dafür eine planwidrige Regelungslücke erforderlich. Das Unionsrecht ist mittlerweile so umfangreich, dass man solche Lücken feststellen kann. Dabei müssen jedoch dessen strukturellen Besonderheiten beachtet werden. Als Rechtsfortbildungsinstrumente kommen grundsätzlich die *Analogie* und die *teleologische*

---

262 Vgl. zur Gesamtanalogie in der deutschen Methodenlehre etwa *Rüthers/Fischer/Birk*, Rechtstheorie⁷, Rn. 891 f., der sie aber Gesetzesanalogie nennt.

263 Zu deren Bedeutung im Unionsrecht vgl. *Martens*, Methodenlehre, S. 147 ff.; *Rodriguez Iglesias*, C.Y.E.L.S. 1 (1998), 1, 15 f.; *Skouris*, ZEuP 2012, 1, 4 f.

264 Die zugrundeliegende *ratio* muss aus der Gesamtrechtsordnung herausgearbeitet werden; vgl. *Martens*, Methodenlehre, S. 318 f. Kritisch zur Gesamtanalogie *Stieper*, Schranken, S. 67.

265 Beide sind ohnehin nicht klar unterscheidbar, vgl. z. B. *Rüthers/Fischer/Birk*, Rechtstheorie⁷, Rn. 904.

266 *Ruhl*, GGV2, Vor Art. 20 – 23, Rn. 6.

267 Vgl. dazu auch unten S. 63 ff. und S. 121 ff.

Extension und *Reduktion* in Betracht. Strukturelle Erwägungen zeigen allerdings, dass die analoge Anwendung von exogenen Schranken für eine Rechtsfortbildung der GRL untauglich ist. Letztlich darf die Einordnung des Rechtsfortbildungsinstrumentes aber nicht überschätzt werden. Es kommt stets auf die der jeweiligen Norm und der Gesamtrechtsordnung zugrundeliegenden Wertungen an.[268]

II. Reichweite des Umsetzungsbefehls

Gemäß Art. 288 Abs. 3 AEUV sind die Mitgliedstaaten verpflichtet, alles Erforderliche zu unternehmen, um die durch eine Richtlinie vorgegebenen Ziele zu erreichen.[269]

Dieser Umsetzungsbefehl erstreckt sich auch auf die vom EuGH rechtsfortgebildete Richtlinie. Denn der Fortbildungsakt hat keine Auswirkung auf den Umsetzungsbefehl.[270]

Auf europäischer Ebene fehlt ein solcher Umsetzungsbefehl. Hier gibt es keinen vergleichbaren Zwang, eine für die GRL entwickelte neue Schranke auch in die GGV einzuführen. Dennoch ist damit zu rechnen, dass auch die GGV nach den Vorgaben der GRL ausgelegt wird. Das hat vor allem zwei Gründe:

Erstens ist eine Schranke immer das Ergebnis einer Interessenabwägung. Weil und soweit in beiden Rechtsakten dieselben Interessen betroffen sind, ist die getroffene Güterabwägung für beide Rechtsakte gleich sinnvoll. Will man ein kohärentes Regelungssystem schaffen, müssen die Wertungen zwangsläufig übertragen werden.

Zweitens soll die GRL die GGV mit den nationalen Designrechten harmonisieren.[271] Dieser Zweck würde unterlaufen, wenn die GGV die Schranken aus der Richtlinie nicht enthalten würde.

Obwohl ein Umsetzungsbefehl im eigentlichen Sinne fehlt, ist es deshalb geboten, die GGV an der GRL orientiert auszulegen und zu ergänzen.

III. Übertragung der Wertungen der GRL

Für die GGV wie für das deutsche DesignG stellt sich daher die Frage, auf welche Weise die Wertungen der ausgelegten bzw. fortgebildeten GRL übertragen werden können.

---

268 Vgl. *Martens*, Methodenlehre, S. 508.
269 EuGH, ECLI:EU:C:1984:153 = ZIP 1984, 1386 Tz. 28 – von Colson; ECLI:EU:C:1984:155 = Slg. 1984, 1921 Tz. 28 – Harz; vgl. dazu näher *Canaris*, FS Bydlinski, S. 47, 55 ff.
270 *Ahmling*, Analogiebildung, S. 196.
271 Dazu oben S. 34 f.

1.   GGV

Die GGV bereitet dabei keine Schwierigkeiten. Zum einen ist nur die europäische Ebene betroffen, und zum anderen bestehen bei Verordnungen keine strukturellen Besonderheiten.

2.   Übertragung in das nationale Designrecht

Den notwendigen Übertragungsakt in das nationale Recht methodologisch überzeugend zu konstruieren, fällt wesentlich schwerer. Am einfachsten wäre es, auf einen Übertragungsakt ganz zu verzichten und auf nationaler Ebene die GRL unmittelbar anzuwenden. In horizontalen Verhältnissen ist das allerdings regelmäßig unzulässig.[272]

a)   Richtlinienkonforme Auslegung i. e. S.[273]
Deshalb muss das nationale Recht an die veränderten Richtlinienvorgaben angepasst werden. Naheliegend geschieht dies durch dessen richtlinienkonforme Auslegung i. e. S.[274] Diese Methode versagt jedoch, wo die erforderlichen Anknüpfungspunkte im nationalen Gesetzestext fehlen.[275]

b)   Richtlinienkonforme Rechtsfortbildung
Das Gebot der richtlinienkonformen Auslegung geht allerdings über die klassische Auslegung i. e. S. – wie sie in der deutschen Methodenlehre verstanden wird – hinaus.[276] Denn nach dem Willen des EuGH hat der nationale Rechtsanwender alle Methoden zu benutzen, die ihm auch im nationalen Recht zur Verfügung stehen.[277] Das Gebot erfasst deshalb auch auf nationaler Ebene grundsätzlich Instrumente der Rechtsfortbildung[278], insbesondere die teleolo-

---

272 Grundlegend EuGH, ECLI:EU:C:1994:292 = EuZW 1994, 498 Tz. 24 – Faccini Dori; vgl. *Roth*, EWS 2005, 385, 387 m.w.N.
273 Zur Wortlautgrenze und der Abgrenzung zur Rechtsfortbildung siehe oben S. 41 f.
274 Selbstverständlich könnte der nationale Gesetzgeber auch das DesignG ändern und die Schranke, die in die GRL eingeführt wurde, ausdrücklich im DesignG festschreiben.
275 Zur Wortlautgrenze vgl. u. a. *Meier-Hayoz*, Richter als Gesetzgeber, S. 42; *Hassold*, 2. FS Larenz, S. 211, 218 ff.; *Zippelius*, 2. FS Larenz, S. 739, 743 f.; *Neuner*, Contra legem, S. 90 ff.; zur Entwicklung der Wortlautgrenze *Baldus*, in: Riesenhuber, Europäische Methodenlehre[2], § 3 Rn. 1 ff.
276 *Klein*, FS Everling, S. 641, 647 und *Ehricke*, RabelsZ 59 (1995), 598, 643 halten auch bei der richtlinienkonformen Auslegung den Wortsinn für die Grenze. Damit entspräche diese der Auslegung i. e. S.
277 Siehe m.N. oben S. 47 f.
278 *BGHZ* 179, 27 Tz. 21 – Quelle; *Canaris*, FS Bydlinski, S. 47, 81; *Ahmling*, Analogiebildung, S. 139; *Dänzer-Vanotti*, RIW 1991, 754, 755; *Möllers/Möhring*, JZ 2008, 919; 923; *Roth*, EWS 2005, 385, 394; (kritisch) *Grosche/Höft*, NJOZ 2009, 2294, 2298; vgl. *Schmidt*, RabelsZ 59

gische Extension[279] oder Reduktion[280] und ebenso die Analogie.[281] Berücksichtigt man die deutsche Terminologie, sollte man in diesem Zusammenhang besser von einer »*richtlinienkonformen Rechtsfortbildung*«[282] sprechen. Auch dazu ist der nationale Richter grundsätzlich verpflichtet, um ein richtlinienkonformes Ergebnis herbeizuführen.[283] Dies gilt jedenfalls in dem Maße, wie er auch im Umgang mit seinem nationalen Recht rechtsfortbildend tätig werden darf.[284] Andernfalls würde das Unionsrecht diskriminiert und gegen den bereits erwähnten Äquivalenzgrundsatz[285] verstoßen.

aa) *Weiter Lückenbegriff*

Ob und wieweit eine (richtlinienkonforme) Rechtsfortbildung zulässig ist, bestimmt also grundsätzlich das nationale Recht.[286] Grundlage für eine Rechtsfortbildung sind in Deutschland Artt. 20 Abs. 3, 23 Abs. 1 GG; die Gerichte sind an »Gesetz *und* Recht« gebunden.[287] Die deutschen Gerichte sind zur Rechtsfortbildung befugt, wenn im geltenden Recht eine Regelungslücke besteht[288], sich die wirtschaftlichen oder gesellschaftlichen Verhältnisse so stark ändern,

---

(1995), 569, 584; *Schnorbus*, AcP 201 (2001), 860, 893; a. A. etwa *Schürnbrand*, JZ 2007, 910, 913 f.

279 *Gebauer*, in: Gebauer/Wiedmann, Europäischer Einfluss², Kap. 3 Rn. 48, 51; *Canaris*, FS Bydlinski, S. 47, 90; *Larenz/Canaris*, Methodenlehre³, S. 216 ff.

280 BGHZ 179, 27 Tz. 22 – Quelle; *Gebauer*, in: Gebauer/Wiedmann, Europäischer Einfluss², Kap. 3 Rn. 49, 51; *Canaris*, FS Bydlinski, S. 47, 90; *Larenz/Canaris*, Methodenlehre³, S. 210 ff.

281 *Roth*, in: Riesenhuber, Europäische Methodenlehre², § 14 Rn. 52.

282 *Ahmling*, Analogiebildung, S. 140 weist zu Recht darauf hin, dass sich diese Unterscheidung auf Unionsebene nicht durchsetzen wird und dass sie die internationale rechtswissenschaftliche Auseinandersetzung erschwert. *Herresthal*, EuZW 2007, 396, 399 spricht von einer »systemgerechten« Rechtsfortbildung.

283 EuGH, ECLI:EU:C:1984:153 = ZIP 1984, 1386 Tz. 28 – von Colson; ECLI:EU:C:1984:155 = Slg. 1984, 1921 Tz. 28 – Harz; vgl. z. B. *Kahl*, in: Calliess/Ruffert, EUV/AEUV⁴, Art. 4 Rn. 93 nicht contra legem, aber intra legem und in engen Grenzen praeter legem; *Canaris*, FS Bydlinski, S. 47, 53 ff. richtigerweise auch extra legem; ebenso i.E. *Dänzer-Vanotti*, RIW 1991, 754, 755; *Jarass*, Grundfragen, S. 71 ff.; *Franzen*, Privatrechtsangleichung, S. 405 ff.; *Möllers*, Integration, S. 72 f.; a.A. *Höpfner/Rüthers*, AcP 209 (2009), 1, 34 ff., die eine richtlinienkonforme Rechtsfortbildung insgesamt für unzulässig halten, weil u.a. ausschließlich auf das nationale Recht Bezug genommen werden darf und Richtlinien gerade nicht am Anwendungsvorrang des europäischen Rechts teilnehmen. So auch *Rüthers/Fischer/Birk*, Rechtstheorie⁷, Rn. 912d; *Piekenbrock/Schulze*, WM 2002, 521, 526.

284 Schon EuGH, ECLI:EU:C:1984:153 = ZIP 1984, 1386 Tz. 28 – von Colson; ECLI:EU:C:1984:155 = Slg. 1984, 1921 Tz. 28 – Harz; vgl. *Franzen*, Privatrechtsangleichung, S. 374, 412 ff.

285 Siehe oben S. 47.

286 *Canaris*, FS Bydlinski, S. 47, 82.

287 *Roth*, in: Riesenhuber, Europäische Methodenlehre², § 14 Rn. 47.

288 BVerfGE 69, 315, 371 f.; 87, 273, 280; 88, 145, 167; 98, 49, 59.

dass eine Anpassung zwingend erforderlich wird[289], oder sich das Recht als unzureichend herausstellt[290]. Methodologisch ist damit das Kriterium der »Gesetzeslücke«[291] ausschlaggebend. Gemeint ist damit eine »planwidrige Unvollständigkeit« innerhalb des Gesetzes.[292]

Dieses Kriterium ist funktional und weit zu verstehen.[293] Die »Unvollständigkeit« dient dazu, die Lückenfüllung von der *Auslegung i. e. S.* abzugrenzen; die »Planwidrigkeit«[294] ermöglicht es, zwischen einer »Lücke« und einem vermeintlichen »rechtspolitischen Fehler« zu unterscheiden. Denn eine »Lücke« kann nur dann »planwidrig« sein, wenn sie einem der Rechtsordnung immanenten Maßstab widerspricht. Eine rechtspolitische Wertung dagegen orientiert sich an externen Maßstäben.[295] Richtigerweise ist auf die *Gesamtrechtsordnung* abzustellen, wenn der immanente Maßstab des Rechts ermittelt wird, und nicht nur auf die Gesetze i. e. S.[296] So können auch solche Lücken eine Rechtsfortbildung legitimieren, die sich zwar nicht mehr aus dem Gesetz i. e. S. herleiten lassen, wohl aber aus anderen rechtliche Wertungen und Prinzipien. Dieser »weite« Lückenbegriff anerkennt, dass die Richter nach Art. 20 Abs. 3 GG an »Gesetz *und Recht*« gebunden sind; er ist nicht-positivistisch und berücksichtigt, dass Gesetz und Gewohnheitsrecht nicht die einzigen Rechtsquellen sind.[297]

Die systematischen Besonderheiten von Richtlinien und das komplexe Zusammenspiel von nationalem und Unionsrecht werfen im Hinblick auf die richtlinienkonforme Rechtsfortbildung vielfältige Probleme auf. Im Folgenden wird in der gebotenen Kürze erläutert, warum diese in unserem Zusammenhang jedoch *keine* Schwierigkeiten bereiten.

---

289 BVerfGE 82, 6, 12.

290 BVerfGE 84, 212, 226; 88, 103, 116; Vgl. *Roth* in: Riesenhuber, Europäische Methodenlehre[2], § 14 Rn. 47.

291 Zu den vielfältigen Lückenarten *Canaris*, Lücken[2], S. 134 ff.; *Schnorbus*, AcP 201 (2001), 860, 889 f.

292 *Engisch*, Juristisches Denken[11], S. 241; *Bydlinski*, Methodenlehre[2], S. 472 ff.; *Larenz/Canaris*, Methodenlehre[3], 191 ff.; *Kramer*, Methodenlehre[4], S. 191; *Canaris*, Lücken[2], S. 31 ff.; begrifflich zuückgehend auf *Elze*, Lücken, S. 3 ff.

293 *Canaris*, FS Bydlinski, S. 47, 84.

294 *Herresthal*, Rechtsfortbildung, S. 231 f. benutzt stattdessen das Kriterium »systemwidrig«.

295 *Canaris*, FS Bydlinski, S. 47, 83.

296 Vgl. dazu *Bydlinski*, Methodenlehre[2], S. 473; *ders.*, in: Koller u. a., Einheit und Folgerichtigkeit im Juristischen Denken, S. 27, 71; *Koller*, Theorie[2], S. 227; *Kramer*, Methodenlehre[4], S. 191; *Franzen*, Privatrechtsangleichung, S. 412 f., 419 f.

297 Vgl. *Bydlinski*, Methodenlehre[2], S. 277 ff.; *ders.*, Rechtsgrundsätze, S. 1 ff., 26 ff.; auch *Dworkin*, Taking Rights Seriously, S. 26 ff., 39 ff.; *Alexy*, Begriff und Geltung, S. 117 ff.; Hruschka, JZ 1992, 429 ff.

bb) *Planwidrige Lücke durch abweichende Richtlinienvorgabe*

Bei abweichenden Vorgaben aus der GRL resultiert automatisch eine »Unvollständigkeit« im DesignG. Die entscheidende Frage ist deshalb, ob und unter welchen Voraussetzungen die GRL Bestandteil der *Gesamtrechtsordnung* und damit geeignet ist[298], auch eine »Planwidrigkeit« herbeizuführen.[299]

Durch das DesignG hat der deutsche Gesetzgeber die GRL umgesetzt.[300] Spätestens damit hat er die GRL in seinen Willen aufgenommen und in die deutsche Gesamtrechtsordnung integriert.[301] Wenn das DesignG ein richtlinienwidriges Defizit aufweist, besteht daher eine Regelungslücke, die auch planwidrig ist. Folglich kann und muss der Rechtsanwender das Gesetz richtlinienkonform fortbilden.

Selbst unter der (verfehlten) Annahme, dass man sich für die rechtsfortgebildeten Teile der GRL noch *vor* dem Umsetzungsakt des deutschen Gesetzgebers befände, bestünde das Gebot zur Rechtsfortbildung. Denn dem deutschen Gesetzgeber ist insoweit keine Umsetzungsfrist eingeräumt worden, sodass die Rechtslage vergleichbar mit der vor Umsetzung, aber nach Ablauf der Umsetzungsfrist wäre.[302] Eine Richtlinie ist auch zu diesem Zeitpunkt schon als Teil der nationalen Gesamtrechtsordnung zu begreifen.[303] Zwar ist sie normlogisch kein Gesetz, sondern nur ein Normsetzungsbefehl.[304] Auch in dieser Funktion nimmt sie aber am Vorrang des Unionsrechts teil.[305] Die EU ist ein auf zunehmende Integration angelegter Staatenbund. Richtigerweise ist deshalb die Lehre vom Stufenaufbau[306] dahingehend zu modifizieren, dass eine Richtlinie zwar keinen

---

298 Dazu, ob und wann Richtlinien Teil der Gesamtrechtsordnung sind und Lücken hervorrufen können etwa *Canaris*, FS Bydlinski, 47, 85 f.; *Gebauer*, in: Gebauer/Wiedmann, Europäischer Einfluss², Kap. 3 Rn. 45; *Roth* in: Riesenhuber, Europäische Methodenlehre², § 14 Rn. 49 f.

299 Vgl. *Schnorbus*, AcP 201 (2001), 860, 890 ff.; *Rüthers/Fischer/Birk*, Rechtstheorie⁷, Rn. 912e halten Richtlinien grundsätzlich für ungeeignet.

300 Gesetz vom 12.3.2004 zur Reform des Geschmacksmusterrechts (Geschmacksmusterreformgesetz), verkündet am 18.3.2004, BGBl. I S. 390 ff. Mittlerweile Gesetz über den rechtlichen Schutz von Design (Designgesetz – DesignG) vom 24. Februar 2014, BGBl. I S. 122 ff.

301 Diesen Fall hielt *Canaris*, FS Bydlinski, S. 47, 85 für unproblematisch; vgl. auch *Franzen*, Privatrechtsangleichung, S. 416, 419; *Schnorbus*, AcP 201 (2001), 860, 891 f.

302 Vgl. dazu *Canaris*, FS Bydlinski, S. 47, 87; *Roth*, in: Riesenhuber, Europäische Methodenlehre², § 14 Rn. 51, unterscheidet nur *vor* und *nach Erlass* der Richtlinie.

303 *Canaris*, FS Bydlinski, S. 47, 88; a.A. *Franzen*, S. 417, 419, 444; *Rüthers/Fischer/Birk*, Rechtstheorie⁷, Rn. 912d.

304 *Canaris*, FS Bydlinski, S. 47, 53.

305 Jedenfalls im Rahmen einer interpretatorischen Vorrangregel; vgl. dazu *Canaris*, FS Bydlinski, S. 47, 68 ff.; *Brechmann*, Richtlinienkonforme Auslegung, S. 264 f.; *Herresthal*, EuZW 2007, 396, 397; a.A. *Rüthers/Fischer/Birk*, Rechtstheorie⁷, Rn. 912d. In ihrer »unmittelbaren« Wirkung ohnehin, vgl. nur BVerfGE 75, 223, 244.

306 Grundlegend *Kelsen*, Staatslehre, S. 231 ff.; *ders.*, Reine Rechtslehre, S. 228 ff.; dazu auch

derogierenden Vorrang hat, aber die Gerichte als objektiv-teleologisches Kriterium bindet,[307] dies freilich nur, soweit sie einen Beurteilungsspielraum haben. Eine Rechtsfortbildung *contra legem* wird dadurch nicht gestattet.[308] Dieses Verständnis ist zweckmäßig, da andernfalls Vertragsverletzungsverfahren und eine Staatshaftung wegen der unterlassenen Umsetzung drohen, obwohl der Gesetzgeber kaum schnell genug handeln kann, während ein Gericht die nationale Rechtslage angemessen anpassen könnte.[309]

Hierin liegt auch keine unmittelbare Anwendung der Richtlinie.[310] Es ist immer noch ein Umsetzungsakt erforderlich; die Richtlinie derogiert kein nationales Recht, und eine richtlinienkonforme Rechtsfortbildung ist ausgeschlossen, wenn nationale Normen geändert werden müssten.[311]

Man muss durch dieses Verständnis auch keinen Eingriff in die Normsetzungsprärogative des nationalen Gesetzgebers befürchten[312]. Dieser kann jederzeit tätig werden, und eine richtlinienkonforme Rechtsfortbildung darf ohnehin nicht *contra legem* erfolgen.[313]

cc)   Probleme bei einer nachträglichen Erweiterung des Anwendungsbereiches

Eine analoge Anwendung von Richtlinien-Normen auf Unionsebene kann dazu führen, dass der Anwendungsbereich der jeweiligen Richtlinie nachträglich erweitert wird. Sobald eine Richtlinien-Norm auf einen Sachverhalt angewendet wird, der vorher nicht in ihrem Anwendungsbereich lag, ist dies die zwangsläufige Folge. Diesen Vorgang kann man schon auf europäischer Ebene kritisch betrachten; er ist aber grundsätzlich zulässig[314]. Teilweise wird dann aber die richtlinienkonforme Rechtsfortbildung auf nationaler Ebene für unzulässig gehalten.[315] Zum einen sei regelmäßig schon die erforderliche Gesetzeslücke auf nationaler Ebene nicht herzuleiten,[316] zum anderen sprächen mangelnde Rechtssicherheit und Vertrauensschutz-Argumente dagegen.[317] Letztlich führe

---

etwa *Merkl*, 1. FS Kelsen, S. 252, 272 ff.; *Bydlinski*, Methodenlehre², S. 201 ff.; *Röhl*, Rechtslehre³, S. 305 ff.
307 *Canaris*, FS Bydlinski, S. 47, 87.
308 Vgl. *Schnorbus*, AcP 201 (2001), 860, 898 f.
309 *Canaris*, FS Bydlinski, S. 47, 88; ähnlich *Roth*, in: Riesenhuber, Europäische Methodenlehre², § 14 Rn. 51.
310 *Canaris*, FS Bydlinski, S. 47, 78; a. A. *Rüthers/Fischer/Birk*, Rechtstheorie⁷, Rn. 912d.
311 *Canaris*, FS Bydlinski, S. 47, 88.
312 So wohl *Franzen*, Privatrechtsangleichung, S. 417; und deutlich *Rüthers/Fischer/Birk*, Rechtstheorie⁷, Rn. 912e.
313 Das wird vom EuGH auch nicht verlangt, vgl. z. B. ECLI:EU:C:2006:443 = EuZW 2006, 730 Tz. 110 – Adeneler.
314 Vgl. *Ahmling*, Analogiebildung, S. 188 ff.
315 Z.B. *Ahmling*, Analogiebildung, S. 198.
316 *Ahmling*, Analogiebildung, S. 198.
317 *Arnull*, The EU and its ECJ², S. 202; *Grosche/Höft*, NJOZ 2009, 2294, 2299; *Ahmling*, Analogiebildung, S. 199; a. A. *Pfeiffer*, NJW 2009, 412, 413.

dies auch zu einer faktischen »unmittelbaren« Anwendung der Richtlinie auf nationaler Ebene,[318] auch dies sei unangemessen.

Vorliegend ist dieser Problemkreis aber nicht betroffen. Denn der Anwendungsbereich der GRL erstreckt sich von vornherein auch auf die nicht ausdrücklich kodifizierten Sachverhalte. Nach der hier vertretenen Ansicht kommt es also nicht dazu, dass durch eine Analogie auf Unionsebene der Anwendungsbereich der GRL erweitert wird. Dieser Problemkreis wäre nur dann relevant, wenn eine Norm aus einer anderen Richtlinie die ungeregelten Sachverhalte auffangen würde. Die Anwendung einer *exogenen* Schranke würde also auch für den Übertragungsakt zusätzliche Schwierigkeiten bereiten. Wie gesehen können die zugrundeliegenden Wertungen aber auch auf andere Weise übertragen werden.[319]

dd)   *Grenzen der richtlinienkonformen Rechtsfortbildung*
Weithin anerkannt ist, dass eine Rechtsfortbildung *contra-legem* in aller Regel unzulässig ist.[320] Wo diese Grenze verläuft, folgt aus dem Wortsinn *und* dem Zweck des betroffenen Gesetzes. Beide Elemente müssen vorweg ausgelegt werden.[321] In diesen Problemkreis fallen auch etwaige Analogie-, Reduktions- und Derogationsverbote.

An eine klare rechtspolitische Entscheidung des Gesetzgebers ist damit auch die Judikative gebunden, solange die gewollte Regelung mit höherrangigem Recht vereinbar ist. Hat der deutsche Gesetzgeber eine Richtlinie bewusst unzureichend umgesetzt, dann darf die Rechtsprechung keine richtlinienkonforme Rechtsfortbildung betreiben.[322] Falls jedoch die Legislative irrig geglaubt hat, das Umsetzungsgesetz sei ordnungsgemäß, darf der Richter diesem Befolgungswillen durch eine Rechtsfortbildung zum Erfolg verhelfen.[323]

---

318 *Ahmling*, Analogiebildung, S. 199; nach BGHZ 179, 27, Tz. 35 – Quelle ist eine Rechtsfortbildung keine unmittelbare Anwendung. Dazu kritisch *Grosche/Höft*, NJOZ 2009, 2294, 2303.

319 Dazu oben S. 53 f.

320 *Canaris*, FS Bydlinski, S. 47, 91 f.; *Brechmann*, Richtlinienkonforme Auslegung, S. 266 ff.; *Franzen*, Privatrechtsangleichung, S. 373 ff.

321 Allerdings nicht richtlinienkonform, vgl. *Canaris*, FS Bydlinski, S. 47, 96 f.

322 Nur der Gesetzgeber ist dann dazu berufen, die Rechtslage zu ändern, vgl. *Canaris*, FS Bydlinski, S. 47, 87; *Roth*, in: Riesenhuber, Europäische Methodenlehre², § 14 Rn. 53b; *Herresthal*, EuZW 2007, 396, 400.

323 Vgl. *Roth*, in: Riesenhuber, Europäische Methodenlehre², § 14 Rn. 53b; *Babusiaux*, Richtlinienkonforme Auslegung, S. 45; *Canaris*, FS Bydlinski, S. 47, 85; *Grundmann*, ZEuP 1996, 399, 422; *Möllers*, Integration, S. 72; *Möllers/Möhring*, JZ 2008, 919; 922; *Herresthal*, EuZW 2007, 396, 398 f. verwendet ein anderes Konzept, hält aber sogar eine Rechtsfortbildung gegen den Willen des Gesetzgebers für möglich, wenn nur so ein systemkonformes Ergebnis hergestellt werden kann; *ders.*, Rechtsfortbildung, S. 217 f.; a. A. *Höpfner*, System-

ee)   Rechtsfortbildungsinstrumente

Grundsätzlich sind alle Rechtsfortbildungsinstrumente möglich. Welches am nützlichsten ist, hängt vom konkreten Fall ab.

Anders als auf der Unionsebene stellt sich im nationalen Recht die Frage nach dem Anwendungsbereich nicht in der oben dargestellten Schärfe. Grundsätzlich ist deshalb auch eine analoge Anwendung von Normen außerhalb des DesignG denkbar, wenn außer der Lücke auch eine vergleichbare Interessenlage besteht[324]. Das gilt schon deshalb, weil die Mitgliedstaaten die Form und Mittel einer Umsetzung frei wählen dürfen und ein grundsätzliches Analogieverbot für immaterialgüterrechtliche Schranken nicht überzeugt.[325] Man muss bei der richtlinienkonformen Rechtsfortbildung allerdings beachten, dass es darum geht, die Wertungen des Unionsrechts zu übertragen. Das bedeutet, dass die Lückenfeststellung und auch die grundsätzliche Güterabwägung schon vorgegeben sind.

3.   Ergebnis

Für die GGV läßt sich der Übertragungsakt unproblematisch durch eine Rechtsfortbildung bewerkstelligen.

Die Übertragung der Wertungen der ausgelegten bzw. fortgebildeten GRL auf die nationale Ebene ist methodisch kompliziert und umstritten. Hier muss man von einem weiten Lückenbegriff ausgehen. Berücksichtigt man zusätzlich den weiten Anwendungsbereich der GRL, so stellen sich viele der methodischen Probleme gar nicht. Vorliegend ist die *richtlinienkonforme Rechtsfortbildung* jedenfalls zulässig und geboten, um eine eventuelle Rechtsfortbildung der GRL auf die nationale Ebene zu übertragen.[326] Letztlich darf aber bezweifelt werden, dass eine solche richtlinienkonforme nationale Rechtsfortbildung dem EuGH als ausreichende »*Umsetzung*« seiner Vorgaben genügen würde.[327] Selbst wenn der deutsche Rechtsanwender die Wertungen der GRL auf diese Weise nachempfindet – wozu er verpflichtet ist – ist der deutsche Gesetzgeber deshalb aufgefordert, zusätzlich klarstellend tätig zu werden.

---

konforme Auslegung, S. 258; *Piekenbrock/Schulze*, WM 2002, 521, 524 ff.; *Schürnbrand*, JZ 2007, 910, 916 f.; *Fischinger*, EuZW 2008, 312, 313.

324 Zu den Voraussetzungen einer Analogie allgemein z. B. *Würdinger*, AcP 206 (2006), 946, 949; zur Geschichte der Analogie in Deutschland *Langhein*, Analogie, S. 33 ff. (18. Jh.), 46 ff. (19. Jh.), 117 ff. (20. Jh.).

325 Siehe unten S. 66 f.

326 Ohne nähere Begründung *Eichmann*/v. Falckenstein, GeschmMG[4], Allg. Rn. 14.

327 Vgl. z. B. EuGH, ECLI:EU:C:1995:76 = Slg. 1995, I-499 Tz. 9 – Kommission ./. Griechenland; ECLI:EU:C:2001:257 = EuZW 2001, 437 Tz. 17 – Kommission ./. Niederlande. Zweifelnd auch *Roth,* in: Riesenhuber, Europäische Methodenlehre[2], § 14 Rn. 52.

Kapitel 3: Übergeordnete Gesichtspunkte zur Rechtsfortbildung von Schranken

Bevor ausführlich die Schranken dargestellt werden, sollen zunächst einige übergeordnete Gesichtspunkte erläutert werden, die Einfluss auf alle Schranken haben.

A. Strukturelle Überlegungen zu Schutzbereich und Schranken

Der Inhalt und die Schranken eines Schutzrechts sind zwei Seiten derselben Medaille[328]. Mit Blick auf den materiell-rechtlichen Anspruch ist es egal, ob z. B. Handlungen im privaten Bereich nicht als Benutzung eines Designs gelten oder ob eine Schranke die Verwendung freistellt. Richtigerweise führt eine Schranke nicht dazu, dass etwas nachträglich aus dem Schutzbereich entfernt wird, sondern dass das Recht von vornherein nur beschränkt gewährt wird.[329]

Doch wäre es ein Irrtum anzunehmen, dass es gleichgültig sei, wie das Schutzrecht konstruiert ist. Denn praktisch und rechtspolitisch macht es einen erheblichen Unterschied, ob für einen Sachverhalt die eine oder die andere Seite der Medaille herangezogen wird.

Ein Designinhaber kann auf dem Markt sehr viel stärker auftreten, wenn er ein umfangreiches Schutzrecht mit einem (grundsätzlich) weiten Schutzbereich in seinem Rücken weiß. Ein solches Schutzrecht vermittelt eine starke Abschreckungswirkung. Der praktische Unterschied zeigt sich vor allem im Beweisrecht. Denn in einem streitigen Verfahren muss der Schutzrechtsinhaber beweisen, dass in sein Benutzungsrecht eingegriffen wurde der Verletzer aber

---

328 Vgl. BVerfGE 49, 382, 393 – Kirchenmusik; treffend *Schack*, FS Schricker, S. 511.

329 Zum deutschen UrhG BVerfGE 49, 382, 393 – Kirchenmusik; *Stieper*, Schranken, S. 129 ff.; *Schack*, UrhR⁷, Rn. 512. Dieselbe Wertung muss für das Designrecht gelten; insofern missverständlich BT-Drucks. 15/1075, S. 53; sich auf diese beziehend *Eichmann*/v. Falckenstein, GeschmMG⁴, § 40 Rn. 1, der davon spricht, dass der Designschutz zwar weiter besteht, aber keine Wirkung entfaltet; vgl. zum PatG *Scharen* in: Benkard, PatG¹⁰, § 11 Rn. 2 m.w.N.

muss beweisen, inwieweit eine Schranke seinen Eingriff in das Schutzrecht rechtfertigt.[330]

Für die vorliegende Arbeit wichtiger ist, dass auch die rechtspolitische Wertung sehr unterschiedlich ist. Der Schutzbereich definiert die Regelzuweisung. Der ganze Inhalt eines Schutzrechts steht grundsätzlich dem Schutzrechtsinhaber zu. Diese Güterzuordnung ist Teil seines grundrechtlich abgesicherten Eigentums.[331] Dessen Schranken werden als Ausnahme zu dieser Güterzuordnung verstanden. Diese Struktur findet sich in allen Immaterialgüterrechten.[332] Sie ist auch in den internationalen Konventionen ausdrücklich angelegt.[333] Das erklärt sich aus deren Entstehungsgeschichte. Es ging zunächst vor allem darum, das geistige Eigentum zu etablieren und Mindeststandards zu schaffen. Der Blick war in erster Linie auf den Schutzrechtsinhaber gerichtet; ihn galt es zu fördern.[334] Das Regel-Ausnahme-Verhältnis ist deshalb auch im Designrecht fest verankert. Erst seit einigen Jahren wächst langsam die Erkenntnis, dass man die Rechteinhaber unter Umständen stark favorisiert hat, und das Recht des geistigen Eigentums gerät zunehmend in eine Legitimationskrise.[335]

Für den Gesetzgeber hat diese Regelungstechnik Vorteile: Es ist leichter, eine umfangreiche Güterzuordnung vorzunehmen und dann, soweit erforderlich, diesen weiten Schutzbereich über einzelne Schranken nach und nach wieder auf einen angemessenen Umfang zurecht zu stutzen. Mit Hilfe von Schranken können die jeweiligen Interessen genauer abgebildet und der Schutzbereich beschnitten werden. Wenn man sich zusätzlich an das Enumerationsprinzip hält, bereitet das eine beachtliche Rechtssicherheit.[336]

Ob diese anfängliche umfangreiche Güterzuordnung der Weisheit letzter Schluss ist, darf trotzdem bezweifelt werden. Zunächst geht der weite Schutzbereich auf Kosten der Allgemeinheit. Denn was der Schutzrechtsinhaber mehr

---

330 Zur Beweislast im DesignG BGH, GRUR 1995, 338, 342 – Kleiderbügel; *Eichmann*/v. Falckenstein, GeschmMG[4], § 42 Rn. 39; zur GGV vgl. *Ruhl*, GGV[2], Art. 20 Rn. 3, zur Erschöpfung ebd. Art. 21 Rn. 24 ff.

331 Art. 17 Abs. 2 GRCh, vgl. dazu näher oben S. 27 f.

332 Vgl. zum deutschen PatG BVerfG, GRUR 2001, 43 – Klinische Versuche; zum UrhG *Schack*, UrhR[7], Rn. 512 ff.; zum PatG und GebrMG *Mes*, PatentG[3], § 11 Rn. 1; zum MarkenG Ströbele/*Hacker*, MarkenG[11], § 23 Rn. 1 ff.

333 Zum Designrecht: Art. 26 Abs. 2 TRIPs; zum Urheberrecht: Art. 9 Abs. 2 RBÜ, Art. 13 TRIPs, Art. 10 WCT, Art. 16 Abs. 2 WPPT; zum Patentrecht: 30 TRIPs, aus denen sich auch der Dreistufentest ableitet, dazu näher unten S. 76 f.

334 *Stieper*, GRUR Int. 2011, 124, 125, der deutlich vor einer einseitigen Bevorzugung warnt, *ders.*, ZRP 2012, 95; vgl. zur Historie auch *Metzger*, JZ 2010, 929 ff. m.w.N.

335 Zum Zusammenhang der internationalen Verträgen und der Legitimationskrise im Urheberrecht etwa *Metzger*, JZ 2010, 929, 931.

336 Vgl. *Schack*, FS Schricker, S. 511.

hat, hat sie zwangsläufig weniger.[337] Letztlich muss man sich fragen, wen man im Zweifel benachteiligen möchte, indem man ihm z. B. die Beweislast im Prozess aufbürdet. Dabei sollte der Gesetzgeber nicht den Weg des geringsten Widerstandes gehen und demjenigen weniger geben, der gerade nicht so laut aufschreit.

Mit einer Schranke sind auch nur kleine Korrekturen möglich. Das folgt unmittelbar aus dem Regel-Ausnahme-Verhältnis. Schranken sind deshalb ungeeignet, große Stücke aus einem Schutzbereich herauszutrennen – sie sind mehr Skalpell als Axt.

In Wahrheit ist es mit Schranken schwierig, einen sehr weit geratenen Schutzbereich zeitnah zu verkleinern. Selbst wenn man erkannt hat, dass der Schutzbereich zu weit ist, muss der Gesetzgeber noch den Willen aufbringen, neue Schranken einzuziehen oder ein Gericht den Mut, dem Gesetzgeber vorzugreifen.

Ersteres führt zwangsläufig dazu, dass jede Rechtsposition im Gesetzgebungsprozess vom Schutzrechtsinhaber hart verteidigt wird. Letzteres ist in mehrfacher Hinsicht gefährlich und ohnehin nur in den Grenzen der Rechtsfortbildung zulässig.[338] Schließlich ist der Gesetzgeber das demokratisch legitimierte Gesetzgebungsorgan. Unterstellt man, dass er seinem Auftrag im Rahmen seiner Normsetzungsprärogative wohl überlegt nachgeht, dürfen die Gerichte seine Güterabwägung nicht korrigieren.[339]

Dieses System bedingt, dass die Argumentationslast bei demjenigen liegt, der eine Schranke nutzen oder schaffen möchte. Das mag man teilweise unangemessen finden, ist aber auch im Designrecht geltendes Recht und rechtspolitisch gewollt.

B.   Vermeintliches Gebot zur engen Auslegung

Aus dem Regel-Ausnahme-Verhältnis und der dargestellten Verteilung der Argumentationslast wird häufig gefolgert, Schranken müssten immer restriktiv ausgelegt werden und seien nicht analogiefähig.[340] Doch gibt es eine solche

---

337 Vgl. zu den auszugleichenden Interessen aller Beteiligten z. B. im Urheberrecht umfangreich *Stieper*, Schranken, S. 22 ff., 31 ff., 96 und *Schack*, UrhR[7], Rn. 9 ff.

338 Vgl. oben S. 51, 61.

339 Zum deutschen Urheberrecht *Rehse*, Ungeschriebene Schranken, S. 32.

340 Zum Designrecht ohne Begründung etwa *Stone*, EU Design Law, Rn. 19.39; vgl. zum Urheberrecht BGHZ 50, 147, 152 f. – Kandinsky I; BGH, GRUR 1985, 874, 875 f. – Schulfunksendung; *Melichar*, in: Schricker/Loewenheim, UrhR[4], vor §§ 44a ff. Rn. 18 f.; *Nicolini*, in: Möhring/Nicolini, UrhR[4], § 45 Rn. 2; *Dustmann*, in: Fromm/Nordemann, UrhR[11], Vor §§ 44a Rn. 6; *Ulmer-Eilfort*, FS Nordemann, S. 288; *Geerlings*, GRUR 2004, 207, 208; *Schulz*, GRUR 2006, 470, 475 f.

allgemeine Auslegungsregel nicht.[341] Sie kann schon deshalb nicht überzeugen, weil sie die grundrechtsschützende Funktion zahlreicher Schranken verkennt.[342] Das Gebot einer engen Auslegung kann nur durch die besondere Bedeutung des durch die Ausnahmevorschrift eingeschränkten Wertes gerechtfertigt sein.[343] Dieser besondere Wert muss begründet werden. Gerade über die Schranken soll gewichtigen Interessen Dritter an Immaterialgütern Geltung verschafft werden. Deswegen liegt im Immaterialgüterrecht eine kategorisch enge Auslegung der Schranken sogar eher fern.[344]

Bei Lichte betrachtet ist sie deshalb mehr Behauptung als Gebot; allzu oft verstellt sie den Blick auf das Wesentliche und ist ein Vorwand, die eigentlich vorzunehmende Güterabwägung zu unterlassen. Richtigerweise müssen stets der konkrete Normzweck untersucht und die widerstreitenden Interessen angemessen ausgeglichen werden.[345] Daneben darf eine Schranke nicht gegen Verfassungsrecht oder andere Vorgaben verstoßen. Eine solche Auslegung mag man als »*eng*«[346] bezeichnen, treffender ist »*zweckdienlich*«.[347]

C.   Vermeintliches Analogieverbot

Ebenso wenig gerechtfertigt ist die Annahme eines generellen Analogieverbots für Schrankenregelungen.[348] Mit einer vermeintlich gebotenen engen Auslegung lässt es sich jedenfalls nicht begründen. Man mag bestenfalls behaupten, der Gesetzgeber wolle mit immaterialgüterrechtlichen Schranken *immer* eine abschließende Regelung schaffen und damit jede Rechtsfortbildung von vorn-

---

341 *Larenz/Canaris*, Methodenlehre[3], S. 175 f.; *Bydlinski*, Methodenlehre[2], S. 440; *Müller/Christensen*, Juristische Methodik, Bd. 1, Grundlegung[11], Rn. 370; *Engisch*, Juristisches Denken[11], S. 184 ff.; *Dreier*/Schulze, UrhG[4], vor § 44a Rn. 7; *Schack*, FS Schricker, S. 511, 514; *Poeppel*, Schranken, S. 43.

342 Vgl. etwa *Stieper*, Schranken, S. 67 f.; *Poeppel*, Schranken, S. 43.

343 *Martens*, Methodenlehre, S. 321; vgl. *Schilling*, EuR 1996, 44, 47.

344 Vgl. *Stieper*, Schranken, S. 67 m.w.N.

345 Vgl. zum deutschen Recht BGHZ 99, 162, 164 f. – Filmzitat; auch *Stieper*, Schranken, S. 66; *Bydlinski*, Methodenlehre[2], S. 440; *Poeppel*, Schranken, S. 44; *Schack*, FS Schricker, S. 511, 514.

346 Der EuGH benutzt gerne diese Formulierung, allerdings ohne nähere Begründung, vgl. z. B. EuGH, ECLI:EU:C:2014:254 = GRUR 2014, 545 Tz. 23 – ACI Adam; ECLI:EU:C:2011:631 = GRUR 2012, 156 Tz. 162 – FAPL.

347 Diese tragende Erwägung kürzlich erneut offengelegt hat EuGH, ECLI:EU:C:2014:2132 = GRUR 2014, 972 Tz. 22 f. – Deckmyn; Anm. *Unseld*, EuZW 2014, 914. In diesem Sinne auch *Stieper*, ZGE 4 (2012), 443, 445; *Leistner*, IIC 2011, 417, 421 f.; *Becker*, ZUM 2012, 643, 648.

348 *Eichmann*/v. Falckenstein, GeschmMG[4], § 40 Rn. 9 hat gegenüber der Analogie verfassungsrechtliche Bedenken; ihr gegenüber offener aber *Ruhl*, GGV[2], vor Art. 20 – 23; zum Urheberrecht *Stieper*, Schranken, S. 66; vgl. allgemein *Larenz/Canaris*, Methodenlehre[3], S. 175 f.

herein ausschließen. Diese Absicht kann man ihm so pauschal aber nicht unterstellen.[349] Wenn man eine solche allgemeine Rechtsfortbildungsschranke trotzdem für richtig hält, sollte man diese Wertung wenigstens offenlegen und sich nicht hinter einer generellen Analogiefeindlichkeit verschanzen. Es gibt keinen guten Grund, dieses Instrument dem Rechtsanwender von vornherein aus der Hand zu schlagen, wenn andere Rechtsfortbildungsmethoden zulässig sein sollen. Vielmehr ist im Einzelfall zu ermitteln, ob sich ein Analogieschluss mit dem jeweiligen Wertesystem verträgt.[350] Denn wenn eine vergleichbare Interessenlage und eine planwidrige Regelungslücke bestehen, kann er sinnvoll und in der grundrechtskonformen Rechtsfindung sogar geboten sein.[351]

D. Vereinbarkeit der Rechtsfortbildung mit Art. 17 GRCh

Anders als aus einem vermeintlichen Gebot zur engen Auslegung kann sich aus grundrechtlichen Vorgaben eine Rechtsfortbildungsschranke ergeben.[352] Die Rechtsfortbildung einer Schranke verkürzt die Eigentumsposition des Schutzrechtsinhabers und greift damit in Art. 17 Abs. 1, 2 GRCh ein. Die Frage ist deshalb, ob ein Gericht überhaupt eine Schranke entwickeln darf oder ob dies nicht aus primärrechtlichen Gründen ausnahmslos dem Gesetzgeber vorbehalten sein muss.[353]

Unstreitig darf eine vom Gesetzgeber getroffene Güterabwägung vom Rechtsanwender auch im Rahmen der Rechtsfortbildung nicht unterlaufen werden.[354] Deshalb ist es auch so wichtig, methodisch sauber zu arbeiten und die Rechtsfindung mit den systemimmanenten Wertungen zu begründen. Andernfalls betriebe der Rechtsanwender unzulässig Rechtspolitik.

Das Eigentumsrecht unterliegt der Sozialbindung und muss daher mit Blick auf seine gesellschaftliche Funktion betrachtet werden.[355] Es steht zwangsläufig

---

349 Der deutsche Gesetzgeber hat ausdrücklich nicht diese Absicht, das DesignG ist hierfür ein schönes Beispiel, vgl. BT-Drucks. 15/1075, S. 54.

350 *Martens*, Methodenlehre, S. 321; vgl. auch *Poeppel*, Schranken, S. 44.

351 Auch der EuGH lehnt Analogieschlüsse zu Ausnahmevorschriften nicht kategorisch ab, vgl. etwa EuGH, ECLI:EU:C:1988:344 = Slg. 1988, 3467 Tz. 16 – Rebmann. Zur Analogie auf Unionsebene allgemein mit Rechtsprechungsnachweisen *Anweiler*, Auslegungsmethoden, S. 312 ff. (Primärrecht), 318 ff. (Sekundärrecht); auch *Ahmling*, Analogiebildung, S. 97 ff.; *Ruhl*, GGV², vor Art. 20 – 23 Rn. 8.

352 Mit Blick auf die Schranken scheint *Eichmann*/v. Falckenstein, GeschmMG⁴, § 38 Rn. 32 Rechtfortbildungsschranken aus grundrechtlichen Erwägungen zu sehen. Vgl. zu Rechtsfortbildungsschranken oben S. 51, 61.

353 So *Eichmann*/v. Falckenstein, GeschmMG⁴, § 40 Rn. 9 mit Blick auf Art. 14 GG.

354 *Stieper*, Schranken, S. 64; *Rehse*, Ungeschriebene Schranken, S. 32.

355 Vgl. EuG, ECLI:EU:T:2003:281 = Slg.2003, II-4653 Tz. 170 – Bergh; ebenso EuGH, ECLI:EU:C:1997:377 = EuZW 1998, 178 Tz. 72 – SAM; ECLI:EU:C:1998:583 = Slg.1998, I-

in einem Spannungsverhältnis mit den Grundrechten Dritter. Zwischen diesen widerstreitenden Positionen ist ein angemessenes Gleichgewicht zu schaffen, indem die Interessen gegeneinander abgewogen werden und praktische Konkordanz hergestellt wird.[356] Dabei hat der Gesetzgeber eine weite Einschätzungsprärogative.

Wenn man aber eine planwidrige Unvollständigkeit im Rechtssystem feststellt, bedeutet dies nichts anderes, als dass der Gesetzgeber es unterlassen hat, diese Interessenabwägung vorzunehmen. Er hat seine weite Einschätzungsprärogative schlicht nicht genutzt. Diese Lücke kann und darf vom Rechtsanwender geschlossen werden.

Solange er sich bei dieser Rechtsfindung strikt an die systemimmanenten Wertungen hält[357], ist an der Rechtsfortbildung nichts Verwerfliches. Sie unterstützt den Gesetzgeber und macht ein Rechtssystem stabiler, weil es aus sich heraus Fehler beseitigen kann. Das ist gilt auch für die Schrankenregelungen im Designrecht. Gerade das Eigentumsrecht ist nicht grundsätzlich rechtsfortbildungsfeindlich, und das gilt besonders für das Immaterialgüterrecht. Eine neue Schranke ist regelmäßig eine »Benutzung« und kein »Entzug« der Rechtsposition i.S.v. Art. 17 Abs. 1 GRCh.[358] Auch sie muss sich am Verhältnismäßigkeitsgrundsatz messen lassen.[359]

E.   Rechtsfortbildung trotz enumerativer Aufzählung

Eine Rechtsfortbildung von Schranken ist also grundrechtlich zulässig. Doch könnten noch weitere Rechtsfortbildungsschranken bestehen. Im Designrecht bleibt der Blick schnell am enumerativen Schrankenkatalog hängen. Öffnende Formulierungen wie z.B. »insbesondere« fehlen. Hierin könnte man eine bewusste abschließende Entscheidung des Gesetzgebers sehen.

Diese Einschätzung ist jedoch unzutreffend. Der Schrankenkatalog ist zwar enumerativ, steht aber einer Rechtsfortbildung nicht entgegen.[360] Das zeigen die

---

7967 Tz. 79 – Generics; ECLI:EU:C:2005:285 = GRUR 2006, 66 Tz. 119 – Friuli-Venezia; *Calliess*, in: Ehlers, EU-Grundrechte[3], § 16.4 Rn. 26.

356 EuGH, ECLI:EU:C:2011:771 = GRUR 2012, 265 Tz. 45 – Scarlet; ECLI:EU:C:2012:85 = GRUR 2012, 382 Tz. 42 f. – Sabam.

357 Das betont auch *Stieper*, Schranken, S. 69.

358 Vgl. *Jarass*, GRCh[2], Art. Rn. 20 f.

359 EuGH, ECLI:EU:C:2005:285 = GRUR 2006, 66 Tz. 125 – Friuli-Venezia; ECLI:EU:C:2008:461 = Slg. 2008, I-6351 Tz. 355 – Kadi; *Heselhaus*, in: Heselhaus/Nowak, Hdb. EU-Grundrechte, § 32 Rn. 82; *Sturma*, ENIE, S. 168; *Jarass*, GRCh[2], Art. 17 Rn. 34 ff.

360 Zur Rechtsfortbildung bei enumerativer Aufzählung allgemein vgl. *Canaris*, Lücken[2], S. 184, 188; zur ähnlichen Lage im deutschen Urheberrecht *Stieper*, Schranken, S. 66 ff.; *Poeppel*, Schranken, S. 44.

Gesetzgebungsmaterialien. In Wirklichkeit ist der Schrankenkatalog vom Unionsgesetzgeber recht zufällig ausgewählt worden. In den Materialien fehlen nähere Ausführungen dazu, wieso die Schranken gerade so ausgestaltet wurden. Es wird lediglich darauf verwiesen, dass sie auf Art 27 GPÜ 1989[361] bzw. Art 5ter PVÜ beruhen.[362] Zusätzlich wurde die Zitat-Schranke übernommen, die urheberrechtliche Vorbilder hatte.[363] Warum ausschließlich dieser Schrankenkatalog angemessen sein soll, verrät der Unionsgesetzgeber nicht. So findet sich kein Hinweis darauf, dass er mit diesen Schranken alle in Frage kommenden Interessenkonflikte angemessen gelöst zu haben glaubte. Zugleich hat er aber deutlich gemacht, dass er alle designrechtlichen Sachverhalte auf Unionsebene regeln möchte.[364]

So kommen nur zwei Schlussfolgerungen in Betracht: Entweder der Unionsgesetzgeber hat bewusst in Kauf genommen, dass viele Sachverhalte unangemessen berücksichtigt werden oder er hat sie schlicht nicht bedacht und seine Normsetzungsprärogative nicht abschließend ausgeübt.

Ersteres darf man ihm nicht unterstellen, für Letzteres sprechen mehrere Indizien. Da sind zum einen die sehr kurzen Ausführungen zu den Schrankennormen. Wenn ein so überraschend kurzer Schrankenkatalog abschließend sein sollte, hätte man irgendeine Äußerung des Unionsgesetzgebers in diese Richtung erwarten dürfen. Zum anderen wurde das europäische Designrecht ausdrücklich auf eine eigene dogmatische Grundlage gestellt und von seiner Verbindung zum Patentrecht gelöst, die in einigen Mitgliedstaaten vormals bestand. Es ist kaum anzunehmen, dass ausgerechnet nur die wenigen patentrechtlichen Schranken angemessen sein sollen. Überzeugend ist es deshalb, dem Unionsgesetzgeber nicht den Willen zu einer unzureichenden und dogmatisch verfehlten Güterabwägung zu unterstellen, sondern anzuerkennen, dass er seine Normsetzungsprärogative nicht abschließend wahrgenommen und letztlich dem EuGH die Möglichkeit eingeräumt hat, angemessene Interessenabwägungen auch über eine Rechtsfortbildung zu suchen, wenn sie erforderlich sind. Eine unzulässige Einschränkung seiner Normsetzungsprärogative ist auch deshalb nicht zu befürchten, weil der Unionsgesetzgeber jederzeit das Ruder wieder in die Hand nehmen und den Kurs des EuGH durch eine eigene Normsetzung korrigieren kann.

Im deutschen DesignG stellt sich letztlich dieselbe Problematik. Auch hier ist die enumerative Aufzählung der Sachverhalte nicht als Rechtsfortbildungs-

---

361 89/695/EWG, ABl. L 401 vom 30.12.1989, S. 67 ff.; zur GPÜ 1975 *Haertel*, GRUR Int. 1976, 188, 192 (Texte in GRUR Int. 1976, 231 ff).

362 Erläuterungsteil des VO-Vorschlags 1993, KOM(93) 342 endg., COD 463 S. 24.

363 Etwa Art. 10 Abs. 2, 3 RBÜ; vgl. *Ruhl*, GGV², Art. 20 Rn. 1.

364 Siehe oben S. 35 ff.

schranke zu verstehen. Anders als auf Unionsebene hat dies der deutsche Gesetzgeber sogar ausdrücklich in seine Gesetzesbegründung geschrieben.[365]

F.   Übernahme urheberrechtlicher Wertungen

Unabhängig davon, wie die einzelnen Schranken aussehen mögen, wirft gerade das Verhältnis zwischen Urheber- und Designrecht eine grundsätzliche Frage auf: Folgt aus ihm, dass im Designrecht zumindest alle diejenigen Schranken nachzubilden sind, die es auch im Urheberrecht gibt?

I.   Das Designrecht als eigenständige Rechtsmaterie

Auf den ersten Blick scheint einiges dafür zu sprechen: Beide Rechte haben einen ähnlichen Schutzgegenstand und überschneiden sich bei Gestaltungen der angewandten Kunst häufig. Es könnte widersinnig sein, eine Benutzungshandlung urheberrechtlich über eine Schranke freizustellen sie aber designrechtlich zu verbieten. So wird teilweise vertreten, dass auch die Schranken des deutschen Urheberrechts im DesignG analog angewendet werden können und müssen.[366]

Aus deutscher Perspektive[367] ist das nachvollziehbar. Hierzulande wurde das Designrecht lange Zeit als »kleiner Bruder« des Urheberrechts verstanden.[368] Beide Rechte haben Gestaltungen geschützt, zwischen ihnen bestand lediglich ein gradueller Unterschied.[369] Designrechtlich geschützt war, was über durchschnittliche Gestaltungen hinausging, Werke der angewandten Kunst mussten deutlich über diesem Niveau liegen, um urheberschutzfähig zu sein[370]. Damit galten für sie beachtlich höhere Anforderungen als für Werke der zweckfreien

---

365 BT-Drucks. 15/1075, S. 54, anerkennt ausdrücklich das Bedürfnis, auch andere Sachverhalte über eine Schranke freizustellen. Dabei hatte er wohl nur die Rechtsfortbildung auf nationaler Ebene im Blick; dieser Hinweis ist aber auch im Rahmen der richtlinienkonformen Rechtsfortbildung von Bedeutung, vgl. zu ihr oben S. 56 ff.

366 *Schulze*, FS Ullmann, S. 93, 108; ohne Begründung *Rehmann*, Geschmacksmusterrecht, Rn. 170.

367 Aus einer französischen Perspektive wohl auch, dort wurde nie zwischen angewandter und bildender Kunst unterschieden, sondern die Theorie der »unité de l'art« vertreten, vgl. *Ruijsenaars*, GRUR Int. 1998, 378, 381 f.; *Zech*, Angewandte Kunst, S. 29 ff.

368 Zum Verhältnis zwischen Design- und Urheberrecht *Eichmann*/v. Falckenstein, GeschmMG⁴, Allg. Rn. 32.

369 Vgl. etwa BGH, GRUR 1957, 291, 293 – Europapost; GRUR 1995, 581, 582 – Silberdistel. *Schulze*, FS Ullmann, S. 93, 104 sieht heute noch einen nur graduellen Unterschied; ebenso *Heutz*, MMR 2005, 567, 570.

370 BGH, GRUR 1998, 830, 831 – Les-Paul-Guitarren; GRUR 2004, 941, 942 – Metallbett.

bildenden Kunst.[371] Die Existenz des Designrechts war die Begründung dafür, die kleine Münze der angewandten Kunst aus dem Urheberrecht zu verbannen.[372] Dadurch entstand keine Schutzlücke, weil für alle Werke, die kein Urheberrecht erlangen konnten, die Möglichkeit eines designrechtlichen Schutzes bestand.[373] Aus diesem Stufenverhältnis folgte, dass alle Handlungen, die urheberrechtlich gestattet waren, erst recht designrechtlich erlaubt gewesen sein mussten. Es wäre kaum nachvollziehbar, wenn ein geringer wertiges Recht ein höherwertigeres unterlaufen könnte, wenn beide im Kern denselben Schutzgegenstand haben.[374]

Diese Argumentation greift heute seit der Reform des Designrechts in 2004 nicht mehr, durch die ein neues Geschmacksmustergesetz eingeführt wurde.[375] Diese Reform hat das Designrecht emanzipiert und als eigenständige Rechtsmaterie gleichberechtigt neben die übrigen Immaterialgüterrechten gestellt.[376] Im Zuge der durch das Unionsrecht geprägten Rechtsentwicklung und der Kodifizierung der GRL musste sich der deutsche Gesetzgeber vom früher vertretenen »copyright approach« verabschieden.[377] Anders als in Deutschland wurde das Design in einigen Mitgliedstaaten von jeher eher dem Patentrecht zugeordnet.[378] Der europäische Kompromiss bestand darin, das Designrecht weder an das Urheberrecht noch an das Patentrecht anzulehnen, sondern auf ein eigenes, unabhängiges dogmatisches Fundament zu stellen.[379] Heute ist dieser selbstständige »design approach«[380] in der Literatur unumstritten.[381]

---

371 St. Rspr., BGH, GRUR 1995, 581, 582 – Silberdistel m.w.N.; *Schack*, UrhR[7], Rn. 232; *ders.*, KuR[2], Rn. 829 f.; *Ohly*, GRUR 2007, 731, 733; *Erdmann*, FS Loschelder, S. 61, 69, 71 f.

372 BGH, GRUR 1995, 581, 582 – Silberdistel; kritisch dazu etwa *Loewenheim*, GRUR Int. 2004, 765 ff.; *Nordemann/Heise*, ZUM 2001, 128 ff. m.w.N.; *Schricker*, GRUR 1996, 815, 818 f.; *Dreier/Schulze*, UrhG[4], § 2 Rn. 153; *Zech*, Angewandte Kunst, S. 159 ff.; *Ulmer*, in: 1. FS Troller, 1976, S. 189, 195.

373 Dieser Zusammenhang besteht auch heute noch, vgl. *Ohly*, ZEuP 2004, 296, 307 f.; *ders.*, GRUR 2007, 731, 733; zur möglichen Entlastungsfunktion bereits *Dietz*, FS Beier, S. 355, 356 f.; der BGH hat trotzdem die Gestaltungshöhe für angewandte und bildende Kunst gleichgesetzt, BGHZ 199,52 Tz. 26 – Geburtstagszug, kritische Anm. *Schack*, JZ 2014, 207 f. Diesen Schritt hat schon *Eck*, Neue Wege, S. 140 angedeutet.

374 Kritisch zur Einordnung des Geschmacksmusters als bloßer Unterbau für die angewandte Kunst schon *Eck*, Neue Wege, S. 141; vgl. auch *Kur*, in: FG Schricker, S. 503 ff., 512 f.

375 So auch etwa *Erdmann*, FS Loschelder, S. 61, 69 f.

376 Schon *Dietz*, FS Beier, S. 355, 356.

377 *Schricker/Loewenheim*, in: Schricker/Löwenheim, UrhR[4], Einl. Rn. 47; *Loewenheim*, in: Schricker/Löwenheim, UrhR[4], § 2 Rn. 159 ff.

378 Vgl. den Überblick bei *Penthroudakis*, GRUR Int. 2002, 668, 669 ff.

379 *Kur*, GRUR Int. 1998, 353, 354.

380 In Anlehnung an den MPI-Diskussionsentwurf, vgl. *Ritscher*, GRUR Int. 1990, 559, 574, 580; vgl. zum »design approach« etwa *Gottschalk*, Schutz, S. 55; *Dietz*, FS Beier, S. 355 ff.; *Kur*, GRUR Int. 1998, 353, 354; *Schramm*, Produktdesign, S. 91 f.

381 Aus der neueren Literatur etwa *Becker*, GRUR Int. 2012, 610 ff.; *Buchmüller*, Das nicht eingetragene Gemeinschaftsgeschmacksmuster, S. 32. Teilweise wird auch von einem »market approach« gesprochen, vgl. *Fabbio*, GRUR Int. 2002, 914, 917; *Maierhöfer*, Ge-

Auch der BGH hat den »design approach« ausdrücklich anerkannt und bekräftigt, dass sich das Designrecht nicht nur graduell vom Urheberrecht unterscheidet.[382]

Obwohl dieser Ansatz weithin akzeptiert wird und dem klaren Willen des Unionsgesetzgebers entspricht, wird teilweise bezweifelt, dass sich das Designrecht tatsächlich grundlegend vom Urheberrecht unterscheidet.[383] Diese Zweifel sind unbegründet.

Das aktuelle Designrecht ist in seiner Entstehungsgeschichte unabhängig vom Urheberrecht.[384] Es trägt der Erkenntnis Rechnung, dass zwischen Design und Urheberrecht ein qualitativer Unterschied besteht.[385] Funktionell knüpft der Schutz an den Wert eines Designs im Markt an und an seine wirtschaftliche Nutzbarkeit.[386] Es geht darum, das Design als Marketinginstrument[387] und Wettbewerbsfaktor zu schützen[388], daneben sollen Innovationen und Investitionen gefördert werden. Auch strukturell und terminologisch wurde das Designrecht deutlich vom Urheberrecht gelöst. Die Schutzvoraussetzungen haben das Design näher an das Markenrecht gerückt.[389] Das Ausschließlichkeitsrecht entsteht nicht automatisch durch einen Schöpfungsakt, sondern erst durch Eintragung. Es kommt weder auf eine wie auch immer geartete geistige Schöpfung an, noch muss eine bestimmte Gestaltungshöhe überschritten werden.[390] Es genügt, wenn das Design neu ist und sich von dem bestehenden Formenschatz so weit unterscheidet, dass ein anderer Gesamteindruck vermittelt wird.[391] Die Struktur und Wirkung des Designrechts als Registerrecht

---

schmacksmusterschutz, S. 28; auch *Becker*, CIPR 2011, 52; *Mittelstaedt*, in: Erdmann/Rojahn/Sosnitza, Hdb. FA Gewerblicher Rechtsschutz[2], Kap. 8 Rn. 42 f.; *Ruhl*, GGV[2], Art. 6 Rn. 5 und 9 ff.

382 BGHZ 199, 52 Tz. 34 – Geburtstagszug.

383 *Schulze*, FS Ullmer, S. 93, 103 f.; *Heutz*, MMR 2005, 567, 570; auch *Peifer*, UrhR für Designer, S. 11 scheint noch heute einen graduellen Unterschied anzunehmen.

384 *Eichmann*/v. Falckenstein, GeschmMG[4], Allg. Rn. 32.

385 Vgl. schon *Eck*, Neue Wege, S. 127 f.; 138 ff.

386 Vgl. *Wandtke/Ohst*, GRUR Int. 2005, 91, 93; *Koschtial*, GRUR 2004, 555, 556; vgl. auch schon *Ritscher*, GRUR Int. 1990, 559, 560.

387 Vgl. *Beier*, GRUR Int. 1990, 675, 683; *Kur*, EIPR 1993, 376 f.; *Schramm*, Produktdesign, S. 152; vgl. auch *Eck*, Neue Wege, S. 135 ff.

388 Vgl. auch *Kahlenberg*, EU Geschmacksmusterrecht, S. 134; *Kur*, GRUR 2002, 661, 662; *Ritscher*, GRUR Int. 1990, 559, 560 f.; *Wandtke/Ohst*, GRUR Int. 2005, 91, 93.

389 Vgl. *Eichmann*/v. Falckenstein, GeschmMG[4], Allg. Rn. 9; schon *ders.*, GRUR Int. 1996, 859, 861.

390 *Eichmann*/v. Falckenstein, GeschmMG[4], § 2 Rn. 15. Die Gestaltung muss nicht überdurchschnittlich sein; vgl. BGH, GRUR 2005, 860, 861 – Fash 2000; OLG Frankfurt am Main, GRUR-RR 2009, 16, 17 – Plastikuntersetzer; *Kur*, GRUR 2002, 661, 665; *Eichmann*, Mitt. 2003, 17, 20; *Koschtial*, GRUR Int. 2003, 973, 974; *Rahlf/Gottschalk*, GRUR Int. 2004, 821, 822; offen noch *Schramm*, Produktdesign, S. 155 f.

391 Dazu näher m. w. N. *Eichmann*/v. Falckenstein, GeschmMG[4], § 2 Rn. 11 ff.; *ders.*, MarkenR

ähnelt nunmehr deutlich dem Patentrecht[392]. Geschützt wird zwar keine technische Erfindung, aber eine Gestaltungslehre.[393] Auch die geschriebenen Schrankenregelungen entstammen überwiegend dem Patentrecht. Anders als im Urheberrecht beschränkt sich die Verletzung eines registrierten Designs auch nicht auf bloße Nachahmungen.[394] Es reicht aus, wenn das verletzende Design nicht den nötigen Abstand zur geschützten Gestaltungslehre hält.[395] Der Einwand einer unbewussten Doppelschöpfung[396] ist damit im Designrecht ausgeschlossen.[397]

Das Verhältnis von Urheber- und Designrecht ist damit von deutlichen Unterschieden geprägt. Der »design approach« ist mehr als ein Lippenbekenntnis, und dieses selbstständige dogmatische Fundament muss bei der Auslegung und Lückenfüllung angemessen berücksichtigt werden.

Daher gibt es heute zumindest keine zwingenden dogmatischen Gründe (mehr), die Wertungen und Schranken des Urheberrechts für das Designrecht zu übernehmen. Wenn man dessen grundlegende dogmatische Neuordnung ernst nimmt, sind unterschiedliche Wertungen zu akzeptieren, und es ist nicht zu befürchten, dass eine urheberrechtliche Wertung von einem geringer wertigen Recht unterlaufen wird.

Was aber bleibt ist, dass Gestaltungen außer als Design auch über das Urheberrecht geschützt sein können. Bei ähnlichen Schutzgegenständen, kommt es zwangsläufig zu ähnlichen Interessenlagen von Schutzrechtsinhabern und der Allgemeinheit. In der Art und Weise wie im Urheberrecht eine Interessenkollision ausgeglichen wird, zeigt sich deshalb auch eine für das Designrecht relevante Wertung. Soweit dort ein ähnlicher Interessenkonflikt besteht und es keine spezifischen, designrechtlichen Argumente dafür gibt, ihn anders aufzulösen, sollte man sich an den erkennbaren urheberrechtlichen Wertungen orientieren und sie auf das Designrecht übertragen.

2003, 10, 15; *Schramm*, Produktdesign, S. 151 f.; *Kur*, GRUR Int. 1998, 353, 355; *dies.*, GRUR 2002, 661, 665.

392 Vgl. *Ohly*, ZEuP 2004, 296, 301.

393 *Eichmann*/v. Falckenstein, GeschmMG[4], Allg. Rn. 9; *Peifer*, UrhR für Designer, S. 76 ff. Diese Anknüpfung an die immaterielle Gestaltung war vor der GRL und der GGV durchaus umstritten; vgl. *Kur*, GRUR Int. 1998, 353, 355.

394 Anders beim nicht eingetragenen Gemeinschaftsdesign, Art. 19 Abs. 2 GGV; vgl. *Buchmüller*, Das nicht eingetragene Gemeinschaftsgeschmacksmuster, S. 142 f.

395 Vgl. *Eichmann*/Kur, Designrecht, S. 100 Rn. 148 ff; *Peifer*, UrhR für Designer, S. 104.

396 Vgl. zum Urheberrecht *Schack*, UrhR[7], Rn. 285 f.

397 Es ist irrelevant, ob der Verkehr das registrierte Design gekannt hat; *Eichmann*/v. Falckenstein, GeschmMG[4], § 38 Rn. 9; *Auler*, in: Büscher/Dittmer/Schiwy, Gewerblicher Rechtsschutz[3], § 38 DesignG Rn. 2. Allerdings kann ein Vorbenutzungsrecht z. B. aus § 41 DesignG in Betracht kommen.

II.   Rechtsrahmen

Dabei darf man allerdings nicht die deutschen urheberrechtlichen Schranken für maßgeblich halten.

Es kommt wie gezeigt nicht mehr auf den nationalen, sondern allein auf den europäischen Referenzrahmen an, schließlich muss die GRL ausgelegt bzw. fortgebildet werden. Entscheidend sind also keinesfalls die Wertentscheidungen des deutschen Urheberrechts[398], sondern die des europäischen Rechts. Das ist durchaus problematisch. Es gibt auf europäischer Ebene (noch) kein umfassendes Urheberrecht, sondern lediglich einen schwer überschaubaren »Flickenteppich« aus europäischem Primär- und Sekundärrecht, das in Einzelfallentscheidungen konkretisiert wurde.[399] Ein fester Rechtsboden als Grundlage einer Rechtsfortbildung sieht anders aus.

Konkrete urheberrechtliche Schranken finden sich auf europäischer Ebene vor allem in der InfoSoc-RL. Diese enthält in Art. 5 Abs. 2, 3 einen umfangreichen, abschließenden[400] Katalog fakultativer Schranken, von denen die Mitgliedstaaten Gebrauch machen können, aber nicht müssen.[401]

In einer Richtlinie, die eine weitgehende Angleichung[402] der nationalen Urheberrechte bezweckt, ist ein solcher fakultativer Schrankenkatalog in mehrfacher Hinsicht ärgerlich: Zum einen wird der Harmonisierungszweck verfehlt, denn die Mitgliedstaaten können ohne weiteres ein sehr unterschiedliches Schutzniveau beibehalten oder herbeiführen.[403] Zum anderen ist die Vielzahl zulässiger Schranken nur schwer überschaubar und der Schrankenkatalog als solcher bei Lichte betrachtet trotzdem zu eng. Zwar werden viele Sachverhalte berücksichtigt, doch ist kaum vorstellbar, dass der Katalog in seiner jetzigen Form alle heute denkbaren und vor allem auch zukünftigen Sachverhalte angemessen würdigt.[404] Die Schwerfälligkeit der Gesetzgebung auf Unionsebene[405]

---

398 Berücksichtigt werden können diese Wertungen aber im Rahmen der systematischen Auslegung und vor allem als rechtsvergleichende Argumente; vgl. *Martens*, Methodenlehre, S. 451 f., 493 f.

399 Vgl. *Schack*, ZGE 1 (2009), 275; Überblick und Einzelnachweise *ders.*, UrhR⁷, Rn. 136 ff.

400 *v. Lewinski/Walter*, European Copyright Law, Rn. 11.5.9.

401 Vgl. *Stieper*, ZGE 4 (2012), 443, 444; *ders.*, GRUR 2014, 1060, 1064

402 Vgl. EuGH, ECLI:EU:C:2014:2132 = GRUR 2014, 972 Tz. 16 – Deckmyn; ECLI:EU:C:2014:254 = GRUR 2014, 546 Tz. 49 – ACI Adam.

403 Kritisch etwa *Schack*, AfP 2003, 1, 4; *ders.*, ZGE 1 (2009), 275, 284; *Hilty*, GRUR 2005, 819; *Leistner*, Konsolidierung, S. 32 ff.; die fakultative Gestaltung verteidigen jedoch *v. Lewinski/ Walter*, European Copyright Law, Rn. 11.5.9; *Piotraut*, in: Ohly, Common Principles, S. 147, 155.

404 Vgl. *Schack*, ZGE 1 (2009), 275, 278; vgl. auch *Piotraut*, in: Ohly, Common Principles, S. 147, 156.

405 *Schack*, ZGE 1 (2009), 275, 289 weist hier zu Recht auf die Gefahr der »Versteinerung« der Rechtsakte hin.

wird deshalb zwangsläufig zu einer extensiven Auslegung der bestehenden Schranken führen und auch im Urheberrecht auf europäischer Ebene eine Rechtsfortbildung erzwingen. Diese wiederum ist schwer zu begründen, weil der Unionsgesetzgeber deutlich gemacht hat, dass er wirklich nur diese Schranken für wählbar erklären wollte.[406]

Für diese Arbeit ist allerdings ein anderer Aspekt noch bedauerlicher. Der Unionsgesetzgeber drückt sich davor klar festzulegen, welche urheberrechtlichen Schranken er unionsrechtlich für geboten hält. Seine Aussage ist nicht, dass die angesprochenen Interessenkonflikte zwischen Allgemeinheit und Urheber durch eine Schranke gelöst werden *müssen*, sondern dass sie dadurch gelöst werden *können*. Der Unionsgesetzgeber steckt in Art. 5 Abs. 2 und 3 InfoSoc-RL lediglich den unionsrechtlich zulässigen Rahmen ab, ohne (abgesehen von Art. 5 Abs. 1) die urheberrechtlichen Schranken selbst zu regeln.

Auf europäischer Ebene kann man also sicher nur sagen: Eine urheberrechtliche Schrankenwertung dürfte bei gleicher Interessenlage und Regelungslücke auch im Designrecht unionsrechtlich berücksichtigungsfähig sein. Man wird aber gute Argumente brauchen, warum die betreffende Schranke im Designrecht entwickelt werden muss, wenn sie im Urheberrecht gerade nicht zwingend notwendig zu sein scheint. Hier rächt sich, dass der Unionsgesetzgeber in Art. 5 Abs. 2, 3 InfoSoc-RL nicht die Kraft für eine klare rechtspolitische Wertung gefunden hat.

Es ist daher auch aus designrechtlicher Sicht zu hoffen, dass die Rechtsentwicklung eines unionsweiten Urheberrechts[407] möglichst schnell voranschreitet und auch hinsichtlich der Schranken ein belastbarer und aussagekräftiger Rahmen geschaffen wird.

III. Ergebnis

Die Vorstellung, dass die urheberrechtlichen Schranken aus übergeordneten dogmatischen Gründen zwingend auch im Designrecht existieren müssten, ist heute nicht mehr haltbar.

Das Designrecht ist spätestens seit 2004 eine eigenständige vom Urheberrecht losgelöste Rechtsmaterie. Nimmt man dies ernst, ergibt sich auch kein Wertungswiderspruch, wenn die Schranken im Urheberrecht und im Designrecht unterschiedlich ausgestaltet sind. Dass diese Asymmetrie kumulierter Schutz-

---

406 Mit Art. 5 Abs. 2, 3 insb. lit. o InfoSoc-RL liegt eine Rechtsfortbildungsschranke vor, vgl. zu ihnen oben S. 51.

407 Ein gemeinsames Urheberrecht hält *Schack*, ZGE 1 (2009), 275, 281 für unvermeidlich. Vgl. auch etwa *Laddie*, EIPR 2001, 402, 408.

rechte misslich und wenig wünschenswert ist, steht auf einem anderen Blatt. Trotzdem haben die urheberrechtlichen Wertungen auch für die Interessenkonflikte im Designrecht eine große Bedeutung. Häufig sind die beteiligten Interessen ähnlich und die im Urheberrecht getroffenen Wertungen können dann übertragen werden, wenn keine spezifischen, designrechtlichen Argumente einen anderen Interessenausgleich erfordern.

Dabei kommt es allerdings nicht auf die Wertungen des deutschen Urheberrechts an, sondern auf das europäische. Auf Unionsebene wiederum sind die urheberrechtlichen Wertungen in Art. 5 Abs. 2, 3 InfoSoc-RL nicht so zwingend und weit weniger belastbar. Die fehlende Entscheidungskraft des Unionsgesetzgebers schafft hier beträchtliche Rechtsunsicherheit.

Auch wenn es dogmatisch nicht zwingend ist, die urheberrechtlichen Schranken auf das Designrecht zu übertragen, sollten zur Lückenfüllung auch das (europäische) Urheberrecht und dessen Wertungen herangezogen werden. Gleiches gilt für die übrigen europäischen Rechtsakte im Recht des geistigen Eigentums. Gewisse übergeordnete Prinzipien und Wertentscheidungen sind sehr wohl erkennbar und werden vom EuGH auch herangezogen.[408]

G.   Drei-Stufen-Test im Designrecht

Im Urheberrecht hat der Dreistufentest[409], zuerst unauffällig und heute als zentrales Element[410], große Bedeutung erlangt. Er findet sich in Art. 9 Abs. 2 RBÜ, Art. 13 TRIPs, Art. 10 WCT, Art. 16 Abs. 2 WPPT und mittlerweile auch im Sekundärrecht in Art. 5 Abs. 5 InfoSoc-RL.[411]

Auch das Designrecht kennt eine vergleichbare Vorgabe in Art. 26 Abs. 2 TRIPs.[412] Anders als im Urheberrecht wurde diese Regelung allerdings nicht ins Sekundärrecht übertragen. Zumindest für den nationalen und europäischen Gesetzgeber ist das unerheblich. Sie sind an Art. 26 Abs. 2 TRIPs gebunden und müssen dessen Wertungen beachten. Der Rechtsanwender ist kein direkter Adressat von TRIPs, und anders als im Urheberrecht gibt es keine mit Art. 5 Abs. 5 InfoSoc-RL vergleichbare Norm, die ihn ausdrücklich zu einer richtlinienkonformen Auslegung im Sinne des Dreistufentests zwingen würde.[413]

---

408 Dazu etwa *Dusollier*, in: Geiger, Constructing IP, S. 24, 50 ff.
409 Überblick bei *Schack*, AfP 2003, 1, 7 f.; *Bornkamm*, FS Erdmann, S. 29 ff.; *Reinbothe*, FS Dittrich, S. 251, 256 ff.
410 Vgl. *Senftleben*, Three-Step Test, S. 1 ff.
411 Zu diesen näher *Senftleben*, Three-Step Test, S. 43 ff., 246.
412 Vgl. dazu näher oben S. 20 ff.
413 Vgl. etwa BGHZ 151, 300, 315 – Elektronischer Pressespiegel; *Geiger*, IIC 2006, 74, 80; *Stieper*, Schranken, S. 73.

Trotzdem ist auch eine designrechtliche Schrankenbestimmung so auszulegen, dass die freigestellte Benutzungshandlung die normale Verwertung und die berechtigten Interessen des Designinhabers nicht unangemessen beeinträchtigt. Eine Umsetzungsnorm, die in den Anwendungsbereich von Art. 26 Abs. 2 TRIPs fällt, muss völkerrechtskonform[414] ausgelegt werden. Darüber hinaus fordert das europäische Primärrecht, dass sich alle Schrankenregelungen am Abwägungs- und Verhältnismäßigkeitsgrundsatz messen lassen müssen.[415] Es sind kaum Fälle denkbar, in denen Art. 26 Abs. 2 TRIPs durch eine Schranke verletzt wird und diese nicht auch gegen Art. 17 Abs. 2 GRCh verstößt.[416]

Letztlich kann es also dahinstehen, ob der Dreistufentest als solcher auch im Designrecht gilt.[417] Seine Wertungen müssen jedenfalls wegen Art. 26 Abs. 2 TRIPs und Art. 17 Abs. 2 GRCh berücksichtigt werden. Das gilt für den Gesetzgeber genauso wie für den Rechtsanwender.

---

414 Vgl. *Martens*, Methodenlehre, S. 453 m.w.N.; mit Blick auf TRIPs insbesondere etwa EuGH, ECLI:EU:C:1998:292 = GRUR Int. 1998, 697 Tz. 28 – Hermès International; ECLI:EU:C:2000:688 = GRUR Int. 2001, 327 Tz. 47 – Dior; auch *Eeckhout*, External Relations², S. 355 ff.

415 Der Dreistufentest ist letztlich eine Ausformung dieser beiden Grundsätze; *von Becker*, GRUR 2004, 104, 108 Fn. 52; *Senftleben*, GRUR Int. 2004, 200, 210 f.

416 Vgl. zum Urheberrecht *Stieper*, Schranken, S. 73 f.

417 Z.B. im Wege einer analogen Anwendung von Art. 5 Abs. 5 InfoSoc-RL.

Kapitel 4: Schranken

Im folgenden Kapitel wird dargestellt, wie die Schranken des Designrechts *de lege lata* verstanden werden müssen. Hierfür muss man die europäische Ebene betrachten. Dabei zeigt sich schnell, dass der Rechtsboden unsicher und der richtige materiell-rechtliche Interessenausgleich schwierig zu finden ist.

Zunächst werden erst die *geschriebenen Schranken* erläutert (B.). Damit sind all jene Schrankenregelungen gemeint, die der Unionsgesetzgeber ausdrücklich im Designrecht kodifiziert hat. Danach wird gezeigt, wie mit den *gesetzlich nicht geregelten Sachverhalten* umzugehen ist (C.). Ihnen ist gemein, dass sie an keine geschriebene Schranke angeknüpft werden können. Vorab zu erörtern ist der strukturelle Zusammenhang zwischen Benutzungsbegriff, dem daraus folgenden Verbotsrecht und den Schranken.

A.   Benutzungsbegriff und Schranken

Die Schranken in Art. 13 GRL kann man nicht überzeugend interpretieren, ohne zuvor den Benutzungsbegriff in Art. 12 GRL zu klären. Denn nur, was grundsätzlich dem Designinhaber zugewiesen ist, muss überhaupt durch eine Schranke freigestellt werden.

Nach Art 12 Abs. 1 GRL hat der Schutzrechtsinhaber das ausschließliche Recht, das eingetragene Design »*zu benutzen und es Dritten zu verbieten, es ohne seine Zustimmung zu benutzen*«. Von einer wie auch immer gearteten Einschränkung ist hier keine Rede. Damit ist der Benutzungsbegriff auf den ersten Blick denkbar weit und umfassend.

Weder in den Gesetzgebungsmaterialien zur GGV noch zur GRL finden sich Hinweise darauf, wie der Unionsgesetzgeber den Benutzungsbegriff verstanden wissen wollte.[418] Der deutsche Gesetzgeber hat zum DesignG festgehalten, dass er von einem weiten Benutzungsbegriff ausgeht.[419]

---

418 Im Verordnungsvorschlag 1993, KOM(93)342endg., COD 463, S.23 heißt es dazu lediglich,

In Art. 12 Abs. 1 S. 2 GRL, Art. 19 Abs. 1 GGV und § 38 DesignG sind einige wichtige Benutzungshandlungen aufgezählt. Alle diese Handlungen beziehen sich auf Erzeugnisse. Der Katalog ist aber nicht abschließend und der Benutzungsbegriff geht weiter.[420] Aus der Existenz von Art. 13 Abs. 1 lit. c GRL ergibt sich, dass sogar bloße Wiedergaben unter den Benutzungsbegriff fallen, andernfalls wäre diese Schranke sinnlos.[421] Auch unkörperliche Benutzungshandlungen sind also grundsätzlich dem Designinhaber zugewiesen.[422] All dies zeigt, dass der Benutzungsbegriff tatsächlich weit verstanden werden muss.[423]

Das bedeutet aber nicht, dass generell alle Benutzungshandlungen dem Verbotsrecht des Designinhabers unterlägen.[424] Schon aus der Systematik des Art. 12 GRL kann man ableiten, dass keinesfalls alle denkbaren Benutzungshandlungen erfasst sein sollen. Denn sonst wäre der Beispielkatalog in Art. 12 Abs. 1 S. 2 GRL überflüssig.[425]

Vor allem der übergeordnete Zweck des Designrechts setzt einem ausufernden Benutzungsbegriff Grenzen. Es schützt die gestalterische Leistung, die darin liegt, eine neue Formgebung mit Eigenart zu schaffen, und die dafür erforderlichen Investitionen.[426] Zu diesem Zweck wird dem Designinhaber ein Benutzungs- und Verbotsrecht eingeräumt. Beide Rechte sind kein Selbstzweck und müssen im Einklang mit diesem Telos stehen.

Es geht also darum, alle Formen des Wettbewerbs auszuschließen, die den wirtschaftlichen Ertrag mindern könnten, der durch die gewährte Monopolstellung zu erwarten ist.[427] Dieser Ansatz trägt der Ausgestaltung des Designrechts als *gewerbliches* Schutzrecht genauso Rechnung wie den Interessen der Allgemeinheit.[428] Denn Benutzungshandlungen, die keine negativen wirt-

---

dass das Recht aus dem Gemeinschaftsgeschmacksmuster ein »monopolistisches Recht« sei. Im Richtlinienvorschlag 1993, KOM(93)344endg., COD 464, S. 5 wird auf den Verordnungsvorschlag verwiesen. Im weiteren Verlauf des Gesetzgebungsverfahrens finden sich keine weiteren Anmerkungen zum Benutzungsbegriff des eingetragenen Designs.

419 In BT-Drucks. 15/1075, S. 52 ist von einem »umfassenden Verbietungsrecht« die Rede.
420 Für die GGV *Ruhl*, GGV², Art. 19 Rn. 36; für das DesignG *Eichmann*/v. Falckenstein, GeschmMG⁴, § 38 Rn. 31 ff.
421 Zum DesignG *Eichmann*/v. Falckenstein, GeschmMG⁴, § 38 Rn. 44.
422 Vgl. *Auler*, in: Büscher/Dittmer/Schiwy, Gewerblicher Rechtsschutz³, § 38 DesignG Rn. 5.
423 Vgl. etwa *Ruhl*, GGV², Art. 19 Rn. 36 f.
424 *Kurtz*, KSzW 2014, 3 sieht in einem allumfassenden Benutzungsbegriff auch ein Problem für die Rechtssicherheit.
425 Vgl. *Ruhl*, GGV², Art. 19 Rn. 36.
426 Vgl. EuGH, ECLI:EU:C:2009:418 = GRUR 2009, 867 Tz. 78 – FEIA/Cul de Sac.; *Eichmann*/v. Falckenstein, GeschmMG⁴, Allg. Rn. 5; *Ruhl*, GGV², Art. 19 Rn. 37 und genauer Art. 6 Rn. 9–12; vgl. auch *Eck*, Neue Wege, S. 105; *Kahlenberg*, EU Geschmacksmusterrecht, S. 112. Das ergibt sich auch aus dem Erwägungsgrund 7 der GGV.
427 Das entspricht der normalen Verwertung in TRIPs, siehe oben S. 23 f.
428 Wie jedes Ausschließlichkeitsrecht dient auch das Designrecht dem Interessenausgleich; vgl. *Eichmann*/v. Falckenstein, GeschmMG⁴, Allg. Rn. 8.

schaftlichen Folgen für den Designinhaber haben, können richtigerweise schon nicht Teil des Benutzungsbegriffes sein. Dass diese »normale Verwertung« der richtige Anknüpfungspunkt ist, zeigt sich auch darin, dass sie von Art. 13 Abs. 1 lit. c GRL in Bezug genommen wird.[429]

Das Designrecht weist dem Designinhaber damit so viel zu, wie für die Erreichung dieser übergeordneten Ziele erforderlich ist – aber auch nicht mehr. Eine Benutzungshandlung fällt dementsprechend nur dann unter Art. 12 GRL, wenn durch sie dieses unionsrechtlich anerkannte, spezifische Interesse des Schutzrechtsinhabers beeinträchtigt wird.[430] Erst in diesem Fall kann überhaupt eine Schranke eingreifen. Andernfalls sind dem Verbotsrecht schon durch den Zweck des Designrechts selbst Grenzen gezogen.

B.   Geschriebene Schranken

I.   Benutzungshandlungen durch Privatpersonen

Ein eingetragenes Design soll den gewerblichen Nutzer vor Ausbeutung seines Designs durch Dritte schützen und es ihm ermöglichen, seine Investitionen zu amortisieren. Die Allgemeinheit muss deswegen das künstliche Monopol auf die Gestaltung hinnehmen. Um dieses übergeordnete Ziel zu erreichen, ist es aber unnötig, auch die freie Entfaltung innerhalb der Privatsphäre umfangreich einzuschränken.

Die GRL enthält deshalb in Art. 13 Abs. 1 lit. a eine entsprechende Schranke, die dieser Wertung Rechnung trägt, in der GGV findet sich in Art. 20 Abs. 1 lit. a eine identische Regelung. Die Richtlinienvorgabe wurde in Deutschland mit § 40 Nr. 1 DesignG umgesetzt. Gegen *private Handlungen*, mit denen ein *nichtgewerblicher Zweck* verfolgt wird, kann ein Design nicht geltend gemacht werden.[431]

Leider gibt es bisher keine Rechtsprechung zu Art. 13 Abs. 1 lit. a GRL, Art. 20 Abs. 1 lit. a GGV oder § 40 Nr. 1 DesignG; auch die Literatur dazu ist überschaubar.[432] Bedauerlicherweise hat auch der Unionsgesetzgeber darauf verzichtet, sich näher mit dieser designrechtlichen Schrankenregelung auseinanderzusetzen[433] und der deutsche Gesetzgeber belässt es ebenso bei recht all-

---

429   Zum DesignG *Eichmann*/v. Falckenstein, GeschmMG⁴, § 38 Rn. 31.
430   *Ruhl*, GGV², Art. 19 Rn. 37.
431   Nach BT-Drucks. 15/1075, S. 53 soll das nationale eingetragene Design »keine Wirkung« entfalten; zur Funktionsweise von Schranken, oben S. 63 ff.
432   In Deutschland vor allem *Ruhl*, GGV², Art. 20 Rn. 2 ff.; *Eichmann*/v. Falckenstein, GeschmMG⁴, § 40 Rn. 3; *Eichmann*/Kur, Designrecht, S. 112 Rn. 175.
433   Vgl. Verordnungsvorschlag 1993, KOM(93)342endg., COD 463, S. 24; der Richtlinienvor-

gemeinen Aussagen.[434] Die Gesetzesmaterialien geben also so gut wie keine Hinweise darauf, wie die Tatbestandsmerkmale dieser Normen zu verstehen sind.[435]

Ähnliche Schranken finden sich bei nahezu allen Immaterialgüterrechten.[436] Auch wenn das Designrecht eine eigenständige Rechtsmaterie darstellt, kann der Blick auf die anderen Immaterialgüterrechte erhellend sein.[437]

Die Vorschrift enthält zwei Tatbestandsvoraussetzungen, die kumulativ vorliegen müssen.[438] Handlungen, die außerhalb des privaten Bereiches vorgenommen werden, sind damit verboten, selbst wenn keine gewerblichen Zwecke verfolgt werden. Genauso sind Handlungen untersagt, die zwar im privaten Bereich stattfinden, mit denen aber gewerbliche Zwecke verfolgt werden.

1.   Privater Bereich

Privater Bereich ist personenbezogen gemeint. Dieses Merkmal räumlich zu verstehen, wäre unsinnig.[439] Es kommt darauf an, in welchem Kontext eine Nutzungshandlung vorgenommen wird und nicht an welchem Ort. Die Wohnung eines Architekten z.B. ist Teil seiner Privatsphäre. Wenn er dort ein geschütztes Design in eine seiner Bauzeichnungen übernimmt, um sie am nächsten Tag seinem Kunden vorzustellen, handelt er räumlich betrachtet zwar in seiner Privatsphäre. Dennoch hat die Tätigkeit nichts mit ihm als Privatperson zu tun. Solche Nutzungshandlungen zu verbieten ist gerade das Ziel des Designrechts.

Dem *privaten Bereich* sind deshalb nur solche Benutzungsformen zugeordnet, die nach den objektiven Gegebenheiten[440] den Benutzer selbst, seine Familie,

---

schlag 1993, KOM(93)344endg., COD 464, S. 5 verweist auf den Verordnungsvorschlag. Danach wurde die Schranke nicht mehr thematisiert.

434 Vgl. BT-Drucks. 15/1075, S. 53.

435 Lediglich, dass die Regelung Art 27 GPÜ 1989 nachempfunden ist und deshalb auch inhaltlich ähnlich sein könnte, vgl. Verordnungsvorschlag 1993, S. 24.

436 Sehr ähnlich sind z.B. § 11 PatG, § 12 Nr. 1 GebrMG und § 6 Abs. 2 Nr. 1 HalblSchG. Schranken des Vervielfältigungsrechts für den privaten Bereich finden sich auch in § 53 UrhG. Im Markenrecht wird der private Bereich vom Schutzbereich ausgenommen siehe Art. 9 Abs. 1 GMV, § 14 Abs. 2 MarkenG; daneben finden sich ähnliche Schranken in einigen Richtlinien, z.B. in Art. 5 Abs. 2 lit. b InfoSoc-RL und Art. 5 Abs. 1 Marken-RL.

437 Zu den Grenzen von systematischen Argumenten auf Unionsebene oben S. 43 ff.

438 So ausdrücklich für den wortgleichen § 11 Nr. 1 PatG *Scharen* in: Benkard, PatG[10], § 11 Rn. 3; auch *Ruhl*, GGV[2], Art. 20 Rn. 4; *Eichmann*/v. Falckenstein, GeschmMG[4], § 40 Rn. 3; *Stone*, EU Design Law, Rn. 19.40.

439 *Ruhl*, GGV[2], Art. 20 Rn. 5.

440 Zu § 11 PatG *Scharen* in: Benkard, PatG[10], § 11 Rn. 3. Es gibt keinen Grund anzunehmen, dass dieses Merkmal im Designrecht anders ausgelegt werden sollte.

seine Nachbarschaft und seinen Freundeskreis betreffen.[441] Auf diese Weise handeln kann nur eine natürliche Person.[442] Von dieser Schranke ausgeschlossen sind daher alle juristischen Personen, des privaten wie des öffentlichen Rechts.[443] Auch die öffentliche Verwaltung, Kirchen oder Vereine können sich deshalb nicht auf Art. 20 Abs. 1 lit. a GGV oder § 40 Nr. 1 DesignG berufen, selbst wenn sie nicht gewerblich handeln. Gleiches gilt für Personengesellschaften.[444]

2. Nichtgewerblicher Zweck

Von der Schranke gedeckt sind zudem nur Benutzungshandlungen, mit denen ein *nichtgewerblicher Zweck* verfolgt wird.

Eine Benutzungshandlung verfolgt einen gewerblichen Zweck, wenn sie im *geschäftlichen Verkehr* stattfindet und auf einen *wirtschaftlichen Vorteil* gerichtet ist.[445]

Das erste Kriterium findet sich im Markenrecht in Art. 9 Abs. 1 GMV und § 14 Abs. 2 MarkenG. Anders als im Designrecht wird im Markenrecht dadurch schon der Schutzumfang eingeschränkt.[446] Im Ergebnis erfüllt das Kriterium aber dieselbe Funktion. Sachlich ist das Merkmal in beiden Rechtsgebieten grundsätzlich gleich auszulegen.[447] Im Markenrecht ist dieser Begriff weit gefasst. Er umfasst »jede wirtschaftliche Betätigung, mit der in Wahrnehmung oder Förderung eigener oder fremder Geschäftsinteressen am Erwerbsleben teilgenommen wird«.[448] Es kommt weder auf eine Wiederholungsabsicht noch auf eine bestimmte Dauer an. Beides sind aber starke Indizien dafür, dass im geschäftlichen Verkehr gehandelt wird.[449] Maßgeblich ist die nach außen in Erscheinung tretende Zielrichtung des Handelnden.[450] Es sind keine Gründe ersichtlich, warum diese Auslegung im Designrecht unangemessen sein sollte.

---

441 *Ruhl*, GGV², Art. 20 Rn. 5; *Mes*, PatG³, § 11 Rn. 3; für das Urheberrecht tendenziell noch etwas enger *Schack*, UrhR⁷, Rn. 555.

442 *Eichmann*/v. Falckenstein, GeschmMG⁴, § 40 Rn. 3.

443 *Eichmann*/v. Falckenstein, GeschmMG⁴, § 40 Rn. 3; für das Patentrecht *Scharen* in: Benkard, PatG¹⁰, § 11 Rn. 4; zurückhaltender *Stone*, EU Design Law, Rn. 19.41.

444 *Eichmann*/Kur, Designrecht, S. 112.

445 *Eichmann*/v. Falckenstein, GeschmMG⁴, § 40 Rn. 3

446 *Ingerl/Rohnke*, MarkenG³, § 14 Rn. 66.

447 Das bedeutet allerdings nicht, dass sie generell identisch sind, so aber wohl *Eichmann*/v. Falckenstein, GeschmMG⁴, § 40 Rn. 3.

448 Vgl. zum Markenrecht EuGH, ECLI:EU:C:2002:651 = GRUR 2003, 55 Tz. 40 – Arsenal FC; ECLI:EU:C:2007:55 = GRUR 2007, 318 Tz. 18 – Adam Opel; ECLI:EU:C:2010:159 = GRUR 2010, 445 Tz. 50 – Google und Google France; zuvor schon BGH, GRUR 2004, 241, 242 – GeDIOS; GRUR 2007, 708 Tz. 23 – Internet-Versteigerung II; Ströbele/*Hacker*, MarkenG¹¹, § 14 Rn. 46 m.w.N.

449 *Eichmann*/Kur, Designrecht, S. 112.

450 Zum MarkenG BGH, GRUR 2002, 620, 622 – shell.de.

Als zweites Kriterium muss die Handlung im Designrecht zusätzlich auf einen *wirtschaftlichen Vorteil* gerichtet sein. Der Handelnde muss also zumindest die Absicht haben, Gewinne zu erzielen.[451] Nur wenn beide Kriterien erfüllt sind, wird ein *gewerblicher Zweck* verfolgt.

Mit diesen Definitionen lassen sich die meisten Sachverhalte souverän bewältigen. In Grenzfällen kann es dennoch zu Abgrenzungsproblemen kommen. Wenn etwa eine Privatperson häufig im Internet Waren versteigert, kann es zweifelhaft sein, ob sie noch privat oder schon gewerblich handelt. Hier entscheidet die Gesamtschau aller relevanten Umstände.[452] Auch wenn das Tatbestandsmerkmal *zu nichtgewerblichen Zwecken* etwas unscharf ist, ermöglicht es doch auch in Grenzfällen interessengerechte Entscheidungen.

3.   Zukünftige Vereinbarkeit mit Art. 17 Abs. 1, 2 GRCh

Obwohl Art. 13 Abs. 1 lit. a GRL, Art. 20 Abs. 1 lit. a GGV und § 40 Nr. 1 DesignG damit sehr weitgehend private Handlungen freistellen, ist die Schranke problemlos mit Art. 17 Abs. 1, 2 GRCh vereinbar; sie muss sich ohnehin nicht an Art. 26 Abs. 2 TRIPs messen lassen.[453]

Doch wirft die rasante technische Entwicklung die Frage auf, ob eine so weit verstandene Schranke auch zukünftig mit Art. 17 Abs. 1, 2 GRCh vereinbar sein wird. Spätestens wenn 3D-Drucker den Massenmarkt erreichen, kann jeder mit einem solchen Gerät Designgegenstände ohne größeren Aufwand beliebig oft kopieren. Das Problem der nahezu unbegrenzten digitalen Vervielfältigung, das heute bereits im Internet besteht, erreicht dann auch die reale Welt.

Eine Privatperson kauft z.B. einen Kerzenleuchter, scannt das Design und druckt einfach noch drei weitere aus, weil er für seinen Esstisch mehrere braucht oder sie verschenken möchte.

Nach dem heutigen Verständnis der Schranke für private Vervielfältigungen dürfte er das. Die Esszimmergestaltung ist seine private Angelegenheit und er

---

451 Vgl. *Ruhl*, GGV², vor Art. 20 Rn. 6; *Eichmann*/v. Falckenstein, GeschmMG⁴, § 40 Rn. 3.

452 Für den geschäftlichen Verkehr i.S.v. § 14 Abs. 2 MarkenG greift die Rechtsprechung auf folgende Indizien zurück (Auflistung bei *Eichmann*/Kur, Designrecht, S. 113): Anbieter tritt häufig als Versteigerer auf, BGH, GRUR 2004, 860, 863 – Internet-Versteigerung I; es wird wiederholt mit gleichartigen, insbesondere neuwertigen Waren gehandelt, BGH, GRUR 2007, 708, 710 – Internet-Versteigerung II; OLG Frankfurt am Main, GRUR-RR 2005, 317, 318 – Cartierschmuck; der Verkäufer ist Powerseller, OLG Frankfurt am Main, GRUR-RR 2005, 319, 320 – Standarderklärung. Auch wer Waren erwirbt, um sie weiterzuveräußern, handelt regelmäßig im geschäftlichen Verkehr, BGH, GRUR 2004, 860, 863 – Internet-Versteigerung I; BGH, GRUR 2007, 708, 710 – Internet-Versteigerung II. Im Übrigen dürfte darauf abzustellen sein, ob der Schwerpunkt der betreffenden Benutzungshandlung im privaten oder geschäftlichen Bereich liegt; *Ruhl*, GGV², Art. 20 Rn. 7.

453 *Ruhl*, GGV², vor Art. 20 – 23 Rn. 10; siehe oben S. 21.

möchte die Leuchter auch nicht weiterverkaufen. Ob eine so weite Freistellung unter diesen Umständen noch dem Verhältnismäßigkeitsgrundsatz entspricht, muss bezweifelt werden. Bisher müssen Privatpersonen einen recht hohen Aufwand betreiben, um designte Erzeugnisse zu kopieren. Wenn z. B. ein Bastler einen Kerzenleuchter nachschreinern möchte, wird ihn das viele Stunden im Hobbykeller kosten. Diese Mühe werden die meisten nicht auf sich nehmen. Häufig wird man dann doch weitere Leuchter kaufen. Die wirtschaftlichen Interessen des Herstellers werden nicht über Gebühr gefährdet. Wenn der Bastler den Leuchter jedoch einfach »ausdrucken« kann und darf, mag er sich gerne mit den Kopien zufriedengeben. Er hat dann viel Geld und Zeit gespart. Die normale Verwertung des Designinhabers wird in einem solchen Fall erheblich beeinträchtigt.[454] Eine so umfangreiche Einbuße kann man mit guten Gründen unangemessen finden, und auch die Allgemeinheit hat kein grenzenlos zu schützendes Interesse daran, fremde Leistungen zu vervielfältigen.[455]

Als die ersten Kopierer auf den Markt kamen, hat sich eine ähnliche Problematik im Urheberrecht gezeigt. Auf sie haben die Rechtsprechung und der Gesetzgeber mit mehreren Maßnahmen reagiert. Zum einen soll nur eine begrenzte Zahl von Privatkopien zulässig sein.[456] Zum anderen wurde die Geräteabgabe eingeführt.[457] Heute gibt es also eine enger verstandene Schranke, die von einem gesetzlichen Vergütungsanspruch für die Urheber flankiert wird. Diese Lösung ist sinnvoll, weil die Urheberrechte in der Privatsphäre praktisch kaum in grundrechtskonformer Weise durchsetzbar sind.[458]

Im Designrecht wird zukünftig eine sehr ähnliche Problemlage entstehen, der geschilderte Lösungsweg ist dort jedoch verschlossen. So gibt es für das Designrecht keine Verwertungsgesellschaften und eine allgemeine Geräteabgabe zugunsten von Designern wäre auch kaum sinnvoll. Weil die designrechtliche Schutzschwelle sehr gering ist, wäre es wenig überzeugend, jeden Designer von einem Vergütungsanspruch profitieren zu lassen. Man müsste also einen gerechten Verteilungsschlüssel entwickeln, der sich nach der Qualität des Designs richtet. Das wiederum dürfte schlicht unmöglich sein. Außerdem dürfte über solche Vergütungsansprüche auch kein politischer Konsens erreichbar sein.[459]

---

454 Vgl. zur normalen Verwertung S. 23 f.
455 Zum Urheberrecht vgl. etwa *Schack*, UrhR[7], Rn. 412.
456 Vgl. BGH, GRUR 1978, 474, 476 – Vervielfältigungsstücke; kritisch *Schack*, UrhR[7], Rn. 558; *Nippe*, GRUR Int. 1995, 202 f.
457 Heute § 54 Abs. 1 UrhG *Schack*, UrhR[7], Rn. 488 ff. m. w. N.
458 *Schack*, UrhR[7], Rn. 553; *Stieper*, Schranken, S. 28.
459 In einigen Mitgliedstaaten gibt es sie nicht einmal im Urheberrecht, vgl. *Schack*, ZGE 1 (2009), 275, 278.

II.   Versuche

Benutzungshandlungen zu Versuchszwecken werden nach Art. 13 Abs. 1 lit. b
GRL, Art. 20 Abs. 2 lit. b GGV und § 40 Nr. 2 DesignG freigestellt. Auch diese
Schrankenregelung entspricht wörtlich ihrem Vorbild Art. 27 GPÜ 1989[460].

Im Patentrecht soll diese Schranke sicherstellen, dass der wissenschaftliche
Fortschritt durch Patente nicht unangemessen eingeschränkt wird.[461] Dafür
müssen Versuche auch mit patentierten Erfindungen möglich sein, wenn die
erfinderische Lehre selbst Gegenstand des Versuches ist. Wenn nicht, ist es
verboten, eine patentierte Erfindung einfach im Rahmen eines Versuches zu
benutzen,[462] hierfür wird eine Lizenz benötigt.

Auf den ersten Blick leuchtet nicht recht ein, was diese Schranke im Designrecht bewirken soll.[463] Gestaltungen bieten keine erfinderische Lehre auf
dem Gebiet der Technik. Außerdem sind vom Schutzbereich des Designrechts
solche Erscheinungsmerkmale von vornherein ausgenommen, die ausschließlich durch ihre technische Funktion bedingt sind, Art. 7 Abs. 1 GRL,
Art. 8 Abs. 1 GGV und § 3 Abs. 1 S. 1 DesignG. Die Teile eines Erzeugnisses, die
dafür notwendig sind, dass eine technische Lehre untersucht werden kann,
dürfen also immer benutzt werden. Insoweit ist diese Versuch-Schranke im
Designrecht unnötig.[464]

Angenommen, F untersucht einen neuen *Braun*-Toaster, weil dieser ein pa-
tentiertes, neuartiges Verfahren enthält, mit dem der Bräunungsgrad besser
kontrolliert werden kann. F plant ein eigenes Modell, das noch besser funktioniert. In diesem Fall darf die technische Lehre im Versuchsaufbau durchaus
benutzt werden. Dafür ist es aber unnötig, auch das Design des *Braun*-Toasters
zu verwenden.

Nur weil das Erzeugnis, das innerhalb des Versuches verwendet wird, anders
aussehen muss, wird der wissenschaftliche Fortschritt nicht unangemessen
beeinträchtigt. Eine solche Benutzung des Designs wird deshalb nicht durch
Art. 13 Abs. 1 lit. c GRL, Art. 20 Abs. 1 lit. b GGV oder § 40 Nr. 2 DesignG freigestellt, und dieses Ergebnis ist auch mit den Wertungen des Patentrechts vereinbar.

Dennoch ist die Schranke zu Versuchszwecken auch im Designrecht sinnvoll.
Das ergibt sich aber erst auf den zweiten Blick:

---

460 Der wiederum auf § 31 lit. b GPÜ 1975 beruht.
461 BVerfG, GRUR 2001, 43, 44 – Klinische Versuche; vgl. *Mes*, PatG[3], § 11 Rn. 5 f.
462 BGHZ 130, 259, 265 – Klinische Versuche I; *Mes*, PatG[3], § 11 Rn. 5; *Scharen* in: Benkard,
        PatG[10], § 11 Rn. 7 m.w.N.; vgl. auch *Pietzcker*, GRUR 1994, 319, 320; *Straus*, GRUR 1993, 308,
        311.
463 Vgl. *Eichmann*/v. Falckenstein, GeschmMG[4], § 40 Rn. 4.
464 A. A. *Ruhl*, GGV[2], vor Art. 20 Rn. 9.

Wie im Patentrecht muss sich die Versuchstätigkeit auf den Schutzgegenstand beziehen, also auf das geschützte Design.[465] Ein *Versuch* ist jedes planmäßige Vorgehen, durch das Erkenntnisse gewonnen werden sollen,[466] unabhängig vom Zweck, der mit diesen Erkenntnissen verfolgt wird. Auch wenn es leichter fällt, sich Versuche in Hinblick auf eine technische Lehre vorzustellen, ist auch in einem gestalterischen Bereich eine solche Tätigkeit denkbar. Unter den Begriff subsumierbar sind vor allem Entwurfstätigkeiten, z.B. das Erstellen von Zeichnungen, Skizzen, Entwürfen und die Herstellung von Prototypen.[467]

Wie sinnvoll die Schranke für Handlungen zu Versuchszwecken ist, entscheidet sich letztlich daran, wie weit man den Benutzungsbegriff in Art. 12 GRL, Art. 19 GGV und § 38 DesignG verstehen möchte. Man kann mit guten Argumenten vertreten, dass einfache Entwurfshandlungen schon gar nicht in den Schutzbereich eines Designs fallen (sollten).[468] Aber spätestens die Herstellung eines Prototyps greift in den Schutzbereich ein, wenn dessen Design keinen unterschiedlichen Gesamteindruck vermittelt als das geschützte Design. Dabei ist es bedeutungslos, ob dieser Prototyp nur betriebsintern hergestellt und verwendet wird.[469] Letztlich können auch schon Entwürfe und Skizzen als Herstellung des geschützten Designs verstanden werden, sofern sie die erforderliche Ähnlichkeit aufweisen. Wenn es aber auf die mögliche Ähnlichkeit ankommt, ist es sehr schwierig, Entwurfshandlungen, die noch nicht in den Schutzbereich eines Designs eingreifen, von solchen zu unterscheiden, die schon als Benutzungshandlung einzuordnen sind.

Wenn z.B. die Designer von *BMW* eine neue Motorhaube konzipieren wollen, könnten sie etwa einen *Mercedes* als Anschauungsbeispiel verwenden. Falls im Zuge der Neugestaltung Modelle der angepassten Motorhaube in Originalgröße hergestellt werden, liegt eine Schutzrechtsverletzung nahe. Je nachdem wie dicht diese Modelle am ursprünglichen Design der *Mercedes*-Motorhaube sind, ist ihre Herstellung eine unzulässige Vervielfältigung des geschützten Designs.

Hier wird deutlich, wie groß das Bedürfnis für eine Schranke für Versuchshandlungen ist. Sie schafft Rechtssicherheit, wo man sonst nur einen fließenden Übergang feststellen könnte.[470] Sie fördert damit, dass Wettbewerber gefahrlos neue Designs entwickeln können und eine größere Gestaltungsvielfalt am Markt entsteht. Dass es in der Praxis nicht immer leicht fällt, den Versuchszweck zu beweisen, steht auf einem anderen Blatt.

---

465 *Eichmann*/v. Falckenstein, GeschmMG⁴, § 40 Rn. 4.
466 Vgl. zum Patentrecht BGHZ 130, 259, 265 – Klinische Versuche I; *Scharen* in: Benkard, PatG¹⁰, § 11 Rn. 6; *Hieber*, GRUR 1996, 439, 441.
467 *Ruhl*, GGV², vor Art. 20 Rn. 10.
468 *Ruhl*, GGV², vor Art. 19 Rn. 64.
469 *Ruhl*, GGV², vor Art. 20 Rn. 10.
470 Vgl. *Ruhl*, GGV², vor Art. 20 Rn. 10.

III.   Wiedergaben zum Zweck der Lehre oder Zitierung

Nach Art. 13 Abs. 1 lit. c GRL, Art. 20 Abs. 1 lit. c GGV und § 40 Nr. 3 DesignG
dürfen geschützte Designs wiedergegeben werden, wenn damit ein Lehrzweck
verfolgt oder das Design zitiert wird, die Handlungen mit den Gepflogenheiten
des redlichen Geschäftsverkehrs vereinbar sind, sie die normale Verwertung des
Designs nicht über Gebühr beeinträchtigen und die Quelle angegeben wird.

1.   Lehre

Die erste Alternative dieser Schrankenregelung erfasst die Wiedergabe zu
Lehrzwecken. Gemeint ist damit nicht nur der Unterricht für Designer, sondern
Unterricht in jeglicher Form und Art.[471] Erfasst sind damit z.B. die Lehre in
Schulen, Universitäten, die betriebsinterne Fortbildung und grundsätzlich auch
der private Bildungssektor. Das Design muss selbst Objekt der Lehrtätigkeit
sein, umfasst ist aber auch die Wiedergabe in Prüfungsaufgaben.[472]

2.   Zitierung

Der Umgang mit der designrechtlichen »Zitat«-Schranke[473] ist wesentlich
schwieriger. Weil es nur wenige designrechtliche Schranken gibt, wird sie mitunter zu einem Auffangtatbestand umfunktioniert.[474] Das Bedürfnis nach angemessenen Schranken ist nachvollziehbar, die weite Auslegung einer Schranke
nicht von vornherein verwerflich.[475] Wichtig ist dann jedoch, methodisch besonders gründlich vorzugehen und sauber zwischen Erwägungen *de lege lata*
und solchen *de lege ferenda* zu unterscheiden. Die ICE-Entscheidung des BGH[476]
zeigt beispielhaft, die große Bedeutung der Zitat-Schranke für die Praxis.

a)   Die ICE-Entscheidung des BGH
Im Ausstellungskatalog zur InnoTrans 2004 war auf der Werbeseite des *Frau-
enhofer-Instituts* ein Triebkopf zu sehen, der dem eingetragenen Design des ICE
3 der *Deutschen Bahn* ähnelte. Der BGH stellte zunächst klar, dass auch die
zweidimensionale Wiedergabe eines dreidimensionalen Designs in den

---

471 *Ruhl*, GGV[2], vor Art. 20 Rn. 16; *Eichmann*/v. Falckenstein, GeschmMG[4], § 40 Rn. 4; a.A.
      Musker, Community Design Law, S. 69 Rn. 1 – 133.
472 *Ruhl*, GGV[2], vor Art. 20 Rn. 16.
473 Die Normen sprechen etwas ungewöhnlich von »Zitierung«.
474 Für einen sehr weiten Zitatbegriff etwa *Klawitter*, GRUR-Prax 2012, 1, 3; in diese Richtung
      auch *Kurtz*, KSzW 2014, 3, 5 ff.
475 Siehe oben S. 65 f.
476 BGH, GRUR 2011, 1117 – ICE.

Schutzbereich eines eingetragenen Designs fällt und nach § 38 DesignG[477] grundsätzlich dem Schutzrechtsinhaber vorbehalten ist.[478] Damit war die Frage aufgeworfen, ob die Wiedergabe vielleicht durch eine Schranke freigestellt gewesen ist. Der BGH hielt § 40 Nr. 3 DesignG für naheliegend, daneben erwähnte er auch § 23 MarkenG. Letztlich hielt er allerdings keine Schranke für entscheidungserheblich. Das Berufungsgericht hatte nämlich nach Ansicht des BGH schon den Mustervergleich nicht ordnungsgemäß vorgenommen.[479] Das Berufungsurteil wurde deswegen teilweise aufgehoben und die Sache zurückverwiesen.

Wenn man mit dem BGH den Benutzungsbegriff aus § 38 Abs. 1 DesignG weit versteht[480], dürfte immer häufiger entscheidungserheblich sein, welche Benutzungshandlungen § 40 Nr. 3 DesignG als Zitierung freistellt. Hier ist die Praxis auf eine klare Aussage angewiesen: Denn wie bei allen Ähnlichkeitsprüfungen ist das Ergebnis sehr oft schwer vorherzusagen, möglich ist bestenfalls eine gut begründete Prognose. Wenn aber schon nicht deutlich erkennbar ist, wann ein Design einem anderen zu nahe kommt, ist es um so wichtiger, wenigstens im Hinblick auf eine einschlägige Schranke eine belastbare Einschätzung geben zu können.

Obwohl § 40 Nr. 3 DesignG in der ICE-Entscheidung letztlich nicht entscheidungsrelevant war, hat der BGH dennoch die Gelegenheit genutzt, sich zu den Anforderungen dieser Schrankenregelung zu äußern. Den zentralen Zitatbegriff legt der BGH wie dessen Gegenstück in § 51 UrhG aus.[481] Im Ergebnis vertritt er damit eine eher enge Auslegung der designrechtlichen Zitat-Schranke.[482] Die Orientierung an § 51 UrhG ist für ein deutsches Gericht naheliegend. Denn tatsächlich finden sich zum Inhalt der designrechtlichen Zitat-Schranke in den Gesetzesmaterialien (zur GGV, GRL oder zum deutschen DesignG) fast keine Anhaltspunkte[483] und eine autonome Auslegung ist mühevoll und mit Unsicherheiten verbunden. Auf der anderen Seite ist § 51 UrhG eine umfangreich erschlossene Norm, die für den Rechtsanwender wesentlich leichter zu handhaben ist und deshalb mehr Rechtssicherheit vermittelt. Dennoch muss man sich fragen, ob die Wertungen des Urheberrechts so schlicht auf das Designrecht übertragen werden dürfen.

---

477 Es standen auch europäische Schutzrechte im Raum.
478 BGH, GRUR 2011, 1117 Tz. 30 – ICE; vgl. dazu z. B. *Eichmann*/v. Falckenstein, GeschmMG[4], § 38 Rn. 44.
479 BGH, GRUR 2011, 1117 Tz. 37 ff. – ICE.
480 Vgl. BGH, GRUR 2011, 1117 Tz. 30 – ICE.
481 BGH, GRUR 2011, 1117 Tz. 45 – ICE.
482 Vgl. zu § 51 UrhG etwa *Dreier*/Schulze, UrhG[4], § 51 Rn. 1 ff.; *Dustmann*, in: Fromm/ Nordemann, UrhR[11], § 51 Rn. 1 ff.; *Schack*, UrhR[7], Rn. 545 ff.
483 Näher unten S. 91 f.

Für den BGH ist der Fall klar: Beide Schrankenregelungen dienen gleichermaßen dem Ziel, die geistige Auseinandersetzung mit fremden Gedanken bzw.
schöpferischen Leistungen zu erleichtern.[484] Die Design-Wiedergabe sei mit dem
aus dem Urheberrecht bekannten Bildzitat vergleichbar.[485] Wenn der gleiche
Zweck verfolgt wird, ist es nur folgerichtig, auch die gleichen Voraussetzungen
anzulegen.

Die ICE-Entscheidung des BGH ist unter mehreren Gesichtspunkten kritik-
würdig. Zunächst unterschlägt der BGH völlig den Zusammenhang des nationalen DesignG mit der GRL. Auch wenn es für den BGH um die Auslegung des
§ 40 Nr. 3 DesignG ging, hätte er die GRL in Bezug nehmen müssen. Damit hätte
er freilich einräumen müssen, dass es letztlich nicht an ihm, sondern Aufgabe
des EuGH ist, den Benutzungs- und Zitatbegriff festzulegen.[486]

Der EuGH hätte sicher nicht Art. 13 Abs. 1 lit. c GRL mit § 51 UrhG gleichgesetzt. Denn für seine Rechtsfindung sind nur der europäische Referenzrahmen
und die internationalen Konventionen bedeutsam. Wenn der EuGH vergleichbare Regelungen aus dem Urheberrecht berücksichtigen wollte, wären auf
Unionsebene damit Art. 5 Abs. 3 lit. d InfoSoc-RL und Art. 10 RBÜ einschlägig
gewesen. Sogar wenn er solche urheberrechtlichen Wertungen hätte übernehmen wollen, müssten diese nicht deckungsgleich mit der deutschen Auslegung
der urheberrechtlichen Zitat-Schranke sein.

Da für den BGH die Schranke des § 40 Nr. 3 DesignG letzlich nicht entscheidungserheblich war, hat er insoweit seine Vorlagepflicht aus Art. 267 AEUV nicht
verletzt, wohl aber im Hinblick auf die Auslegung des Benutzungsbegriffes i. S. v.
§ 38 Abs. 1 DesignG[487].

Unabhängig hiervon ist die lapidare Behauptung des BGH, § 40 Nr. 3 DesignG
sei wie § 51 UrhG auszulegen, alles andere als zwingend. Wenn auch das Urheberrecht und das Designrecht gewisse Gemeinsamkeiten haben, sind es doch
zwei eigenständige Rechtsmaterien mit abweichenden Zielsetzungen.[488] Das
Urheberrecht dient originär vor allem dem Schutz des »geistigen Bandes« zwischen dem Urheber und seiner Werkschöpfung.[489] Es hat damit einen deutlichen
persönlichkeitsrechtlichen Einschlag. Das Designrecht hingegen schützt eine
gewerbliche Leistung und erlaubt dem Designer/Hersteller, seine Entwick-

---

484 BGH, GRUR 2011, 1117 Tz. 45 – ICE.
485 BGH, GRUR 2011, 1117 Tz. 45 – ICE; vgl. zum Bildzitat BGHZ 126, 313, 320 – Museums-
    Katalog; *Schricker/Spindler*, in: Schricker/Loewenheim, UrhR[4], § 51 Rn. 45 m.w.N.
486 Dazu oben S. 38.
487 Der sich aus Art. 12 GRL ergibt, siehe oben S. 79 ff.
488 Dazu ausführlich oben S. 70 ff.
489 Zur Funktion des Urheberrechts etwa *Schack*, UrhR[7], Rn. 2 ff., 339 ff.

lungskosten zu amortisieren. Dadurch werden Innovationen und Investitionen gefördert. Der persönlichkeitsrechtliche Einschlag ist hier sehr viel geringer.[490]

b) Autonome und weite Auslegung des designrechtlichen Zitatbegriffes

Mit dem übergeordneten Gesetzeszwecken unterscheiden sich zwangsläufig auch die zugrundeliegenden Interessenabwägungen. Für den BGH scheint das bei der Auslegung keinen Unterschied zu machen. Doch ist es sehr wahrscheinlich, dass man Unterschiede findet, die angemessen berücksichtigt werden müssen. Der Zitatbegriff im Designrecht muss sicher nicht enger, vermutlich aber weiter verstanden werden als im Urheberrecht.

aa) Erforderlichkeit einer inneren Verbindung

Das zentrale Merkmal eines Zitates ist die *innere Verbindung* zwischen dem zitierten Element und dem Kontext, in den es eingebettet ist.[491] Die Grundfrage ist deshalb, ob auch die Zitierung im Designrecht diese *innere Verbindung* aufweisen muss.

(1) Unklarer Wortlaut

Die *innere Verbindung* ist im designrechtlichen Zitatbegriff nicht so deutlich angelegt, wie es die deutsche Sprachfassung von Art. 13 Abs. 1 lit. c GRL zunächst vermuten lässt. Denn während dort von »*Zitierung*« die Rede ist, sind andere Sprachfassungen offener formuliert. So heißt es in der französischen Sprachfassung nicht »*citation*« sondern »*illustration*«. Eine »*Veranschaulichung*« zwingt aber nicht im gleichen Maße zu einer *inneren Verbindung*. Dennoch muss auch nach deutschem Sprachverständnis die »*Veranschaulichung*« eine wie auch immer geartete *innere Verbindung* zwischen der Wiedergabe und den Erörterungen haben, die veranschaulicht werden sollen.[492] Der Wortlaut lässt jedenfalls zu viel Spielraum, um mit ihm alleine ein Auslegungsergebnis überzeugend begründen zu können – das gilt in beide Richtungen.[493]

(2) Telos von Art. 13 Abs. 1 lit. c GRL

Auch bei Art. 13 Abs. 1 lit. c GRL gewinnen deshalb die übrigen Argumente an Gewicht allen voran der Normzweck.

Der Unionsgesetzgeber hat dazu wenig Erhellendes beigetragen. In den Ge-

---

490 Zum Designerpersönlichkeitsrecht *Eichmann*/v. Falckenstein, GeschmMG[4], Allg. Rn. 15 ff.
491 Zum Urheberrecht BGHZ 175, 135 Tz. 42 – TV-Total; BGHZ 185, 291 Tz. 26 – Vorschaubilder; BGH, GRUR 2011, 415 Tz. 22 – Kunstausstellung im Online-Archiv.
492 Vgl. *Eichmann*/v. Falckenstein, GeschmMG[4], § 40 Rn. 5.
493 *Kurtz*, KSzW 2014, 3, 6 schließt schon aus diesem sprachlichen Befund, dass die innere Verbindung sehr viel geringer sein darf als im Urheberrecht.

setzesmaterialien zur designrechtlichen Zitat-Schranke findet sich kein Hinweis darauf, wie die Norm zu verstehen ist.[494]

Der deutsche Gesetzgeber hat immerhin deutlich gemacht, dass für ihn der Begriff »*illustration*« eher den Zweck der Zitat-Schranke trifft.[495] Seiner Meinung nach kann die »*Zitierung*« im Designrecht über den Wortsinn der deutschen Sprachfassung hinausgehen. Das scheint zu implizieren, dass eine »*Zitierung*« im Designrecht weiter verstanden werden kann als im Urheberrecht. Letztlich geht es aber um einen Unionsrechtsakt und der deutsche Gesetzgeber kann verbindliche Aussagen bestenfalls[496] über das Telos seines Umsetzungsgesetzes machen. Dessen Zweck wird er nicht anders verstanden wissen wollen als den der Richtlinien-Norm. Deshalb helfen die Aussagen des deutschen Gesetzgebers nicht dabei, den Zweck der Zitat-Schranke des Art. 13 Abs. 1 lit. c GRL herzuleiten.

Ihr Zweck kann aber mit Hilfe systematischer Erwägungen auf Unionsebene herausgearbeitet werden. Das Telos von Art. 5 Abs. 3 lit. d InfoSoc-RL ist eindeutig. Mit dieser urheberrechtlichen Schranke soll die geistige Auseinandersetzung mit dem zitierten Werk gefördert werden.[497] Es stimmt zwar, dass man im Unionsrecht nicht von einer kohärenten Begriffsbildung zwischen verschiedenen Sekundärrechtsakten ausgehen kann[498]; ein »Zitat« kann also im Designrecht etwas anderes sein als im Urheberrecht. Man darf aber davon ausgehen, dass mit einer sehr ähnlichen Regelung ein sehr ähnlicher Zweck verfolgt wird. Nur dieser Gleichlauf verbürgt ein Mindestmaß an Rechtssicherheit. Aus dieser systematischen Erwägung kann man deshalb schließen, dass auch im Designrecht durch die Zitat-Schranke die geistige Auseinandersetzung gefördert werden soll.[499]

Dieser Zweck kann nur verwirklicht werden, wenn man eine *innere Verbindung* zwischen der Abbildung des Designs und dem Kontext seiner Wiedergabe fordert. Eine solche Verbindung ist daher unverzichtbar.[500]

---

494 Vgl. Verordnungsvorschlag 1993, S. 24, Fn. 433.
495 BT-Drucks. 15/1075, S. 53.
496 Zu den umfangreichen Einschränkungen des nationalen Gesetzgebers oben S. 37 f.
497 Vgl. *v. Lewinski/Walter*, European Copyright Law, Rn. 11.5.58.
498 Vgl. *Martens*, Methodenlehre, S. 450.
499 Ebesno ohne Begründung *Fischoeder*, in: Stöckel, Hdb. Marken- und Designrecht³, S. 628.
500 *Eichmann*/v. Falckenstein, GeschmMG⁴, § 40 Rn. 5; *Eichmann*/Kur, Designrecht, S. 114 Rn. 179; *Ruhl*, GGV², Art. 20 Rn. 14; *Fischoeder*, in: Stöckel, Hdb. Marken- und Designrecht³, S. 628; *Auler*, in: Büscher/Dittmer/Schiwy, Gewerblicher Rechtsschutz³, § 40 DesignG Rn. 2; *Kurtz*, KSzW 2014, 3, 6 stellt sehr geringe Anforderungen an die innere Verbindung; a. A. *Klawitter*, GRUR-Prax 2012, 1, 3.

bb) *Sachauseinandersetzung*

Die inhaltliche Auseinandersetzung mit einem konkreten Design gewinnt viel dadurch, dass das betreffende Design wiedergegeben wird. Wird etwa in einem Fachartikel der *Automotive Agenda* die Formgebung des neuen Audi A9 diskutiert, muss dem Leser neben dem Text eine Abbildung des Designs gezeigt werden können. Sie ist der Mittelpunkt der Sachauseinandersetzung. Ohne eine Abbildung ist eine sinnvolle Auseinandersetzung unmöglich. Diese Art der Wiedergabe genügt schon den Anforderungen des § 51 UrhG und fällt zweifelsfrei auch unter die Zitat-Schranke des Art. 13 Abs. 1 lit. c GRL, 20 Abs. 1 lit. c GGV und § 40 Nr. 3 DesignG.

Designs werden aber nicht nur in Fachzeitschriften wiedergegeben und die Sachauseinandersetzung betrifft neben dem Design häufig auch andere Themen. In der *Auto Bild* werden z. B. regelmäßig neue Fahrzeugmodelle getestet, neben dem eigentlichen Artikel werden immer auch Bilder dieser Autos abgedruckt. Diese Abbildungen dienen weniger der Sachauseinandersetzung mit dem konkreten Design als der Bebilderung des Fahrzeugtests. Auch wenn in ihm das Design erwähnt wird, steht es doch nicht im Mittelpunkt der Sachauseinandersetzung.

Auch diese Wiedergaben könnten unter die Zitat-Schranke fallen. Zwischen einer wissenschaftlichen Auseinandersetzung mit dem konkreten Design und diesen Sachverhalten besteht ein deutlicher gradueller Unterschied. Daneben ist eine schier unbegrenzte Zahl an möglichen Fällen konstruierbar. Welche Sachverhalte noch unter die Zitat-Schranke fallen, entscheidet sich letztlich daran, welches *Maß der inneren Verbindung* man zwischen der Abbildung und ihrem Kontext verlangt.

Das Spektrum reicht von der wissenschaftlichen Sachauseinandersetzung mit einem konkreten Design bis hin zu Abbildungen, die lediglich Dekorationszwecken dienen.

(1) *Maß der inneren Verbindung*

Welches *Maß der inneren Verbindung* erforderlich ist, damit ein konkreter Sachverhalt noch unter die designrechtliche Zitat-Schranke gefasst werden kann, muss durch Auslegung ermittelt werden. Der Wortlaut der GRL alleine ist unzureichend, auch die Gesetzesmaterialien lassen keine Rückschlüsse zu. Der Unionsgesetzgeber schweigt, und die Einschätzung des deutschen Gesetzgebers ist in ihrem Aussagewert sehr beschränkt und bietet allenfalls ein schwaches Indiz.

Aus dem systematischen Zusammenhang von Art. 5 Abs. 3 lit. d InfoSoc-RL und Art. 13 Abs. 1 lit. c GRL kann man herleiten, dass es überhaupt eine *innere Verbindung* geben muss. Diese *innere Verbindung* muss für das Designrecht grundsätzlich autonom bestimmt werden, weil es eine eigene dogmatische

Grundlage erhalten hat. Daraus lässt sich aber weder schließen, dass die designrechtliche Zitat-Schranke den urheberrechtlichen Wertungen entsprechen, noch dass sie von ihnen abweichen müsste.

Die Zusammenschau von Art. 5 Abs. 3 lit. d InfoSoc-RL zeigt, dass diese Vorschrift enger formuliert ist als Art. 13 Abs. 1 lit. c GRL. In Art. 5 Abs. 3 lit. d InfoSoc-RL wird ausdrücklich auf »*Zitate zu Zwecken wie Kritik oder Rezensionen*« verwiesen. Eine solche Einschränkung fehlt in Art. 13 Abs. 1 lit. c GRL. Darüber hinaus findet man in einigen Sprachfassung der GRL eine offenere Formulierung wie »*illustration*«. Dagegen ist in allen Sprachfassungen der InfoSoc-RL einheitlich von einem »*Zitat*« die Rede. Es gibt also Indizien dafür, dass die designrechtliche Zitat-Schranke mehr Sachverhalte abdecken soll und deshalb an das *Maß der inneren Verbindung* geringere Anforderungen gestellt werden können.

Das lässt sich auch mit den abweichenden übergeordneten Zielen von Urheberrecht und Designrecht begründen. Das Urheberrecht schützt das geistige Band zwischen dem Urheber und seinem Werk, § 11 UrhG. Der persönlichkeitsrechtliche Einschlag ist neben den Verwertungsinteressen schutzbegründend.[501] Dagegen schützt das Designrecht Investitionen und Innovationen im gewerblichen Umfeld.[502] Nur ganz am Rande geht es auch um das Persönlichkeitsrecht des Designers. Meist wird er nur eine sehr geringe persönliche Verbindung zu seinem neuen Produktdesign verspüren. Wegen des hohen Stellenwertes des Persönlichkeitsrechts ist ein restriktives Verständnis der urheberrechtlichen Zitat-Schranke gerechtfertigt. Gleichzeitig folgt daraus, dass gesellschaftliche Kommunikationsprozesse allein wegen gewerblicher Interessen nicht so stark eingeschränkt werden dürfen.

(2)   Fazit

Diese Erwägungen zeigen, dass die designrechtliche Schranke offener zu verstehen ist. Das *Maß der inneren Verbindung* kann unterhalb der urheberrechtlichen Anforderungen liegen. Eine Sachauseinandersetzung muss deshalb nicht wissenschaftlich sein und ist auch zu anderen Zwecken als für Kritik oder Rezensionen zulässig. Wo die Grenze genau verläuft, lässt sich nicht abstrakt sagen, sondern bleibt eine Frage des Einzelfalls. Die Tendenz ist aber vorgegeben und muss angemessen berücksichtigt werden. Das bedeutet jedenfalls, dass man die urheberrechtlichen Wertungen nicht einfach übertragen kann. Vielmehr muss die designrechtliche Zitat-Schranke selbstständig gewürdigt werden.[503]

---

501 Vgl. *Schack*, UrhR[7], Rn. 2 ff., 339 ff.
502 Dazu oben S. 72.
503 Insoweit zutreffend *Klawitter*, GRUR-Prax 2012, 1, 2; *Kurtz*, KSzW 2014, 3, 7.

cc) Erstreckung auf Dekorationszwecke

Den Endpunkt des Spektrums bilden Sachverhalte, bei denen das abgebildete Design lediglich dazu dient, eine andere Darstellung attraktiver zu gestalten. Das Design ist auch dort mehr als nur Beiwerk[504]. Anders als bei der Sachauseinandersetzung (oben bb) erfüllt es aber keine Kommunikationsfunktion mehr, so etwa, wenn in einer Zigarettenwerbung ein Sessel platziert wird, der designrechtlich geschützt ist.

Diese Sachverhalte erfüllen jedenfalls nicht die Anforderungen von Art. 5 Abs. 3 lit. d InfoSoc-RL und passen auch nicht ohne weiteres unter die Schranke des Art. 13 Abs. 1 lit. c GRL.

Bei einem reinen Dekorationszweck fehlt nämlich die eben erörterte *innere Verbindung* zwischen Abbildung und Kontext vollständig. Die Auslegung i. e. S. ergibt damit, dass solche Benutzungshandlungen grundsätzlich nicht durch Art. 13 Abs. 1 lit. c GRL freigestellt werden.[505]

(1) Erhebliches Interesse an Erstreckung

Trotzdem besteht in einigen Branchen unbestritten ein großes Interesse daran, auch geschützte Designs unkompliziert als Dekoration verwenden zu können. Beispielhaft seien hier nur die Zeitungs- und Zeitschriftenverlage genannt. Nach der ICE-Entscheidung müssen diese einen immensen Recherche- und Lizensierungsaufwand betreiben, um rechtlich auf der sicheren Seite zu stehen. Zu Recht wird bezweifelt, ob dieser Aufwand in der Praxis überhaupt durchführbar ist.[506] Sie würden sehr von einer Zitat-Schranke profitieren, die auch die Wiedergabe zu Dekorationszwecken erfasst.

(2) Übergeordnetes Telos des Designrechts

Man könnte versuchen, die Erstreckung der Zitat-Schranke auf reine Dekorationssachverhalte mit dem übergeordneten Telos des Designrechts zu begründen. Anders als das Urheberrecht zielt es in erster Linie auf den schon erwähnten Innovations- und Investitionsschutz.[507]

Dem Investitionsschutz ist Genüge getan, wenn niemand anderes neben dem Schutzrechtsinhaber Benutzungshandlungen vornehmen darf, die dessen wirtschaftliche Interessen beeinträchtigen. Demnach könnte auch die Wiedergabe des geschützten Designs zu Dekorationszwecken zumindest dann über eine

---

504 Zu Sachverhalten, in denen das wiedergegebene Design lediglich unwesentliches Beiwerk ist, siehe unten S. 135 ff.

505 *Kurtz*, KSzW 2014, 3, 6 f., fordert nur eine sehr geringe innere Verbindung und fängt die Design-Wiedergabe zu Dekorationszwecken über das Merkmal »vereinbar mit den Gepflogenheiten des redlichen Verkehrs« auf.

506 *Klawitter*, GRUR-Prax 2012, 1, 2.

507 Dazu oben S. 72 und S. 94.

Schranke freigestellt werden, wenn der Schutzrechtsinhaber hierdurch keine wirtschaftlichen Nachteile erleidet. Tatsächlich dürfte die Verwendung als Dekoration für ihn oft im Endergebnis sogar positive Folgen zeitigen, weil durch häufigere Wiedergaben das Design einem breiteren Publikum zugänglich und bekannt gemacht wird. Eine richtige Zuordnung ist zumindest dann möglich, wenn der Schutzrechtsinhaber und ggf. der Designer als Quelle benannt werden.

Mit einer so verstandenen Zitat-Schranke könnten dann zum Beispiel Zeitungsverleger ihre Artikel mit geschützten Designs bebildern, ohne sich um eine Lizenz bemühen oder sich überhaupt vorher um eine designrechtliche Schutzrechtsrecherche kümmern zu müssen.

Ein eventueller (zunächst meistens ideeller) »Vorteil« ist allerdings als Kriterium untauglich. Es kann nicht darauf ankommen, ob die Verwendung als Dekoration im Einzelfall einen wie auch immer gearteten Vorteil für den Schutzrechtsinhaber generiert. Solche Vorteile sind höchst subjektiv und praktisch kaum justiziabel.[508] Ein solches Kriterium birgt daher ein unerträgliches Maß an Rechtsunsicherheit. Damit wäre am Ende niemandem geholfen, denn alle Beteiligten müssen klar erkennen können, ob eine Rechtsverletzung im Raum steht.

Darüber hinaus beeinträchtigt eine Erstreckung auf Dekorationssachverhalte immer die wirtschaftlichen Interessen des Schutzrechtsinhabers. Denn er verliert Verwertungsoptionen. Häufig mag es für den Designer insgesamt nützlich sein, wenn sein Design als Dekoration verwendet wird, auch wenn er dafür zunächst nicht entlohnt wird.[509] Ob das so ist, muss er aber selbst entscheiden können.[510] Diese Möglichkeit ginge ihm verloren, wenn von vornherein die Zitat-Schranke eingreifen würde. Schließlich haben auch Lizenzgebühren einen wirtschaftlichen Wert. Wenn eine schlicht dekorative Abbildung nicht über eine Schranke freigestellt wird, bleibt dem Schutzrechtsinhaber wenigstens die Option auf Lizenzverträge.

Mitunter wird aus dem übergeordneten Telos geschlossen, die Hauptfunktion des Designrechts sei es, sicherzustellen, dass eine Gestaltung von einer anderen unterscheidbar bleibt.[511] Denn dann gäbe es keine gleichwertige andere Gestaltung, auf die der Markt zurückgreifen könnte. Wenn eine Benutzungshandlung diese Hauptfunktion nicht beeinträchtige, solle sie richtigerweise entweder schon nicht Teil des Schutzbereiches sein oder eben über eine Schranke freigestellt werden. Wenn die Vervielfältigung trotzdem dem Schutz-

---

508 Vgl. *Klawitter*, GRUR-Prax 2012, 1, 2 f.
509 *Eichmann*/v. Falckenstein, GeschmMG⁴, § 40 Rn. 9, weist darauf in Bezug auf Berichterstattungen hin, für Dekorationen sind dann ähnliche »Vorteile« denkbar.
510 *Eichmann*/v. Falckenstein, GeschmMG⁴, Allg. Rn. 8 stellt richtig fest, dass der Designer darüber entscheidet, wie verwertet wird.
511 *Klawitter*, GRUR-Prax 2012, 1, 2.

rechtsinhaber vorbehalten ist, müsse es also eine Schranke geben. Da keine der geschriebenen Schranken greift, soll dieses Ergebnis auf die Zitat-Schranke (Art. 13 Abs. 1 lit. c GRL) gestützt werden.[512] Eine wie auch immer geartete innere Verbindung zwischen der Abbildung des geschützten Designs und z. B. eines begleitenden Textes sei entbehrlich.[513] Eventuell entstehende Schutzlücken könne man über das Lauterkeitsrecht schließen.[514]

Abbildungen zur Dekorationszwecken sind tatsächlich ungeeignet, die Unterscheidbarkeit von verschiedenen Designs zu beeinflussen. Weil Schutzbereich und Schranken zusammen die Schutzreichweite festlegen, muss man immer beide Seiten der Medaille im Blick behalten.

Klawitters Argumentation beruht jedoch auf einer falschen Prämisse. Zwar schützt das Designrecht nur neue und unterscheidbare Gestaltungen. Dieser Filter ist aber kein Selbstzweck und schon gar nicht die Hauptfunktion des Designrechts. Er ist vielmehr eine nötige Voraussetzung dafür, dass ein Markt für Designs überhaupt bestehen kann und sichert damit, dass die Innovationen und Investitionen angemessen geschützt bzw. amortisiert werden können. Weil diese Ziele zu sichern die wahre Hauptfunktion des Designrechts ist[515], wird das Wiedergaberecht dem Schutzrechtsinhaber zugewiesen. Wenn man die Zitat-Schranke auf Dekorationssachverhalte erstreckt, fehlt für diese Fälle die Zuweisung. Das mag man rechtspolitisch begrüßen. Wie gerade gezeigt beeinträchtigt dieser Schritt jedoch das Amortisationsinteresse und damit die Hauptfunktion des Designrechts. Das Telos des Designrechts ist deshalb kein Argument für sondern gegen die Erstreckung der Zitat-Schranke auf Dekorationssachverhalte. Es wäre auch nicht sinnvoll ein Schutzrecht so zu konstruieren, dass der Schutzrechtsinhaber von vornherein Schutzlücken erleiden muss und ihn dann als Notnagel auf das Lauterkeitsrecht zu verweisen.

Eine Argumentation die sich alleine auf das übergeordnete Telos beruft, hat überdies eine bedeutende Schwäche. Sie offenbart nicht so deutlich, welchen rechtlichen Wert die widerstreitenden Interessen haben. Schranken brauchen aber eine Interessenabwägung, wenn sie überzeugend begründet sein sollen.

(3)   Grundrechte und Gleichheitssatz

Weil mit dem übergeordneten Telos alleine nicht begründet werden kann, dass Art. 13 Abs. 1 lit. c GRL auf Dekorationssachverhalte erstreckt werden sollte, könnte dieses Ergebnis allenfalls auf übergreifende Wertungen aus der Gesamtrechtsordnung gestützt werden. Interessen, die sich nicht im Gesetz wi-

---

512 Vgl. *Klawitter*, GRUR-Prax 2012, 1, 3 bezieht sich hier zwar lediglich auf § 40 Abs. 3 DesignG. Das Argument greift allerdings genauso auf Unionsebene.
513 *Klawitter*, GRUR-Prax 2012, 1, 3.
514 *Klawitter*, GRUR-Prax 2012, 1, 3.
515 Dazu oben S. 72.

derspiegeln, müssen *de lege lata* unberücksichtigt bleiben. Rechtspolitische Entscheidungen sind nämlich der Legislative vorbehalten. Mit anderen Worten: entweder der Gleichheitssatz oder eine Grundrechtsabwägung müssten zur Erstreckung der Zitat-Schranke auf reine Dekorationssachverhalte zwingen. Doch ist weder das eine noch das andere der Fall.

Denkbar wäre ein Vergleich mit dem Markenrecht. Dort wird eine *markenmäßige Benutzung* des Kennzeichens verlangt[516], damit überhaupt eine Markenverletzung in Betracht kommt.[517] Der Gedanke dahinter ist, dass durch andere Benutzungen eine durch das Markenrecht geschützte Funktion des Kennzeichens nicht beeinträchtigt wird. Wie gerade gezeigt, gibt es im Designrecht aber keine vergleichbare Interessenlage, weil die Unterscheidbarkeit von verschiedenen Designs zu gewährleisten nicht die Hauptfunktion des Designrechts ist. Vielmehr soll der Designinhaber vor fremden Vervielfältigungen geschützt werden. Es geht darum, ihm die wirtschaftlichen Früchte seiner Leistung zu sichern, indem ihm ermöglicht wird, selbst zu entscheiden, wie er sein Design verwerten möchte. Es ist deshalb keine Verletzung des Gleichheitssatzes zu befürchten, wenn diese ungleichen Sachverhalte auch ungleich behandelt werden.

Ebenso wenig zwingt eine grundrechtliche Kollisionslage dazu, die Verwendung des Designs als Dekoration freizustellen. Zeitungs- und Zeitschriftenverlage würden zwar von einer dermaßen weit verstandenen Zitat-Schranke profitieren. Als Teil der Medien können sich diese Gruppen auch auf Art. 11 Abs. 2 GRCh berufen, der alle Tätigkeiten schützt, die mit der Medienarbeit verbunden sind. Hierzu zählen auch Tätigkeiten, die nicht unmittelbar die journalistische Arbeit, sondern den Vertrieb betreffen und diesen unterstützen, wie etwa das Recht, Werbung zu integrieren.[518] Das schützt die finanzielle Grundlage dieser Unternehmen und sichert ihre Unabhängigkeit. Diese Erwerbsquelle darf ihnen nicht verboten werden. Daraus lässt sich aber für Dekorationssachverhalte nichts herleiten. Ebensowenig wie Werbende unter Berufung auf Art. 11 Abs. 2 GRCh dazu gezwungen werden können, Anzeigen zu kaufen, kann ein Designer dazu gezwungen werden, Lizenzen zu erteilen. Einzig fraglich ist deshalb, ob eine möglichst attraktive Darstellbarkeit von Inhalten ein so gewichtiges Interesse ist, dass der Designinhaber einen Eingriff in Art. 17 Abs. 1, 2 GRCh hinnehmen müsste. Bei dieser Güterabwägung muss berücksichtigt werden,

---

516 Zur markenmäßigen Benutzung EuGH, ECLI:EU:C:2010:159 = GRUR 2010, 445 Tz. 84 – Google und Google France; BGH, GRUR 2010, 1103 Tz. 25 – Pralinenform II; *Ingerl/Rohnke*, MarkenG3, § 14 Rn. 128 ff. m. w. N.; Ströbele/*Hacker*, MarkenG[11], § 14 Rn. 118 f.; *Büscher*, in: Büscher/Dittmer/Schiwy, Gewerblicher Rechtsschutz[3], § 14 MarkenG Rn. 127.

517 Ein ähnliches Merkmal will *Klawitter*, GRUR-Prax 2012, 1, 3 einführen. Dagegen aber etwa *Ruhl*, GGV[2], Art. 19 Rn. 37.

518 *EuGH*, ECLI:EU:C:2003:580 = GRUR Int. 2004, 242 Tz. 67 ff. – RTL Television.

dass es gerade nicht darum geht, die freie Informationsvermittlung zu schützen. Für den Designinhaber bedeutet die Erstreckung auf Dekorationssachverhalte einen schweren Eingriff in Art. 17 Abs. 1, 2 GRCh, ihm gehen massiv Verwertungsmöglichkeiten verloren. Auf der anderen Seite sind Medienunternehmen nicht darauf angewiesen, die Informationsvermittlung in einer denkbar attraktiven Form zum Nulltarif gestalten zu können. Letztlich müssten die Designer die Kosten für das attraktivere Produkt tragen, obwohl die Medienunternehmen damit ihren Umsatz machen und die Kosten für die Dekoration an die Kunden weitergeben könnten. Wenn die Medienunternehmen für Dekorationen bezahlen müssen, entscheidet letztlich der Markt, ob eine solche Informationsvermittlung gewünscht ist. Falls sie es ist, werden die höheren Preise bezahlt und den Medienunternehmen entsteht dadurch kein Nachteil. Man darf deshalb sehr bezweifeln, ob eine Erstreckung der Zitat-Schranke auf reine Dekorationssachverhalte noch verhältnismäßig wäre.

Schließlich wäre eine so weit verstandene Zitat-Schranke auch aus einem weiteren Grund mit § 26 Abs. 2 TRIPs und Art. 17 GRCh unvereinbar[519], und zwar weil Schranken ungeachtet ihrer zweckmäßigen (auch weiten) Auslegung stets nur für echte Ausnahmen vorgesehen sind.

(4)   Ergebnis: Keine Erstreckung
Die wissenschaftliche Sachauseinandersetzung mit dem Design und die Abbildung zu Dekorationszwecken markieren die Endpunkte des Spektrums. Wo auf ihm die denkbaren Sachverhalte angesiedelt sein müssen, um über die Zitat-Schranke freigestellt zu werden, bestimmt sich danach, welches *Maß der inneren Verbindung* man fordert.

Auch wenn damit die grundsätzliche Struktur feststeht, kommt man um eine Einzelfallabwägung nicht herum. An der Grenze zur reinen Dekoration bleibt die rechtliche Bewertung unsicher. Die Wiedergabe zu Dekorationszwecken wird jedenfalls nicht durch Art. 13 Abs. 1 lit. c GRL, Art. 20 Abs. 1 lit. c GGV oder § 40 Nr. 3 DesignG freigestellt.[520]

dd)   Zitat-Schranke und Werbung
In der Werbung werden häufig geschützte Designs wiedergegeben. Als bloße Dekoration verletzen diese Handlungen das Designrecht (oben cc), wenn sie ohne Zustimmung des Designinhabers erfolgen. Doch gibt es auch einige Wiedergabehandlungen, in denen das Design in der Werbung eine Kommuni-

---

519 Hier wäre es, wenn überhaupt, sinnvoll, den Schutzbereich von vornherein zu verringern und solche Handlungen schon aus dem Benutzungsbegriff zu nehmen.
520 *Eichmann*/v. Falckenstein, GeschmMG[4], § 40 Rn. 5; *Eichmann*/Kur, Designrecht, S. 114 Rn. 179; *Ruhl*, GGV[2], Art. 20 Rn. 14; *Kurtz*, KSzW 2014, 3, 7; a. A. *Klawitter*, GRUR-Prax 2012, 1, 3.

kationsfunktion erfüllt. Bei ihnen kommt grundsätzlich eine Freistellung über die designrechtliche Zitat-Schranke in Betracht.

(1)   Vergleichende Werbung

Die vergleichende Werbung ist von den denkbaren Werbehandlungen diejenige, die am ehesten unter die Zitat-Schranke (Art. 13 Abs. 1 lit. c GRL) passt. Unionsrechtlich ist vergleichende Werbung grundsätzlich zulässig, solange die Vorgaben von Art. 4 der Richtlinie über vergleichende Werbung[521] eingehalten werden. Zu diesem Zweck dürfen auch fremde Kennzeichen verwendet werden[522]; das benutzte Kennzeichenrecht wird durch die vergleichende Werbung nicht verletzt.

Neben diesen markenrechtlichen Problemkreis tritt zwangsläufig der designrechtliche. Eine vergleichende Werbung zweier Produkte mit geschütztem Design ist praktisch nur sinnvoll möglich, wenn beide gezeigt werden dürfen. Obgleich die Richtlinie über vergleichende Werbung hierzu keine ausdrückliche Aussagen trifft, zeigen ihre Erwägungsgründe deutlich, dass der Unionsgesetzgeber mit ihr für diese Werbeform eine abschließende Regelung treffen wollte und dass sie zulässig sein soll.[523]

Weil Unionsrechtsakte so ausgelegt werden müssen, dass möglichst wenige systematische Friktionen entstehen[524], muss diese Wertung auch im Designrecht berücksichtigt werden.

Die designrechtliche Zitat-Schranke ist dafür der passende Ort. Auch wenn es bei der vergleichenden Werbung regelmäßig nicht direkt um das Design geht, ist es dennoch Teil der verglichenen Produkte. Die *innere Verbindung* zwischen der Wiedergabe und dem Werbekontext ist zwar nicht besonders stark, anders als bei reinen Dekorationen aber vorhanden. In einem gewissen Umfang findet auch eine geistige Auseinandersetzung mit dem Design statt, da es Teil des Produktvergleichs ist.

Richtigerweise sind solche Design-Wiedergaben also über die designrechtliche Zitat-Schranke freigestellt. Das ist nicht nur mit dem Telos von Art. 13 Abs. 1 lit. c GRL vereinbar, sondern aus systematischen Erwägungen geboten.

(2)   Bestimmungshinweise sind keine Zitierungen

Einige Produkte, wie z. B. Autofelgen, können besser beworben werden, wenn in der Werbung auch die Hauptware gezeigt wird, für die sie hergestellt wurden.

---

521 Richtlinie 2006/114/EG des Europäischen Parlaments und des Rates vom 12. Dezember 2006 über irreführende und vergleichende Werbung, ABl. L 376 vom 27.12.2006, S. 21 ff.
522 EuGH, ECLI:EU:C:2008:339 = GRUR 2008, 698 – O2.
523 Vgl. Erwägungsgrund 6 der Richtlinie über vergleichende Werbung.
524 Vgl. *Martens*, Methodenlehre, S. 436; *Höpfner*, Systemkonforme Auslegung, S. 155 ff.

Das gilt für Zubehör, Ersatzteile und Ergänzungswaren, aber auch für spezielle Dienstleistungen. Wenn eine Autofelge für einen Porsche entwickelt wurde, ist es für die Werbebotschaft sehr förderlich, wenn die Felge auch an einem Porsche gezeigt werden kann. Im Markenrecht werden solche Werbehandlungen über Art. 6 Abs. 1 lit. c Marken-RL, Art. 12 lit. c GMV und § 23 Abs. 1 Nr. 3 MarkenG freigestellt.

Häufig reicht es aber nicht aus, nur das fremde Kennzeichen zeigen zu dürfen. Denn die Produkte des Drittanbieters können auch designrechtlich geschützt sein. Wenn also nicht auch die Wiedergabe des Designs erlaubt ist, bliebe die Werbehandlung verboten.

Richtig ist, dass diese Sachverhalte nicht mehr unter die Zitat-Schranke fallen.[525] Auch bei einer großzügigen *Auslegung i. e. S.* von Art. 13 Abs. 1 lit. c GRL fehlt es bei ihnen an irgendeiner *inneren Verbindung*. In diesen Fällen geht es nur am Rande um das Hauptprodukt. Die Werbebotschaft funktioniert zwar mit der Abbildung besser, mit dem Design beschäftigt sich die Werbung jedoch nicht.

Auch der BGH hat in seiner ICE-Entscheidung die Frage aufgeworfen, ob die Abbildung vielleicht als Bestimmungshinweis zu verstehen sei und durch eine analoge Anwendung von § 23 MarkenG freigestellt werden könnte. Weil diese Frage für das Gericht aber nicht entscheidungserheblich war, hat es sie ausdrücklich offen gelassen.[526]

(3)   Keine Freistellung der Werbung für schon im Markt befindliche Produkte
Fast alle Produkte werden mittlerweile sehr bewusst gestaltet, ihr Design ist ein wesentliches Kaufkriterium. Deshalb kann man Produkte nur dann sinnvoll bewerben, wenn deren Design wiedergegeben werden darf. Im Grunde stellt sich daher bei jeder Werbung durch jemand anderen als den Schutzrechtsinhaber die Frage, ob die Abbildung als Zitierung i. S. d. Art. 13 Abs. 1 lit. c GRL verstanden werden kann. Wie sonst sollte ein Reseller jemals seine Waren vernünftig am Markt platzieren?

Normale Werbung setzt sich regelmäßig jedoch nicht mit dem Design auseinander. Damit bleibt der Weg über die Zitat-Schranke verschlossen. Auch hier gilt: Ohne eine *innere Verbindung* ist es kein »Zitat« – auch nicht im designrechtlichen Sinne.

Das ist allerdings unschädlich, und man muss keine eklatante Benachteiligung des Handelsverkehrs befürchten. Denn sobald die Warenverkehrsfreiheit betroffen ist greift die Erschöpfungslehre.[527]

---

525 Vgl. *Auler*, in: Büscher/Dittmer/Schiwy, Gewerblicher Rechtsschutz[3], § 40 DesignG Rn. 2; a. A. LG Düsseldorf, Urt. v. 26. 9. 2013 – 14c O 251/10; dem folgend *Kurtz*, KSzW 2014, 3, 5 f.
526 BGH, GRUR 2011, 1117 Tz. 53 – ICE.
527 Dazu unten S. 105 ff. und S. 115 ff.

3.   Vereinbar mit den Gepflogenheiten des redlichen Verkehrs

Nach Art. 13 Abs. 1 lit. c GRL ist die Wiedergabe als Zitierung oder zu Lehr-
zwecken unzulässig, wenn sie nicht mit den Gepflogenheiten des redlichen
Verkehrs vereinbar ist. Ein solcher Verstoß liegt vor, wenn die Wiedergabe-
Handlung selbst oder der Kontext rechtswidrig sind.[528] Wer z. B. ein geschütztes
Design in einer herabsetzenden[529] und deshalb rechtswidrigen vergleichenden
Werbung benutzt, kann sich nicht auf die Zitat-Schranke berufen. Letztlich muss
im Einzelfall ermittelt werden, welche Gepflogenheiten im betreffenden Ver-
kehrskreis als redlich gelten.

4.   Keine übergebührliche Beeinträchtigung der normalen Verwertung

Darüber hinaus darf die Wiedergabe zu Lehrzwecken und zum Zwecke der
Zitierung auch nicht dazu führen, dass die normale Verwertung über Gebühr
beeinträchtigt wird. Diese Einschränkung Art. 13 Abs. 1 lit. c GRL folgt schon
aus Art. 26 Abs. 2 TRIPs. An den dort getroffenen Wertungen kann man sich
orientieren.[530] Spätestens wenn die Zitierung ein Substitut für die Verwertungshandlungen des Schutzrechtsinhabers ist, ist von einer übergebührlichen
Beeinträchtigung auszugehen.[531] Das könnte z. B. der Fall sein, wenn eine auf-
lagenstarke Zeitschrift eine Postkarte abdruckt. Wie immer kommt es auch hier
auf eine Interessenabwägung im Einzelfall an. Ähnliche Fälle sind auch in der
Lehre denkbar, und die Situation wird verschärft, wenn die offene Online-Lehre
weiter massiv zunimmt.

5.   Quellenangabe

Schließlich fordert Art. 13 Abs. 1 lit. c GRL, dass die Quelle des Designs angegeben wird. Diese Verpflichtung entspringt dem Designerpersönlichkeitsrecht
und dem Verwertungsinteresse des Schutzrechtsinhabers. Regelmäßig müssen
deswegen beide benannt werden, wenn sie nicht identisch sind.[532] Zumindest der
Schutzrechtsinhaber dürfte mit vertretbarem Aufwand herauszufinden sein. Ist
das für den ursprünglichen Designer nicht der Fall, so kann auf seine Nennung

---

528 *Ruhl*, GGV², Art. 20 Rn. 17.
529 Vgl. Art. 4 lit. d der Richtlinie über vergleichende Werbung; *Ruhl*, GGV², Art. 20 Rn. 17;
     zum MarkenG *Ingerl/Rohnke*, MarkenG3, § 14 Rn. 332 f. m. w. N.
530 Dazu oben S. 23 f.
531 Zu § 51 UrhG BGH, GRUR 1987, 362, 364 – Filmzitat; GRUR 1959, 197, 200 – Verkehrs-
     Kinderlied; *Ruhl*, GGV², Art. 20 Rn. 18.
532 *Eichmann*/Kur, Designrecht, S. 115 Rn. 180.

verzichtet werden.[533] Zumindest zu einem von beiden muss jedoch die Zuordnung möglich sein. Ohne die Quellenangabe ist die Zitierung unzulässig.[534]

6. Zusammenfassung

Der BGH setzt die designrechtliche Zitat-Schranke des § 40 Nr. 3 DesignG ihrem urheberrechtliches Gegenstück (§ 51 UrhG) gleich.[535] Dabei missachtet er die oben aufgezeigten Zusammenhänge zwischen dem DesignG und der GRL.[536] Weil es alleine auf den europäischen Referenzrahmen ankommt, durfte der BGH als Wertungsbasis nicht schlicht das deutsche Urheberrecht verwenden.[537]

Abgesehen davon überzeugt es auch wertungsmäßig nicht, die designrechtliche und die urheberrechtliche Zitat-Schranke gleichzusetzen. Für das Designrecht ist eine weite Auslegung des Zitatbegriffes geboten. Zwar fordert auch der BGH eine *innere Verbindung* zwischen der Design-Wiedergabe und ihrem Kontext.[538] Doch darf das *Maß der inneren Verbindung* niedriger sein als im Urheberrecht. Deshalb ist eine eigenständige Würdigung des designrechtlichen Zitatbegriffes geboten und die pauschale Gleichsetzung des BGH falsch. Sicher ist, dass deutlich mehr Sachverhalte unter die designrechtliche Zitat-Schranke fallen als unter die urheberrechtliche. Wo die Grenze genau verläuft, kann letztlich nur im Einzelfall beantwortet werden.

Die Abbildung zu reinen Dekorationszwecken wird keinesfalls über die designrechtliche Zitat-Schranke freigestellt.[539] Eine solche Erstreckung widerspräche den Wertungen des Designrechts und wird auch nicht durch externe Wertentscheidungen vorgegeben. Demgegenüber kann ein geschütztes Design in Werbekontexten wegen der Zitat-Schranke teilweise erlaubnis- und vergütungsfrei wiedergegeben werden. Dafür muss aber eine innere Verbindung vorliegen; das ist etwa bei einer zulässigen vergleichenden Werbung der Fall. Bestimmungshinweise sind dagegen keine Zitierungen. Auch die Werbung für schon im Markt befindliche Produkte profitiert nicht von der Zitat-Schranke.

Eine zulässige Zitierung muss mit den Gepflogenheiten des redlichen Verkehrs vereinbar sein und darf die normale Verwertung nicht über Gebühr beeinträchtigen. Schließlich müssen grundsätzlich der Designer und der Schutzrechtsinhaber als Quelle benannt werden.

---

533 *Eichmann*/v. Falckenstein, GeschmMG⁴, § 40 Rn. 5; *Ruhl*, GGV², Art. 20 Rn. 19.
534 *Ruhl*, GGV², Art. 20 Rn. 19.
535 Dazu oben S. 89 ff.
536 Zum Einfluss der GRL oben S. 30 ff.
537 Dazu oben S. 38 f.
538 Dazu oben S. 89 und S. 91 ff.
539 Dazu oben S. 95 ff., 99.

IV.   Internationales Transportwesen

Die zentralen Schrankennormen Art. 13 Abs. 2 GRL, Art. 20 Abs. 2 GGV, § 40 Nr. 4, 5 DesignG enthalten daneben noch eine Privilegierung zugunsten des grenzüberschreitenden Verkehrs. Weil der Gesetzgeber viele offenkundige Interessenkonflikte unerwähnt gelassen hat, ist es umso erfreulicher, dass er zumindest diesen Bereich geregelt hat.

Schiffe und Luftfahrzeuge können über Einrichtungen[540] verfügen, durch die ein bestehendes Design verletzt wird. Hiergegen soll der Schutzrechtsinhaber jedoch nicht vorgehen können, wenn das betreffende Schiff oder Luftfahrzeug sich nur vorübergehend im Schutzland befindet und in einem Drittstaat registriert ist.[541] Diese Reglung ist Art. 5ter PVÜ und Art. 31 lit. d, e GPÜ 1975 nachempfunden[542] und dient der Freiheit des grenzüberschreitenden Transportverkehrs.[543] Denn dieser wäre ohne eine entsprechende Freistellung ernsthaft gefährdet.

Dem Wortlaut nach bezieht sich die Schranke nur auf Einrichtungen von Schiffen und Luftfahrzeugen. Einrichtungen auf Landfahrzeugen (Autos, Eisenbahnen) sind nicht angesprochen. Diese will die Schranke auch nicht privilegieren; die Aufzählung ist abschließend, sodass eine erweiternde Auslegung scheitert.[544] Dies überrascht, denn laut der Gesetzesmaterialien sollte hier die aus der PVÜ und dem Patentrecht bekannte (auch Landfahrzeuge erfassende) Schrankenregelung auch für das Designrecht übernommen werden.[545] Schon bei Beginn des Gesetzgebungsprozesses fehlte aber eine Privilegierung der Landfahrzeuge[546], und man muss deshalb davon ausgehen, dass diese – aus welchen Gründen auch immer – bewusst nicht von der Schranke erfasst werden sollen.[547]

Die Art der Einrichtung selbst und die Art der Verbindung sind bedeutungslos. Die Norm ist erweiternd so auszulegen, dass auch das Design der Luftfahrzeuge und Schiffe selbst ein bestehendes Schutzrecht nicht verletzt.[548]

---

540 »Einrichtungen« ist eine etwas holprige Übersetzung, passender ist das englische »equipment«.
541 Vgl. Art. 13 Abs. 2 lit. a; Art. 20 Abs. 2 lit. a GGV; § 40 Nr. 4 DesignG.
542 *Eichmann*/v. Falckenstein, GeschmMG[4], § 40 Rn. 6.
543 Zum deutschen Patentrecht OLG Hamburg, GRUR Int. 1988, 781, 782 – Pflanzen-Transportwagen; es gibt keinen Grund im Designrecht einen anderen Zweck anzunehmen, richtig schon *Eichmann*/v. Falckenstein, GeschmMG[4], § 40 Rn. 6.
544 *Ruhl*, GGV[2], Art. 20 Rn. 21; *Eichmann*/Kur, Designrecht, S. 115 Rn. 181.
545 Erläuterungsteil des Verordnungsvorschlags 1993, S. 24; die gleiche Erwägung gilt für die GRL, Erläuterungsteil des Richtlinienvorschlags 1993, S. 5, Fn. 433.
546 Vgl. Art. 22 des Verordnungsvorschlags 1993, GRUR Int. 1994, 492, 496; Art. 14 des Richtlinienvorschlags 1993, ABl. C 345 vom 23.12.1993, S. 14, 17.
547 *Eichmann*/Kur, Designrecht, S. 115 Rn. 181.
548 *Ruhl*, GGV[2], Art. 20 Rn. 21; *Eichmann*/Kur, Designrecht, S. 115 Rn. 181.

Die Verkehrsmittel dürfen sich nur vorübergehend[549] im Schutzland befinden. Eine feste Zeitspanne für eine zulässige Verweildauer gibt es nicht, sie hängt von den Umständen des Einzelfalles ab; ein mehrmonatiger Aufenthalt dürfte aber jedenfalls zu lang sein[550].

Daneben wird auch die Einfuhr von Ersatzteilen und Zubehör für die Reparatur dieser Schiffe und Luftfahrzeuge freigestellt. Verboten ist es jedoch, solche Ersatz- oder Zubehörteile im Schutzland herzustellen oder in Verkehr zu bringen.[551] In der GRL und der GGV wird ausdrücklich auch die Reparaturtätigkeit als solche erwähnt, etwas unglücklich formuliert auch in § 40 Nr. 5 DesignG. Schon die Einfuhr der Ersatz oder Zubehörteils muss mit dem Zweck erfolgen, eine konkrete Reparatur vorzunehmen.[552] Andernfalls fehlt die zwingende enge Verbindung zum grenzüberschreitenden Verkehr, denn nur dieser soll geschützt werden.

Durch diese Sonderregelung werden deshalb weder die Lagerhalter für Ersatzteile privilegiert, noch wird die Erscheinungsform *der transportierten Ware* oder die an den Fahrezeugen angebrachte Werbung freigestellt.[553]

V.   Erschöpfungsgrundsatz

Art. 15 GRL, Art. 21 GGV und § 48 DesignG schreiben die Erschöpfung der Rechte aus einem Design vor.[554] Der Erschöpfungsgrundsatz gilt – geschrieben oder nicht – für alle Immaterialgüterrechte. Letztlich ist auch die (designrechtliche) Erschöpfung funktionell eine Schranke des Schutzbereiches.[555]

---

549 In der PVÜ und in 31 lit. e und d GPÜ 1975 wird ausdrücklich auch der »zufällige« Aufenthalt erwähnt. Auch dieser ist in aller Regel nur vorübergehend, deshalb ergibt sich hier kein Wertungsunterschied.

550 Vgl. zum Patentrecht LG Hamburg, GRUR Int. 1973, 703, 705 – Rolltrailer; OLG Hamburg, GRUR Int. 1988, 781, 782 – Pflanzen-Transportwagen (spätestens bei einem Jahr); *Eichmann*/Kur, Designrecht, S. 115 Rn. 181.

551 *Eichmann*/v. Falckenstein, GeschmMG[4], § 40 Rn. 7.

552 *Eichmann*/v. Falckenstein, GeschmMG[4], § 40 Rn. 7.

553 *Ruhl*, GGV[2], Art. 20 Rn. 22.

554 Vgl. zum Harmonisierungsgrad der GRL oben S. 31 ff. Zum Harmonisierungsgrad des Erschöpfungsgrundsatzes im europäischen Immaterialgüterrecht *Schovsbo* in: Ohly, Common Principles, S. 169, 182 f.; zur Harmonisierungswirkung der Marken-RL EuGH, ECLI:EU:C:1998:374 = GRUR 1998, 919 Tz. 26 – Silhouette.

555 *Ruhl*, GGV[2], vor Art. 20–23 Rn. 1; zum Urheberrecht *Schack*, UrhR[7], Rn. 429; *Stieper*, Schranken, S. 135.

1.   Allgemeines

Im europäischen Primärrecht ergibt sich der Erschöpfungsgrundsatzes aus dem Spannungsfeld von Art. 34 und Art. 36 AEUV. Art. 34 verbietet mengenmäßige Einfuhrbeschränkungen sowie alle Maßnahmen gleicher Wirkung zwischen den Mitgliedstaaten; Art. 36 erlaubt es den Mitgliedstaaten Vorschriften zum Schutz des gewerblichen und kommerziellen Eigentums zu erlassen, die ihrerseits wegen des Territorialitätsprinzips zu Einfuhrbeschränkungen führen.[556] Weil diese Einfuhrbeschränkungen die direkte Folge des gewährten Monopols sind, sind sie als spezifischer Gegenstand des Schutzrechtes im notwendigen Umfang grundsätzlich hinzunehmen.

Mittlerweile hat der EuGH den spezifischen Schutzrechtsgegenstand und damit auch den Erschöpfungsgrundsatz in etlichen Entscheidung näher ausgestaltet.[557] Der Grundgedanke ist: Der Schutzrechtsinhaber soll selbst entscheiden können, *wann, wie* und durch *wen* das Erzeugnis erstmals in den Verkehr gebracht wird. Er soll sich aber nicht mehr auf sein Schutzrecht berufen dürfen, um eine spätere Weiterverbreitung des Erzeugnisses zu unterbinden.[558] Diese Einschränkung ist nötig, weil es ihm sonst möglich wäre, mit dem künstlich geschaffenen Monopol den freien Warenverkehr im Binnenmarkt massiv einzuschränken. Die Allgemeinheit hat jedoch ein erhebliches Interesse daran, dass einmal in den Verkehr gebrachte Waren verkehrsfähig sind und ohne rechtliche Hindernisse weiterverbreitet werden dürfen. Auf der anderen Seite kann der Schutzrechtsinhaber schon beim ersten Inverkehrbringen seine Rechtsposition hinreichend wahrnehmen und angemessene Lizenzbedingungen stellen. Mit dem Erschöpfungsgrundsatz wird so ein gerechter Interessenausgleich zwischen der Warenverkehrsfreiheit und dem Monopolrecht des Schutzrechtsinhabers erreicht.[559]

---

556 St. Rspr. seit EuGH, ECLI:EU:C:1971:59 = GRUR Int. 1971, 450 Tz. 11 – Deutsche Grammophon., vgl. *Eichmann*, GRUR Int. 1990, 121, 128 f.

557 Dieser spezifische Gegenstand unterscheidet sich von Schutzrecht zu Schutzrecht; zum Patentrecht z. B. EuGH, ECLI:EU:C:1974:114 = NJW 1975, 516 Tz. 9 – Centrafarm/Sterling; zum Markenrecht EuGH, ECLI:EU:C:1974:115 = GRUR Int. 1974, 456 Tz. 8 – Centrafarm/ Winthrop; zu Art. 7 Marken-RL EuGH, ECLI:EU:C:1999:347 = GRUR Int. 1999, 870 Tz. 21 – Sebago; ECLI:EU:C:2001:617 = GRUR 2002, 156 Tz. 33 – Zino Davidoff; ECLI:EU:C:2003:204 = GRUR 2003, 512 Tz. 33 – Van Doren; ECLI:EU:C:2004:759 = GRUR 2005, 507 Tz. 34 f. – Peak; zum Urheberrecht EuGH, ECLI:EU:C:1981:10 = GRUR Int. 1981, 229 Tz. 10 f. – Musik-Vertrieb; zum Design EuGH, ECLI:EU:C:1982:289 = NJW 1983, 2752 Tz. 21 f. – Keurkoop.

558 Die Urteile treffend ausgewertet hat *Ruhl*, GGV², Art. 21 Rn. 2; vgl. auch *Eichmann*/v. Falckenstein, GeschmMG⁴, § 48 Rn. 2; *ders.*, GRUR Int. 1990, 121, 129; *Stone*, EU Design Law, Rn. 19.09.

559 Vgl. dazu etwa *Joliet*, GRUR Int. 1989, 177 ff.; *Gaster*, GRUR Int. 2000, 571 ff.; *Ohly*, IIC 1999, 512, 513 ff.; *Sack*, GRUR 1999, 193 ff.; *Wichard*, ZEuP 2002, 23, 28 ff.

Neben Art. 15 GRL und Art. 21 GGV gibt es im Europarecht viele andere Vorschriften[560], die den allgemeinen Erschöpfungsgrundsatz aus Artt. 34 und 36 AEUV konkretisieren. Wenn diese Spezialvorschriften anwendbar sind, kann nicht direkt auf die primärrechtliche Regelung zurückgegriffen werden.[561] Für alle anderen Sachverhalte sind aber weiterhin die Artt. 34 und 36 AEUV entscheidend[562], und auch die Spezialvorschriften müssen primärrechtskonform ausgelegt werden[563]. Ihre Wertungen bleiben deshalb bei Art. 15 GRL und Art. 21 GGV relevant.

2.   Voraussetzungen

a)   *Erzeugnis*

Die Befugnisse des Schutzrechtsinhabers können immer nur hinsichtlich eines konkreten einzelnen Erzeugnisses erschöpft sein.[564] Jeder körperliche Gegenstand kann ein Erzeugnis in diesem Sinne sein.[565] Der Eintritt der Erschöpfung ist für jedes einzelne Exemplar zu prüfen.[566] Es ist unerheblich, ob der Schutzrechtsinhaber schon andere identische Erzeugnisse in den Verkehr gebracht hat. Die Rechte des Schutzrechtsinhabers erschöpfen auch an einzelnen Bauelementen, die in ein komplexes Erzeugnis eingefügt wurden.[567]

b)   *Inverkehrbringen*

Ein Erzeugnis ist dann in den Verkehr gebracht, wenn einem Anderen die tatsächliche Verfügungsmacht eingeräumt wurde[568], es sei denn, der Andere erhält das Erzeugnis weisungsgebunden und übt den Besitz ausschließlich für den Schutzrechtsinhaber oder dessen Lizenznehmer aus, ohne auch eigene Zwecke zu verfolgen.[569]

---

560   Z.B. Art. 7 Marken-RL und Art. 13 GMV.

561   EuGH, ECLI:EU:C:1996:282 = GRUR Int. 1996, 1144 Tz. 25 – Bristol-Myers.

562   EuGH, ECLI:EU:C:1999:494 = GRUR Int. 2000, 159 Tz. 28 – Upjohn.

563   EuGH, ECLI:EU:C:1996:282 = GRUR Int. 1996, 1144 Tz. 25 – Bristol-Myers.

564   Vgl. BGH, GRUR 2010, 718 Tz. 55 f. – Verlängerte Limousinen.

565   Vgl. EuGH, ECLI:EU:C:1999:347 = GRUR Int. 1999, 870 Tz. 19 ff. – Sebago; *Eichmann*/v. Falckenstein, GeschmMG[4], § 48 Rn. 4.

566   Zur Marken-RL EuGH, ECLI:EU:C:1999:347 = GRUR Int. 1999, 870 Tz. 19 f. – Sebago; es gibt keinen Grund, warum das im Designrecht anders verstanden werden sollte; vgl. *Ruhl*, GGV[2], Art. 21 Rn. 4.

567   So zum deutschen DesignG *Eichmann*/v. Falckenstein, GeschmMG[4], § 48 Rn. 4.

568   *Ruhl*, GGV[2], Art. 21 Rn. 5, der zu Recht darauf hinweist, dass Art. 19 Abs. 1 S. 2 GGV gleich auszulegen ist; vgl. zum Markenrecht EuGH, ECLI:EU:C:2004:759 = GRUR 2005, 507 Tz. 43 – Peak; ausführlich zum deutschen Recht *Eichmann*/v. Falckenstein, GeschmMG[4], § 38 Rn. 38 mit Hinweis auf die andere Rechtslage im Urheberrecht und w.N.

569   So überzeugend m.w.N. und Beispielen *Ruhl*, GGV[2], Art. 21 Rn. 6.

Diese Grundsätze greifen auch dann, wenn der Schutzrechtsinhaber die Erzeugnisse an ein mit ihm verbundenes Unternehmen weitergibt. Handelt das
verbundene Unternehmen weisungsgebunden und für den Schutzrechtsinhaber,
tritt dadurch noch keine Erschöpfung ein. Beide Voraussetzungen müssen kumulativ erfüllt werden. Wenn Konzerntöchter weitgehend unabhängig sind,
kann auch die Weitergabe innerhalb eines Konzerns zur Erschöpfung führen.[570]
Die Abgrenzung ist im Einzelfall häufig schwierig.

c)   Durch Inhaber oder mit dessen Zustimmung

aa)   Inhaber

Mit *Inhaber* ist derjenige gemeint, dem das Schutzrecht materiell-rechtlich zugeordnet ist – also der Anmelder oder derjenige, dem es wirksam translativ
übertragen wurde. Der *Inhaber* in diesem Sinne muss also nicht zwangsläufig
der *wirklich Berechtigte* sein. Ein Design kann auch von einem Nichtberechtigten eingetragen werden[571], ob der Anmelder/Rechtsnachfolger tatsächlich
auch das »Recht auf das Design«[572] hat, ist für das Inverkehrbringen bedeutungslos. Denn das Interesse am freien Warenverkehr überwiegt das Interesse
des eigentlich Berechtigten.[573]

Umgekehrt führt das Inverkehrbringen eines Erzeugnisses durch den wirklich Berechtigten *nicht* zur Erschöpfung, wenn er nicht der Anmelder ist und
ihm deshalb das Schutzrecht nicht materiell-rechtlich zugeordnet ist.[574] Solange
er nicht im Register eingetragen ist, würde dies andernfalls zu Rechtsunsicherheit führen. Der Verkehr muss sich darauf verlassen können, dass allein der
eingetragene Schutzrechtsinhaber über das Inverkehrbringen geschützter Erzeugnisse bestimmen kann. Die Interessen des wirklich Berechtigten sind
dennoch angemessen geschützt. Denn er kann entweder die Übertragung des

---

570 *Ruhl*, GGV², Art. 21 Rn. 7; zum Patentrecht sehr differenziert und i.E. ähnlich *Leßmann*,
     GRUR 2000, 741, 748 f. m.w.N., der auf eine durch das Konzerninteresse bedingte Wa-
     renverschiebung abstellt und sie einer Veräußerungsmaßnahme gegenüberstellt, die dem
     freien Handelsverkehr zugeordnet werden muss.
571 *Ruhl*, GGV², Art. 21 Rn. 8; zum Unterschied zwischen Berechtigtem und materiell-recht-
     lichem Inhaber vor Art. 14 bis 18 Rn. 5 – 7. Zu den ungünstigen Folgen *Tritton u. a.*, In-
     tellectual Property⁴, Rn. 5 – 063.
572 Vgl. § 7 DesignG. Bedauerlicherweise wird die Berechtigung nicht durch die GRL harmo-
     nisiert, weshalb es durchaus Unterschiede zwischen den verschiedenen Rechtsordnungen
     gibt; vgl. zum englischen Recht *Cornish/Llewelyn/Aplin*, Intellectual Property⁸, S. 603
     Rn. 15 – 22. Das kann teilweise zu recht ungünstigen Fallkonstellationen führen und ver-
     trägt sich schlecht mit dem Harmonisierungsziel der Richtlinie; vgl. dazu näher z. B. *Tritton
     u. a.*, Intellectual Property⁴, Rn. 5 – 064.
573 *Eichmann*/v. Falckenstein, GeschmMG⁴, § 48 Rn. 7; vgl. *Ruhl*, GGV², Art. 21 Rn. 8.
574 *Ruhl*, GGV², Vor Art. 21 Rn. 8.

eingetragenen Designs verlangen[575] oder es für nichtig erklären lassen[576] und es danach selbst anmelden. Erlangt der wirklich Berechtigte dann die materiell-rechtliche Inhaberschaft, sind rückwirkend auch die Rechte an den Erzeugnissen erschöpft, die von ihm zuvor in den Verkehr gebracht wurden.[577] Das ist interessengerecht, weil keine Gründe ersichtlich sind, warum er die Warenverkehrsfreiheit für diese Erzeugnisse weiter einschränken können sollte, wenn er sie doch selbst in den Verkehr gebracht hat. Die zuvor vom nichtberechtigten Schutzrechtsinhaber in den Verkehr gebrachten Waren bleiben erschöpft, schließlich war er bis zur Übertragung der materiell-rechtliche Inhaber. Im Verhältnis zum wirklich Berechtigten bleiben Schadensersatzansprüche unberührt.

Ebenso tritt Erschöpfung ein, wenn das Erzeugnis von einer Person veräußert wird, die den Weisungen des Inhabers unterworfen ist. Er muss sich diese Handlung zurechnen lassen. Das gilt auch, wenn die Person weisungswidrig gehandelt hat.[578] Denn der Schutzrechtsinhaber hat die tatsächliche Verfügungsmacht eingeräumt und dadurch selbst das Inverkehrbringen ermöglicht. Damit liegt die Handlung in seiner Risikosphäre.

bb)   Mit Zustimmung

Es genügt, wenn das Erzeugnis mit Zustimmung des Inhabers in den Verkehr gebracht wurde. »*Zustimmung*« muss als europäischer Rechtsbegriff autonom ausgelegt werden.[579] Wie im deutschen Recht[580] umfasst er die vorherige *Einwilligung* und die nachträgliche *Genehmigung*.[581] Die Zustimmung muss sich lediglich darauf beziehen, das betreffende Erzeugnis in den Verkehr zu bringen. Alle weiteren Modalitäten sind für den Eintritt der Erschöpfung irrelevant.[582]

Die Zustimmung kann ausdrücklich oder konkludent erklärt werden.[583] Ob

---

575 Vgl. Art. 15 GGV und § 9 DesignG. Deutschland hat die Regelung der GGV übernommen, BT-Drucks. 15/1075, S. 37. Die GRL sieht diese Möglichkeit nicht vor. Trotzdem ist diese Regelung mit ihr vereinbar, weil dieser Anspruch auf Übertragung Teil des Verfahrensrechts ist und deshalb nicht im Anwendungsbereich der GRL liegt.

576 Art. 11 Abs. 1 lit. c GRL, dies muss also in allen Mitgliedsstaaten möglich sein, z. B. in England RDA 1949 s. 11ZB (5).

577 *Ruhl*, GGV², Art. 21 Rn. 8.

578 Im Ergebnis genauso, allerdings ohne Begründung, *Ruhl*, GGV², Art. 21 Rn. 8; denkbar sind auch hier wieder Schadensersatzansprüche.

579 Dazu *Schovsbo* in: Ohly, Common Principles, S. 169, 183 f.

580 Vgl. § 184 BGB.

581 Zur Marken-RL EuGH, ECLI:EU:C:2001:617 = GRUR 2002, 156 Tz. 47 ff. – Zino Davidoff.

582 Vgl. *Ruhl*, GGV², vor Art. 21 Rn. 10.

583 Zur Marken-RL EuGH, ECLI:EU:C:2001:617 = GRUR 2002, 156 Tz. 47 ff. – Zino Davidoff.

ausreichende Anhaltspunkte für eine Zustimmung durch schlüssiges Verhalten vorliegen, muss im Einzelfall bestimmt werden.[584]

(1) Zustimmung durch Annahme von Schadensersatz

Umstritten ist in diesem Zusammenhang, wie es zu bewerten ist, wenn ein Schutzrechtsinhaber Schadensersatz von einem Verletzer annimmt.[585]

Jedenfalls führt die Annahme des Schadensersatzes nicht dazu, dass der Schutzrechtsinhaber seine Zustimmung dafür erteilt, dass noch weitere Erzeugnisse in den Verkehr gebracht werden. Das wäre nicht im Interesse des Schutzrechtsinhabers. Eine so weit reichende Zustimmung müsste jedenfalls ausdrücklich erklärt werden.

Genauso wenig erteilt er mit der Annahme immer automatisch eine nachträgliche Genehmigung für die vom Verletzer schon in den Verkehr gebrachten Erzeugnisse.[586] Neben der Annahme von Schadensersatz *kann* der Schutzrechtsinhaber die erforderliche Zustimmung erteilen, muss es aber nicht. Sie ist mit der Annahme nicht zwingend verbunden, sondern stets gesondert zu prüfen.

Bei Vertriebsketten offenbart sich schnell, wie unsinnig es wäre, in die Annahme von Schadensersatz generell eine Zustimmung hineinzulesen und Erschöpfung eintreten zu lassen. Nimmt der Schutzrechtsinhaber z. B. den Erstverletzer auf Schadensersatz in Anspruch, so könnte er auf den nachgelagerten Vertriebsstufen keine Unterlassung mehr verlangen. Denn schließlich wären die Rechte an diesen Erzeugnissen dann erschöpft. Eine schon abgegebene Unterlassungserklärung eines Verletzers auf einer tieferen Vertriebsebene hätte sich erledigt. Das ist jedenfalls dann unbillig und widerspricht dem Interesse des Schutzrechtsinhabers, wenn er nur einen geringen Schadensersatz erhalten hat.[587] Auf die Höhe der Schadensersatzsumme kann es aber für die Erschöpfung generell nicht ankommen.[588] Die Höhe des Schadensersatzes ist sicher ein Anhaltspunkt, als alleiniges Kriterium aber unzureichend. Letztlich kommt es allein darauf an, ob der Schutzrechtsinhaber seine Zustimmung (als nachträgliche

---

584 In jüngerer Zeit zur Marken-RL z. B. EuGH, ECLI:EU:C:2009:633 = GRUR 2009, 1159 Tz. 35 – Makro.

585 Für sog. »Produktionsrechte« (einschließlich Designs) zustimmend *Körner*, GRUR 1980, 204 ff.; ebenso *Sack*, GRUR 1999, 193, 197 m.w.N.

586 Deutlich *Eichmann*/v. Falckenstein, GeschmMG⁴, § 48 Rn. 8. Für das deutsche Recht in diesem Sinne BGHZ 181, 98 Tz. 64 – Tripp-Trapp-Stuhl, jedoch bewusst offengelassen, wenn der Schutzrechtsinhaber ausdrücklich in der Schadensersatzhöhe die unbefugten Nutzungen der Abnehmer des Verletzers berücksichtigt wissen will; vgl. auch BGHZ 148, 221, 232 – Spiegel-CD-Rom; a. A. *Sack*, GRUR 1999, 193, 197 m.w.N.

587 Vgl. *Götz*, GRUR 2001, 295, 297; *Zahn*, Verletzergewinn, S. 157 ff.

588 Danach differenziert aber auch *Ruhl*, GGV², Art. 21 Rn. 11, der Erschöpfung allerdings nur bei einer objektiv vollständigen Kompensation eintreten lassen will.

Genehmigung) konkludent erteilt hat. Für diese Bewertung sind *alle* Umstände des Einzelfalls heranzuziehen. Nur wenn sich aus ihnen die Zustimmung ergibt, hat der Schutzrechtsinhaber selbst auf weitere Ansprüche verzichtet.[589] Nur dann ist es angemessen, dass Erschöpfung eintritt und weitere Unterlassungsansprüche verloren gehen.[590]

Bei Vertriebsketten kann der Schutzrechtsinhaber auch lediglich auf einer nachgelagerten Vertriebsebene erstmalig gestatten, dass die Erzeugnisse in den Verkehr gebracht wurden. Denkbar ist z. B., dass der Zwischenhändler Schadensersatz leistet und der Schutzrechtsinhaber dafür dem Inverkehrbringen zustimmt. Der Zwischenhändler und dessen Abnehmer müssen nun nicht mehr befürchten, vom Schutzrechtsinhaber in Anspruch genommen zu werden – der Hersteller der verletzenden Erzeugnisse aber sehr wohl.

Solche Konstellationen führen zu vielfältigen schadensrechtlichen Problemen.[591] Diese sind aber dort zu lösen, wo sie entstehen, nämlich im Schadensrecht, und nicht im Rahmen der Erschöpfung.[592]

(2)   Zustimmung durch Übertragung von Schutzrechten

Die *Zustimmung* kommt einem zunächst in den Sinn, wenn es um Lizenzverträge geht. Wie gerade gesehen, ist das Tatbestandsmerkmal jedoch auch in anderen Konstellationen bedeutsam, wie bei einer translativen Schutzrechtsübertragung im grenzüberschreitenden Geschäftsverkehr.

Angenommen *Lamy* ist Inhaber eines nationalen Designrechts für einen Füller in Deutschland und in England. *Lamy* lizensiert das englische Designrecht an *Parker*, die in England den Füller unter der eigenen Marke vertreiben. *The Pen Shop* kauft diese Parker-Füller und vertreibt sie auch in Deutschland. Weil an den konkreten Füllern Erschöpfung eingetreten ist, kann *Lamy* dies nicht mit dem deutschen Designrecht verhindern.

Irgendwann einigen sich *Parker* und *Lamy* darauf, dass *Parker* das englische Designrecht von *Lamy* erwirbt. *Parker* wird daraufhin Schutzrechtsinhaberin in England. *The Pen Shop* möchte nichts an seiner Geschäftspraktik ändern und den Füller weiterhin nach Deutschland exportieren. *Lamy* ist zuversichtlich, dies mit seinem eigenen deutschen registrierten Design für die neuen *Parker*-Füller nun verhindern zu können.

In diesem Fall kommt es entscheidend darauf an, ob für die *Parker*-Füller

---

589 Deshalb ist es auch sinnvoll, bei Vergleichen usw. eine ausdrückliche Regelung dieses Problemkomplexes aufzunehmen. So schon *Ruhl*, GGV², Art. 21 Rn. 11.

590 Vgl. *Götz*, GRUR 2001, 295, 297.

591 Z.B. wann mit der Lizenzanalogie auch der Schaden auf den weiteren Vertriebsstufen abgegolten ist, vgl. *Zahn*, Verletzergewinn, S. 160, 187.

592 Zutreffend etwa zur Höhe der Schadenssumme, die von mehreren Verletzern insgesamt verlangt werden kann, *Ruhl*, GGV², Art. 21 Rn. 11; *Götz*, GRUR 2001, 295, 297 ff.

immer noch Erschöpfung eintritt. Das ist zweifelhaft, denn *Lamy* hat die *Parker*-Füller nicht selbst in England in den Verkehr gebracht, noch käme es für *Parker* auf *Lamys* Zustimmung an; denn *Parker* ist insoweit selbst Schutzrechtsinhaber.

Wenn zwei Inhaber Schutzrechte am selben Schutzgegenstand halten, führt das Inverkehrbringen des einen nicht zur Erschöpfung der Rechte des anderen.[593] Für Marken hat der EuGH entschieden, dass dies auch dann gilt, wenn beide nationale Marken zunächst einem Schutzrechtsinhaber zugeordnet waren.[594] Denn der ehemalige Markeninhaber könne die Qualität der gekennzeichneten Produkte nicht mehr beeinflussen, und deshalb sei es interessengerecht, dass er seinen nationalen Markt mithilfe der Marke abschotten könne. Für eine konkludente Zustimmung sei kein Raum, wenn sie den Interessen des Schutzrechtsveräußerers so deutlich widerspricht.[595]

Diese Wertung überzeugt im Markenrecht, weniger jedoch bei anderen Immaterialgüterrechten.[596] Im Designrecht ein ähnlich schutzwürdiges Interesse für den Schutzrechtsveräußerer zu finden, ist schwierig. Das Designrecht schützt keine Herkunftsfunktion und auch keine gleichbleibende Produktqualität. In dem Beispiel ist *Lamys* Zuversicht deshalb verfrüht. Ob der EuGH in der Veräußerung des englischen Designrechts auch die Zustimmung zum Inverkehrbringen sehen würde, dürfte entscheidend davon abhängen, für wie wichtig er die Warenverkehrsfreiheit hält. Dogmatisch sauberer ist es aber, keine Erschöpfung anzunehmen, weil regelmäßig keine Zustimmung vorliegt und deshalb die Tatbestandsmerkmale der Erschöpfung nicht erfüllt sind.

Wenn *Lamy* nun auch noch ein eingetragenes Gemeinschaftsdesign hätte, käme eine weitere Ebene hinzu, die aber keine größeren Wertungsprobleme bereitet. In der Veräußerung des nationalen Designrechts liegt regelmäßig die Zustimmung, dass der Erwerber dieses Designrecht auf dem betreffenden nationalen Markt auch nutzten darf.[597] Andernfalls wäre es wertlos. Dann wiederum geschieht das Inverkehrbringen des *Parker*-Füllers auch mit *Lamys* Zustimmung, und damit tritt für dessen Gemeinschaftsdesign auch unionsweit Erschöpfung ein.

Auf nationaler Ebene ist es also zweifelhaft, ob in der *Schutzrechtsübertra*-

---

593 Im Designrecht sind keine Fälle vorstellbar, in denen zwei Schutzrechtsinhaber originär Designrechte an einem Schutzgegenstand haben.

594 EuGH, ECLI:EU:C:1994:261 = GRUR Int. 1994, 614 Tz. 40 ff. – Ideal Standard II.

595 EuGH, ECLI:EU:C:1994:261 = GRUR Int. 1994, 614 Tz. 44 ff. – Ideal Standard II, in Fortführung von ECLI:EU:C:1990:359 = GRUR Int. 1990, 960 Tz. 13 ff. – Hag II; *Joliet*, GRUR Int. 1991, 177, 184.

596 Im Patentrecht für die Abschottungsmöglichkeit aber etwa *Koenig/Engelmann/Sander*, GRUR Int. 2001, 919, 926; *Leßmann*, GRUR 2000, 741, 745.

597 *Ruhl*, GGV², Art. 21 Rn. 15.

gung konkludent auch eine Zustimmung liegt, auf europäischer Ebene liegt in aller Regel eine konkludente Zustimmung vor.

cc)   Ohne Zustimmung durch einen Dritten

Wird das geschützte Design im Rahmen einer *Zwangslizenz* verwendet, tritt keine Erschöpfung ein, wenn dabei Erzeugnisse in den Verkehr gebracht werden.[598] Dasselbe gilt, wenn ein Hoheitsträger das Design verwendet.[599]

Wegen der »*freeze-plus*«-Lösung für Ersatzteile (Art. 14 GRL, Art. 110 GGV) ist es denkbar, dass in einigen Mitgliedstaaten Ersatzteile rechtmäßig vertrieben werden dürfen, während die gleichen Ersatzteile in einem anderen Mitgliedsstaat ein nationales Design verletzen würden. In diesem Fall unterscheiden sich auf nationaler Ebene die Schutzbereiche der Designs. Sofern der Schutzrechtsinhaber nicht dem Vertrieb zugestimmt hat, tritt keine Erschöpfung ein und er kann z. B. mithilfe des deutschen Designs den deutschen Markt abschotten.

Art. 22 GGV und § 41 DesignG geben ein Vorbenutzungsrecht[600]. Bringt der Vorbenutzungsberechtigte Erzeugnisse in den Verkehr, tritt für diese auch ohne Zustimmung des Designinhabers Erschöpfung ein.[601] Den Weitervertrieb solcher Erzeugnisse soll der Schutzrechtsinhaber nicht beeinträchtigen können. Deshalb muss im Rahmen des Vorbenutzungsrechts die Zustimmung des Schutzrechtsinhabers fingiert werden. Das ist schon deshalb sinnvoll, weil sonst das Vorbenutzungsrecht entwertet würde.

d)   In der Europäischen Union oder im Europäischen Wirtschaftsraum

Die betreffenden Erzeugnisse müssen entweder in der EU oder in einem Vertragsstaat des EWR in den Verkehr gebracht worden sein.[602]

Es kommt nicht darauf an, wo es danach weiterveräußert werden soll.[603]

---

598 *Ruhl*, GGV², Art. 21 Rn. 14; zum Patentrecht entschieden von EuGH, 19/84, Slg. 1985, 2281 Tz. 27 – Pharmon.

599 In England etwa durch die sog. »crown use« möglich, RDA 1949 s. 12; vgl. *Cornish/ Llewelyn/Aplin*, Intellectual Property⁸, S. 590 Rn. 15–30; *Bently/Sherman*, Intellectual Property³, S. 674. Letztere weisen zu Recht darauf hin, dass diese Schranke keinen direkten Anknüpfungspunkt in der GRL hat. Der Unionsgesetzgeber hat aber mit Art. 23 GGV gezeigt, dass er solche Regelungen für zulässig hält.

600 Mit sehr kleinen Unterschieden, vgl. *Eichmann*/v. Falckenstein, GeschmMG⁴, § 48 Rn. 2. Die GRL kennt ein solches Recht nicht, vgl. *Ruhl*, GGV², Art. 22 Rn. 1. Mit Art. 22 GGV hat der Unionsgesetzgeber aber deutlich gemacht, dass er ein Vorbenutzungsrecht für zulässig hält.

601 *Ruhl*, GGV², Art. 22 Rn. 19.

602 Vgl. zur Marken-RL EuGH, ECLI:EU:C:1998:374 = GRUR 1998, 919 Tz. 26 – Silhouette; *Stone*, EU Design Law, Rn. 19.07.

603 Vgl. etwa EuGH, ECLI:EU:C:2004:759 = GRUR 2005, 507 Tz. 50 ff. – Peak Holding; *Ruhl*, GGV², Art. 21 Rn. 8; *Eichmann*/v. Falckenstein, GeschmMG⁴, § 48 Rn. 9 zur Irrelevanz schuldrechtlicher Verpflichtungen allgemein m. w. N.

Deshalb ist es unerheblich, ob sich der Empfänger dazu verpflichtet hat, das Erzeugnis nur außerhalb des EWR weiterzuveräußern. Die Erschöpfung tritt trotzdem ein.

Im EWR tritt keine Erschöpfung ein, wenn die Erzeugnisse in einem Drittstaat außerhalb der EU oder des EWR in den Verkehr gebracht wurden und dann in einen EWR Vertragsstaat importiert werden, ohne dass der Schutzrechtsinhaber dem zugestimmt hat.[604] Warum das überhaupt anders sein könnte, erklärt sich aus einem Urteil des EFTA-Gerichtshofs.[605] Dieser gestattet es den EFTA-Staaten, an einer weltweiten Erschöpfung[606] festzuhalten. Dies jedoch hat keinerlei Auswirkungen auf die EU. Der Schutzrechtsinhaber kann also jedenfalls die Einfuhr in die EU verhindern.[607]

Wenn also *Apple* das Inverkehrbringen des *iPhone 6* in den USA gestattet und es daraufhin von einem Reseller in die Schweiz verkauft wird, kann *Apple* die Einfuhr in die EU trotzdem mit einem bestehenden Design verhindern, falls die Erzeugnisse von dort aus nach Deutschland weiterverkauft werden sollen.

e)   Zeitpunkt des Inverkehrbringens

Der Zeitpunkt des Inverkehrbringens ist zumeist irrelevant.[608] Nach der Rechtsprechung des EuGH kommt es nicht darauf an, ob vor dem Inverkehrbringen überhaupt Schutzrechte erlangt werden konnten.[609] Es ist deshalb bedeutungslos, wenn ein Schutzrecht erst später entsteht. Die schon in Verkehr gebrachten Erzeugnisse sind trotzdem EWR-weit erschöpft.

Relevant wird der Zeitpunkt des Inverkehrbringens nur, wenn der Staat, in welchem die Erzeugnisse in Verkehr gebracht wurden, zu diesem Zeitpunkt noch nicht Mitglied der EU oder des EWR gewesen ist. Wird er es später, führt dies nicht zur Erschöpfung der Rechte an diesen Erzeugnissen.[610]

Wenn *Mercedes* also Fahrzeuge vor dem 1. Juli 2013 in Kroatien in den Verkehr gebracht hat, sind die Designrechte an diesen also in der EU nicht erschöpft.

---

604 Das gilt selbstverständlich auch, wenn Rechtsinhaber und der ausländische Berechtige konzernmäßig miteinander verbunden sind; *Eichmann*/v. Falckenstein, GeschmMG[4], § 48 Rn. 2 mit Hinweis auf BGH, GRUR 1985, 924, 925 – Schallplattenimport II; *Ruhl*, GGV[2], Art. 21 Rn. 18. Tatsächlich könnte selbst der Schutzrechtsinhaber das Erzeugnis in einem Drittstaat in den Verkehr bringen, ohne dass Erschöpfung für den EWR eintritt; vgl. *Leßmann*, GRUR 2000, 741.
605 EFTA Gerichtshof, GRUR Int. 1998, 309 ff. – Maglite.
606 Vgl. *Gaster*, GRUR Int. 2000, 571. In der Schweiz etwa ist umstritten, ob es im Designrecht eine weltweite (internationale) Erschöpfung gibt; zum Meinungsstand *Meer*, Kollision, S. 163 und *Wank*, SIWR VI, S. 246 f., ersterer geht von einer internationalen Erschöpfung aus, für eine lediglich nationale z.B. *Heinrich*, DesG/HMA, S. 302, 3.55.
607 *Ruhl*, GGV[2], Art. 21 Rn. 18 m.w.N.; *Eichmann*/v. Falckenstein, GeschmMG[4], § 48 Rn. 6.
608 *Ruhl*, GGV[2], Art. 21 Rn. 19.
609 Zum Patentrecht EuGH, ECLI:EU:C:1981:180 = GRUR Int. 1982, 47 Tz. 11 ff. – Merck.
610 *Ruhl*, GGV[2], Art. 21 Rn. 19.

3.   Wirkung der Erschöpfung

Wenn die dargestellten Voraussetzungen erfüllt sind, gelten die Rechte aus dem Design als »erschöpft«.

a)   Konkrete Erzeugnisse

Die Erschöpfung knüpft an ein konkretes Erzeugnis an.[611] Wie bereits erwähnt, muss die Erschöpfung also für jedes Erzeugnis einzeln festgestellt werden.

Die Erschöpfung kann wegen dieses direkten Bezuges auch nur solange vorliegen, wie das Erzeugnis in seiner konkreten Form weiterbesteht.[612] Umfangreiche Reparaturen oder Veränderungen können also problematisch sein. Letztlich muss man auf die Verkehrsauffassung im Einzelfall abstellen, ob es sich noch um dasselbe Erzeugnis handelt oder nicht.

Wenn eine schrottreife Motoryacht samt Kiel mit Ersatzteilen komplett neu aufgebaut wird, ist zu bezweifeln, dass es sich noch um dasselbe Schiff handelt und die Rechte an ihm EWR-weit erschöpft sind.

Falls ein Unternehmen kaputte *iPhones* aufkauft, sie entkernt, beschwert und dann als Briefbeschwerer verkauft, könnte *Apple* dagegen vorgehen. Es handelt sich dann nicht mehr um Smartphones, sondern um neue Erzeugnisse, die nur noch dasselbe Design wie das *iPhone* haben. Die Funktionsveränderung war zu groß.

Weil sich die Erschöpfung immer auf das konkrete Erzeugnis bezieht, tritt sie auch nicht für einzelne Merkmale des geschützten Designs ein. Wenn eine *Mercedes*-Limousine in den Verkehr gebracht wird, dann erschöpfen nur die Rechte an diesem konkreten Erzeugnis und Design. Falls ein Drittanbieter dieses Fahrzeug nachträglich verlängert, dann kann *Mercedes* gegen diesen Anbieter vorgehen, wenn ein weiteres Design besteht, dass auch die verlängerte Limousine abdeckt und das Fahrzeug keinen anderen Gesamteindruck vermittelt.[613]

b)   Umfang – einschließlich Werbung für im Markt befindliche Produkte

Erschöpfung bedeutet, dass der Designinhaber EWR-weit alle Rechte aus seinem Design verliert, mit denen er die Verbreitung der in den Verkehr gebrachten Erzeugnisse beeinflussen könnte. Er hat also insbesondere nicht mehr das alleinige Recht, die Erzeugnisse anzubieten, auszuführen, einzuführen, sie zu benutzen und/oder sie qualifiziert zu besitzen.[614] Designrechtlich erschöpft auch

---

611 Vgl. *Fischoeder*, in: Stöckel, Hdb. Marken- und Designrecht³, S. 629.

612 Vgl. EuGH, ECLI:EU:C:1999:347 = GRUR Int. 1999, 870 Tz. 19 ff. – Sebago; *Ruhl*, GGV², Art. 21 Rn. 22.

613 Vgl. BGH, GRUR 2010, 718 Tz. 55 f. – Verlängerte Limousinen; dazu *Ruhl*, GRUR 2010, 692, 695.

614 *Ruhl*, GGV², Art. 21 Rn. 20; *Eichmann*/v. Falckenstein, GeschmMG⁴, § 48 Rn. 11.

das Recht, Erzeugnisse zu vermieten.[615] Sollte das Produktdesign daneben auch urheberrechtlich geschützt sein, kann dies allerdings die rechtmäßige Vermietung verhindern. Denn urheberrechtlich erschöpft das Vermietrecht nicht.[616]

Auf den ersten Blick scheint der Umfang der Schöpfung recht klar bestimmt. Tatsächlich zeigen sich schnell Unschärfen, wenn man die möglichen Sachverhalte näher betrachtet.

Im Rahmen des Anbietens ist insbesondere fraglich, wie mit Werbung umgegangen werden muss.[617] Der freie Warenverkehr profitiert ungemein davon, wenn die erschöpften Erzeugnisse auch beworben werden können. Man kann sogar argumentieren, dass es andernfalls faktisch keine Warenverkehrsfreiheit gibt.[618]

Für das Markenrecht hat der EuGH klargestellt, dass eine Marke auch dazu benutzt werden darf, den weiteren Vertrieb des mit ihr gekennzeichneten Erzeugnisses anzukündigen.[619] Damit ist nichts anderes als die Werbung für die Erzeugnisse gemeint. Mit dem Weiterverbreitungsrecht erschöpft sich dort also auch in einem gewissen Umfang das Werberecht und steht dem Schutzrechtsinhaber für die in den Verkehr gebrachten Erzeugnisse nicht mehr ausschließlich zu.[620]

Der EuGH hat außerdem entschieden, dass sogar eventuelle Urheberrechte an der Produktausstattung nicht geltend gemacht werden können, um eine solche Werbung zu verhindern.[621]

Er gibt also bei beiden Schutzrechten der Warenverkehrsfreiheit den Vorzug. Dass er es im Designrecht anders halten würde, ist kaum vorstellbar. Es sind auch keine Gründe erkennbar, warum diese Wertung im Designrecht unangemessen sein sollte.[622]

Wenn also das Recht, die Erzeugnisse anzubieten, erlischt, ist das richtigerweise weit zu verstehen: Anbieten i.d.S. umfasst auch das Recht, die Erzeugnisse in einem *üblichen* Werberahmen darzustellen. Die Werbung muss sich allerdings

---

615 *Ruhl*, GGV², Art. 21 Rn. 20.
616 Vgl. Art. 1 Abs. 2 Richtlinie 2006/115/EG des Europäischen Parlaments und des Rates vom 12. Dezember 2006 zum Vermietrecht und Verleihrecht (...), ABl. L 378 vom 27.12.2006, S. 28 ff., (Vermiet-RL); in Deutschland umgesetzt in §§ 17 Abs. 2, 27 UrhG, zum Vermietrecht etwa *Schack*, UrhR⁷, Rn. 436 ff.; zur Rechtslage in England *Tritton u. a.*, Intellectual Property⁴, S. 501 Rn. 4–075.
617 Dass auch die Verwendung des Designs in Werbung insgesamt differenziert betrachtet werden muss, wurde oben S. 99 ff. bereits festgestellt.
618 Auch wenn die Verbreitung i.e.S. der Waren theoretisch auch ohne Werbung möglich ist. Wirtschaftlich betrachtet muss man das Anbieten aber weiter verstehen.
619 EuGH, ECLI:EU:C:1997:517 = GRUR Int. 1998, 140 Tz. 32 ff. – Parfums Christian Dior.
620 Vgl. *Eichmann*/v. Falckenstein, GeschmMG⁴, § 48 Rn. 14.
621 EuGH, ECLI:EU:C:1997:517 = GRUR Int. 1998, 140 Tz. 58 – Parfums Christian Dior; vgl. auch BGH, GRUR 2001, 51, 53 – Parfumflakon.
622 *Ruhl*, GGV², Art. 21 Rn. 21.

auf *die konkreten Erzeugnisse* beziehen.[623] Beide Einschränkungen sind geboten, vermitteln aber nicht gerade Rechtssicherheit.

Der Designinhaber darf nicht weiter belastet werden als erforderlich, um die Warenverkehrsfreiheit angemessen zu fördern. Dem ist zumindest dann genüge getan, wenn die Erzeugnisse auf eine im Verkehrskreis übliche Weise angeboten werden können. Gerade der Werbemarkt verandert sich jedoch schnell und mit ihm das, was üblich ist. Die Grenze ist damit unscharf und noch dazu stetigem Wandel unterworfen.

Weil sich die Erschöpfung immer nur auf konkrete Erzeugnisse bezieht, dürfen auch nur diese angeboten werden. Jede Werbehandlung muss sich also auf diese konkreten Erzeugnisse beziehen.[624] Dieser klare Bezug ist in der Praxis nur eingeschränkt umsetzbar[625], letztlich dürfen die Anforderungen daran nicht zu streng sein.

Dies alles zeigt, dass der Umfang der Erschöpfungswirkung längst nicht so klar umrissen ist, wie man anfangs meinen könnte. Es erlischt eben nicht nur das Weiterverbreitungsrecht i. e. S.[626], sondern der Weiterverbreitende darf in diesem Rahmen den Schutzgegenstand – hier das geschützte Design – auch in gewissem Umfang vervielfältigen.[627] Der Erschöpfungsgrundsatz geht also über das konkrete physische Erzeugnis hinaus. Entscheidend ist der Zusammenhang mit der Warenverkehrsfreiheit.

c)   Erschöpfung als Auffangtatbestand

Weil der Erschöpfungsgrundsatz relativ flexibel ist, wird er teilweise als Auffangtatbestand ins Spiel gebracht, wenn eine designrechtliche Schranke fehlt.[628] Regelmäßig ist der Erschöpfungsgrundsatz dazu jedoch ungeeignet. Denn zumindest muss der gerade herausgearbeitete Bezug zur Warenverkehrsfreiheit gegeben sein.[629] Er allein ist der Grund für die Erschöpfung. Gerade dieser Bezug wird von anderen immaterialgüterrechtlichen Schranken nicht berührt, weil es in den Regelungswerken ohnehin den Erschöpfungsgrundsatz gibt. Es wäre

---

623 Vgl. BGH, GRUR 2001, 51, 53 – Parfumflakon; GRUR 2007, 784 Tz. 20 – AIDOL; *Eichmann/ v. Falckenstein*, GeschmMG[4], § 48 Rn. 14.

624 *Ruhl*, GGV[2], Art. 21 Rn. 21.

625 Es ist davon auszugehen, dass die Gerichte hierbei den Bogen nicht überspannen. Der BGH lässt es im Markenrecht sogar zu, dass die Erzeugnisse beworben werden, bevor sie das erste Mal in den Verkehr gelangt sind, sofern der Anbieter sie tatsächlich erwerben kann und die sonstigen Voraussetzungen erfüllt sind; vgl. BGH, GRUR 2003, 340, 342 – Mitsubishi; GRUR 2003, 878, 880 – Vier Ringe über Audi.

626 Und auch das ist ein Bündel an Verwertungshandlungen.

627 Vgl. *Schovsbo* in: Ohly, Common Principles, S. 169, 179, der die Erschöpfung zu Recht als flexibles System betrachtet.

628 So von *Ruhl*, GGV[2], Vor Art. 20 – 23 Rn. 6.

629 Eine instruktive Aufzählung nicht freigestellter Handlungen findet sich bei *Eichmann/v. Falckenstein*, GeschmMG[4], § 48 Rn. 10.

sinnlos, ihn mit einer zusätzlichen Schranke zu wiederholen, und deshalb dienen weitere Schranken zwangsläufig anderen Interessen.

d) Keine Tatbestände zur Einschränkung der Erschöpfung

Im Markenrecht wird die Erschöpfungswirkung eingeschränkt, wenn »berechtigte Gründe es rechtfertigen, dass der Inhaber sich dem weiteren Vertrieb widersetzt, insbesondere wenn der Zustand der Waren nach ihrem Inverkehrbringen verändert oder verschlechtert ist«, Art. 7 Abs. 2 Marken-RL, Art. 13 Abs. 2 GMV oder § 24 Abs. 2 MarkenG. Das Designrecht kennt keine solche Einschränkung, vgl. Art. 15 GRL, Art. 21 GGV und § 48 DesignG.

Mit Recht, denn im Designrecht ist die Interessenlage mit dem Markenrecht nicht vergleichbar. Im Markenrecht ist diese Einschränkung nötig, weil durch die Marke die Produkte einem bestimmten Unternehmen zugeordnet werden. Qualitätsmängel werden deshalb automatisch auch dem Markeninhaber zugerechnet[630] und nicht nur demjenigen, der die minderwertigen Erzeugnisse weitervertreibt.[631]

Durch das Designrecht wird keine solche Zuordnung geschützt. Wenn sich die Produkte mit der Zeit verschlechtern, hat das mit dem Design als solchem nichts zu tun.[632] Selbst wenn es den Abnehmern möglich wäre, das Erzeugnis durch das Design einem bestimmten Unternehmen zuzuordnen, läge diese Zuordnung außerhalb des Schutzzweckes des Designrechts.[633]

Art. 13 Abs. 2 GMV und Art. 7 Abs. 2 Marken-RL implizieren mit dem Wort »insbesondere«, dass es neben diesem Qualitätsargument auch andere »berechtigten Gründe« geben könnte. Tatsächlich sind einige weitere Fälle denkbar, die sich letztlich aber immer auf eine Verwirrung bezüglich der Produktherkunft oder auf einen Imageschaden zurückführen lassen.[634]

---

630 EuGH, ECLI:EU:C:1994:261 = GRUR Int. 1994, 614 Tz. 44 ff. – Ideal Standard II; in Fortführung von ECLI:EU:C:1990:359 = GRUR Int. 1990, 960 Tz. 13 ff. – Hag II; *Ingerl/Rohnke*, MarkenG³, § 24 Rn. 55.

631 Dieselbe Argumentation führte den EuGH schon dazu, die Markabschottung nach Schutzrechtsübertragung zu zulassen, siehe dazu oben S. 112.

632 Wenn an dieser Stelle kein berechtigtes Interesse nachgewiesen werden kann, zeigt sich nur noch deutlicher, warum die oben S. 112 angesprochene Marktabschottung nach Schutzrechtsübertragung eines nationalen, eingetragenen Designs nicht über alle Zweifel erhaben ist.

633 Hier müsste das Unternehmen sich dann um eine Formmarke bemühen; vgl. *Kirschneck*, in: Ströbele/Hacker, MarkenG¹¹, § 3 Rn. 38. Dabei wird insbesondere § 3 Abs. 2 Nr. 3 MarkenG zum Problem; vgl. dazu Ströbele/*Hacker*, MarkenG¹¹, § 3 Rn. 129 ff.; *B. Raue*, ZGE 6 (2014), 204, 219 ff.

634 Etwa der Verkauf von Luxusprodukten in einem unangemessenen Kontext, EuGH, ECLI:EU:C:1997:517 = GRUR Int. 1998, 140 Tz. 49 ff. – Parfums Christian Dior; zum deutschen Recht näher *Ingerl/Rohnke*, MarkenG³, § 24 Rn. 87 m.w.N. Auf europäischer

Es geht also um die Lösung spezifisch markenrechtlicher Probleme. Für das Designrecht sind keine vergleichbaren Gründe ersichtlich, schon gar nicht solche, die so schwer wiegen, dass der designrechtliche Erschöpfungsgrundsatz rechtsfortbildend eingeschränkt werden müsste.[635] Er gilt damit richtigerweise grundsätzlich ohne Einschränkung[636], sobald die Produkte wirksam in den Verkehr gebracht worden sind.

e)   Erschöpfung paralleler Immaterialgüterrechte

An vielen Erzeugnissen bestehen mehrere Schutzrechte nebeneinander und häufig auch auf verschiedenen Ebenen. Ein Sessel kann in Deutschland ohne weiteres über eine deutsche Formmarke, eine Gemeinschaftsmarke, ein deutsches eingetragenes Design, ein eingetragenes Gemeinschaftsdesign und immer auch über ein nicht eingetragenes Gemeinschaftsdesign geschützt sein.[637] Daneben kann ein Urheberrecht bestehen. Wenn auch noch eine technische Lehre verwendet wird, kommt ein deutsches Gebrauchsmuster oder Patent in Betracht.

Einem unkomplizierten Warenverkehr wäre geholfen, wenn all diese eventuellen Schutzrechte parallel erschöpfen würden. Die Rechtslage ist freilich komplizierter, da jedes Schutzrecht selbstständig betrachtet werden muss.[638] Teilweise hat die Erschöpfung unterschiedliche Voraussetzungen oder sie unterliegt Einschränkungen. Im Markenrecht sind z. B. die gerade genannten *berechtigten Gründe* zu beachten. Das Vermietrecht erschöpft im Designrecht, nicht jedoch im deutschen Urheberrecht (§ 17 Abs. 2 UrhG).

Schon ein Sessel kann damit schnell eine Gemengelage verursachen, die schwer zu überschauen und aufzulösen ist.

4.   Zusammenfassung

Die designrechtliche Erschöpfung schafft einen angemessen Ausgleich zwischen der Warenverkehrsfreiheit und dem gewährten Ausschließlichkeitsrecht. Ein Erzeugnis kann grundsätzlich jeder körperliche Gegenstand sein. Es ist dann in den Verkehr gebracht, wenn einem anderen die tatsächliche Verfügungsmacht

---

Ebene ist die Ausnahme identisch auszulegen; vgl. auch *Eisenführ/Eberhardt*, in: Eisenführ/ Schennen' GMV[4], Art. 13 Rn. 32 ff.

635 Auch im Markenrecht muss die Einschränkung zurückhaltend angewendet werden, so mit Recht *Ingerl/Rohnke*, MarkenG[3], § 24 Rn. 87.

636 Eine Ausnahme ist etwa eine so weitreichende Verschlechterung, dass das Erzeugnis als ein neues wahrgenommen wird. Dann gilt das unter a) Ausgeführte. Dies ist aber wohl eher eine theoretische Möglichkeit. Diese Gefahr erscheint *Eichmann*/v. Falckenstein, GeschmMG[4], § 48 Rn. 10 größer; zurückhaltender aber auch *Ruhl*, GGV[2], vor Art. 21 Rn. 23.

637 Freilich können an einem Sessel auch schnell mehrere Designs bestehen, z. B. für die Form und das Stoffmuster.

638 *Ruhl*, GGV[2], vor Art. 21 Rn. 26.

eingeräumt worden ist. Dies muss entweder durch den Rechtsinhaber selbst oder mit seiner Zustimmung geschehen sein. Inhaber in diesem Sinne ist der Anmelder oder dessen Rechtsnachfolger.[639] Die Zustimmung umfasst die vorherige Einwilligung und die nachträgliche Genehmigung. In der Annahme von Schadensersatzzahlungen von einem Verletzer *kann* eine konkludente Genehmigung hinsichtlich der Erzeugnisse liegen, die der Verletzer in den Verkehr gebracht hat; zwingend ist dies jedoch nicht.[640] Ob eine Schutzrechts*übertragung* im grenzüberschreitenden Verkehr immer eine Zustimmung im Sinne des Erschöpfungsgrundsatzes nach sich zieht, kann nicht abschließend beantwortet werden. Entscheidend ist im Einzelfall, welches Gewicht der EuGH der Warenverkehrsfreiheit beimisst. Ohne die Zustimmung des Designinhabers können Erzeugnisse nicht wirksam in den Verkehr gebracht werden. Die einzige Ausnahme ist das Inverkehrbringen durch einen Vorbenutzungsberechtigten.[641] Es genügt grundsätzlich, wenn das Erzeugnis in einem EWR-Staat in den Verkehr gebracht wurde; der Zeitpunkt ist regelmäßig irrelevant.

Die Befugnisse des Schutzrechtsinhabers erschöpfen immer nur hinsichtlich des konkreten Erzeugnisses. »Erschöpfung« bedeutet, dass der Designinhaber alle Rechte verliert, mit denen er die freie Weiterverbreitung unterbinden könnte. So erlischt nicht nur das Weiterverbreitungsrecht i. e. S., der Weiterveräußernde darf das geschützte Design auch in dem erforderlichen Umfang verwenden, insbesondere übliche Werbemaßnahmen vornehmen und dazu das geschützte Design vervielfältigen und wiedergeben. Entscheidend ist der enge Zusammenhang zur Warenverkehrsfreiheit.[642] Der designrechtliche Erschöpfungsgrundsatz ist relativ flexibel, als Auffangtatbestand für die gesetzlich nicht geregelten Sachverhalte aber untauglich.[643] Anders als im Markenrecht gibt es für die designrechtliche Erschöpfung grundsätzlich keine einschränkenden Tatbestände. Die designrechtliche Erschöpfung ist unabhängig von der Erschöpfung anderer Immaterialgüterrechte.

---

639 Dazu näher oben S. 108 ff.
640 Dazu näher oben S. 110 f.
641 Dazu näher oben S. 113.
642 Dazu näher oben S. 115 ff.
643 Dazu näher oben S. 117 f.

C.   Die gesetzlich nicht geregelten Sachverhalte

Wenn man bereit ist, vom Dogma der engen Auslegung der Schranken abzu-
weichen[644], enthält das Designrecht für viele Sachverhalte angemessene
Schrankenregelungen. Richtet man den Blick auf die anderen Immaterialgüterrechte, muss man indes feststellen, dass die geschriebenen Schranken des
Designrechts viele Sachverhalte mit Schweigen übergehen.

So gibt es etwa keine passenden Schranken für die Fälle, in denen das Design
im Rahmen der Informationsvermittlung als Beiwerk gezeigt wird. Das Urheberrecht dagegen kennt z.B. Schranken für die Berichterstattung über Tagesereignisse, unwesentliches Beiwerk, die Panoramafreiheit oder vorübergehende
Vervielfältigungshandlungen. Im Designrecht gibt es auch kein Pendant zur
markenrechtlichen Schranke für Bestimmungshinweise.

I.   Eingeschränkter Benutzungsbegriff oder Rechtsfortbildung der Schranken

Das ist indes nicht dramatisch, soweit die aufgezeigten Interessen auch durch
eine entsprechende Auslegung bzw. Fortbildung des Benutzungsbegriffs
(Art. 12 GRL, Art. 19 GGV, § 38 DesignG) im Designrecht berücksichtigt werden können.[645] Wie oben ausführlich dargestellt, muss man den Benutzungsbegriff am übergeordneten Telos orientiert interpretieren und gegebenenfalls
reduzieren.[646] Benutzungshandlungen die von vornherein ungeeignet sind, das
Design in seiner Funktion als gewerbliches Schutzrecht zu beeinträchtigen, sind
dem Designinhaber schon nicht zugewiesen. Er kann sie deshalb nicht verbieten,
Schranken sind daher entbehrlich, und auch für eine Rechtsfortbildung der
Schranken besteht dann kein Bedürfnis. Den gesetzlich nicht geregelten Sachverhalten liegen Benutzungshandlungen zu Grunde, die im Designrecht nicht
erwähnt werden. Im Designrecht etwa kommt der Begriff »Bestimmungshinweis« nicht vor. Hier können und müssen die Wertungen der anderen Immaterialgüterrechte im Wege eines systematischen Vergleichs nutzbar gemacht
werden.

Eine »horizontale« systematische Interpretation von Sekundärrechtsakten

---

644 Siehe oben S. 65 f.
645 Vgl. *Ruhl*, GGV², Art. 19 Rn. 36; *Eichmann*/v. Falckenstein, GeschmMG⁴, § 38 Rn. 32, § 40
       Rn. 8, 9; auch *Kurtz*, KSzW 2014, 3 meint, dass schon im Benutzungsbegriff ein ange-
       messener Interessenausgleich gesucht werden muss.
646 Siehe oben S. 79 ff.

wird mitunter sehr skeptisch betrachtet[647], weil der Unionsgesetzgeber nur punktuell Regelungen treffe und seine Rechtsakte nicht aufeinander abgestimmt seien. Mit fortschreitender Regelungsdichte und einer größeren Anzahl von Rechtsakten offenbart sich allerdings immer mehr ein gewolltes System, und auch der EuGH schenkt systematischen Argumenten mehr Beachtung.[648] Man kann sie jedenfalls nicht pauschal mit dem Hinweis auf nur punktuelle Regelungen verwerfen.[649] Das gilt insbesondere im Immaterialgüterrecht. Der Unionsgesetzgeber ist dort schon umfangreich tätig geworden. Die Kommission plant nun sogar ein einheitliches europäisches Urheberrecht und das Europäische Patent mit einheitlicher Wirkung steht unmittelbar bevor. Es gibt unionsweite gewerbliche Schutzrechte und eine Vielzahl die nationalen Schutzrechte harmonisierender Richtlinien. Dabei noch von punktuellen Regelungen zu sprechen, ginge an der Rechtswirklichkeit vorbei. Weil das europäische Immaterialgüterrecht möglichst kohärent sein sollte, ist es nicht nur wünschenswert, sondern geboten, systematischen Erwägungen ein großes Gewicht beizumessen.

Bei Lichte betrachtet werden in diesem Schritt Wertungen aus anderen Rechtsakten ins Designrecht übertragen. Das ist aber unschädlich und die Freistellung ergibt sich aus dem übergeordneten Telos und damit einer dem Designrecht immanenten Wertung.

Ob auch der EuGH den Benutzungsbegriff so vernünftig am übergeordneten Telos des Designrechts orientiert eingrenzen würde, lässt sich freilich nicht vorhersagen. Die Hoffnung darf man aber haben, weil auch der EuGH heute systematische Argumente verwendet, teleologische Erwägungen für ihn ein besonderes Gewicht haben[650] und diese mittlerweile in allen Mitgliedstaaten akzeptiert werden.[651]

Der BGH scheint eher einen weiten Benutzungsbegriff anzunehmen[652] und auch in der Literatur wird mitunter angenommen, dass grundsätzlich jede Verwendung einer Gestaltung, die in den Schutzbereich des geschützten Designs

---

647 Vgl. z. B. *Lutter*, JZ 1992, 593, 603; aus jüngerer Zeit z. B. *Höpfner/Rüthers*, AcP 209 (2009), 1, 12.

648 Vgl. etwa EuGH, ECLI:EU:C:2011:507 = Slg. 2011, I-6843 Tz. 41 ff. – Beneo-Orafti; ECLI:EU:C:2010:365 = Slg. 2010, I-5767 Tz. 64 ff. – Luigi Pontini; ECLI:EU:C:2010:740 = EuZW 2011, 98 Tz. 41 ff. – Pammer.

649 Dazu ausführlich *Grundmann*, RabelsZ 75 (2011), 882, 894 f.; *Martens*, Methodenlehre, S. 448 f.

650 Dazu oben S. 43 f. und S. 45 f. m. w. N.

651 Vgl. *Martens*, Methodenlehre, S. 456; und zum Common Law *Vogenauer*, Auslegung, Bd. 1, S. 959 ff.

652 BGH, GRUR 2011, 1117 Tz. 30 – ICE, geht im weiteren auf eine eventuelle einschränkende Auslegung des Benutzungsbegriffs überhaupt nicht mehr ein, obwohl sie genauso im Raum stand wie die analoge Anwendung von § 23 Abs. 3 MarkenG.

fällt, die Leistung beeinträchtigt und damit zunächst dem Verbotsrecht des Designinhabers unterliegt[653].

Wenn man den Benutzungsbegriff im Designrecht nicht durch das übergeordnete Telos eingrenzt und weit versteht, dann liegt die Rechtsfortbildung der Schranken nahe. Entscheidend ist dann, ob in der Gesamtrechtsordnung erkennbar ist, dass der Unionsgesetzgeber die ungeregelten Sachverhalte in anderen Rechtsakten freistellen wollte. Finden sich diese externen Wertungen des Unionsgesetzgebers im Designrecht nicht wieder, liegt eine planwidrige Regelungslücke nahe. Denn man kann dem Unionsgesetzgeber jedenfalls nicht pauschal unterstellen, er habe diese Sachverhalte in anderen Rechtsakten bewusst geregelt und im Designrecht einfach ignoriert, in anderen Rechtsakten die Freistellung für angemessen gehalten, die gesetzlich nicht geregelten Sachverhalte im Designrecht aber kategorisch von einer Freistellung ausschließen wollen.[654] Auch eine solche Rechtsfortbildung ist nach der hier vertretenen Auffassung möglich und zulässig.[655]

Der Hauptunterschied ist, dass eine Rechtsfortbildung der Schranken vor allem auf die Wertungen der Gesamtrechtsordnung abstellt, wohingegen die Einschränkung des Benutzungsbegriffes durch das übergeordneten Telos in erster Linie auf einer dem Designrecht immanenten Wertung beruht.

II.   Die Frage der Beweislast

Wenn man den designrechtlichen Benutzungsbegriff einschränkend interpretiert, hat dies Konsequenzen für die Beweislast. Grundsätzlich müsste dann der Designinhaber beweisen, dass eine bestimmte Benutzungshandlung z. B. kein unwesentliches Beiwerk ist oder keine Berichterstattung über Tagesereignisse. Das mag grundsätzlich denkbar sein, verträgt sich aber nur schwer damit, dass diese Sachverhalte bei anderen Schutzrechten über eine Schranke freigestellt werden. Dem Designinhaber sollte deshalb in diesen Fällen Beweislastumkehr oder zumindest eine Beweiserleichterung zugestanden werden.

---

653 Vgl. etwa *Ruhl*, GGV², Art. 19 Rn. 36 ff.; der aber auch einen Interessenausgleich beim Benutzungsbegriff für richtig hält.

654 Dazu schon oben S. 68 ff.

655 Siehe oben S. 49 ff. *Eichmann*/v. Falckenstein, GeschmMG⁴, Allg. Rn. 14 hält eine Rechtsfortbildung grundsätzlich auch für möglich, erteilt ihr im Rahmen der Schranken allerdings eine Absage, vgl. § 40 Rn. 9. *Ruhl*, GGV², vor Art. 20 – 23 Rn. 8 hält sie auch bei Schranken für möglich.

III.   Werbung – insbesondere Bestimmungshinweise

Die meisten Werbehandlungen sind an diesem Punkt der Arbeit schon abschließend eingeordnet worden. Auch in der Werbung ist es verboten, fremde Designs zu reinen Dekorationszwecken wiederzugeben[656]. Werbeankündigungen für schon im Markt befindliche Produkte sind erlaubt, sie fallen unter die designrechtliche Erschöpfung[657]. In der vergleichenden Werbung dürfen auch fremde Designs gezeigt werden, hier greift grundsätzlich die Zitat-Schranke[658].

1.   Katalogbildfreiheit

Die Katalogbildfreiheit ist ein Unterfall der bereits angesprochenen Sachverhalte. Wenn in einem Ausstellungskatalog schon am Markt befindliche Erzeugnisse beworben werden, greift die Erschöpfung. Das gilt aber nur für Ankündigungen solcher Ausstellungen, auf denen die Erzeugnisse verkauft werden sollen.

Daneben kann die Zitat-Schranke greifen, wenn sich ein Beitrag innerhalb des Katalogs näher mit dem Design auseinandersetzt.

2.   Bestimmungshinweise

Bisher offen geblieben ist, wie Design-Wiedergaben zu behandeln sind, die zwangsläufige Folge eines Bestimmungshinweises sind. Weil keine geistige Auseinandersetzung mit der Gestaltung gefördert wird, fehlt die für die Zitierung nötige *innere Verbindung* zwischen Design und Kontext. Deshalb fällt diese Benutzungshandlung nicht unter die Zitat-Schranke.[659]

Trotzdem ist es zumindest kennzeichenrechtlich anerkannt, dass auch eine 3D-Marke wiedergegeben werden darf, wenn dies für einen Bestimmungshinweis notwendig ist.[660] So durfte bei der Werbung für Aluminiumräder auch der Porsche gezeigt werden, für den sie geschaffen wurden.[661] Nur so konnte der ästhetische Gesamteindruck angemessen vermittelt werden. Unbestritten profitiert die Werbung für Ersatzteile und Zubehörartikel von solchen Wiedergaben. Sie wäre praktisch sehr erschwert – mitunter unmöglich –, wenn der Designinhaber die Wiedergabe des Designs verbieten könnte.

---

656 Dazu oben S. 99.
657 Dazu oben S. 115 ff.
658 Dazu oben S. 100.
659 Vgl. oben S. 100 f.; a. A. LG Düsseldorf, Urt. v. 26. 9. 2013 – 14c O 251/10, IV 1.
660 Vgl. etwa BGH, GRUR 2006, 701 – Porsche 911; GRUR 2006, 679 – Porsche Boxter.
661 BGH, GRUR 2005, 163, 164 – Aluminiumräder.

a)   Einschränkende Interpretation des Benutzungsbegriffes in Art. 12 Abs. 1 GRL

Die erste Frage ist, ob diese Werbehandlung überhaupt eine Benutzung i. S. v. Art. 12 Abs. 1 GRL und damit vom Verbotsrecht umfasst ist. Dafür müsste diese Benutzungshandlung dem Schutzrechtsinhaber zugewiesen sein.

Richtigerweise ist sie das von vornherein nicht.[662] Wie oben gezeigt, müssten die Verwertungsinteressen am Design betroffen sein.[663] Das sind sie hier nicht. Denn durch die Wiedergabe soll lediglich gezeigt werden, dass ein Sekundärprodukt (Ersatzteil, Zubehör usw.) für ein konkretes Primärprodukt bestimmt ist. Die Verwertbarkeit des Designs bleibt davon unbeeinflusst. Der Designinhaber kann immer noch ungestört Produkte mit dem Design herstellen, anbieten usw. Wenn die Wiedergabe des Designs nur als Dekoration dienen soll, kann er sich damit einverstanden erklären und sie lizenzieren oder er kann sie verbieten. Dagegen hat der Anbieter des Sekundärprodukts keine andere Wahl, als das Design zu zeigen, wenn seine Werbung funktionieren soll, dem Designinhaber geht dadurch nichts verloren.[664] Er mag durch die Konkurrenz zwar Marktanteile auf den Folgemärkten einbüßen. Diese Absatzmöglichkeiten möchte das Designrecht aber nicht schützen.

Daraus leitet sich auch die Grenze für solche Bestimmungshinweise ab. Nur wenn es *notwendig* ist, gerade das eine Hauptprodukt zu zeigen, bleiben die wirtschaftlichen Interessen des Designinhabers unberührt. Sobald ein Sekundärprodukt für mehrere Hauptprodukte bestimmt ist, darf nicht ausgerechnet eines davon lizenzfrei abgebildet werden. Der Hersteller des Sekundärprodukts wird regelmäßig kein legitimes Interesse daran haben, alle Hauptprodukte zu zeigen, das wäre oft schon praktisch unmöglich. Dann muss er entweder das Einverständnis der Designinhaber einholen oder auf die Wiedergabe verzichten. Wenn also z. B. die Aluminiumräder für eine Vielzahl unterschiedlicher Fahrzeugmodelle gefertigt wurden, darf er nicht einfach einen Porsche abbilden, nur weil dieser besonders wertig aussieht. Hier ginge es ihm auch nicht mehr nur um einen notwendigen Bestimmungshinweis, sondern um den Dekorationseffekt.

Daneben müssen stets auch die Interessen des Designinhabers berücksichtigt werden.[665] Einen herabsetzenden Bestimmungshinweis muss er nicht hinnehmen. Durch diesen werden seine wirtschaftlichen Interessen betroffen und dann unterliegt die Wiedergabe seinem Verbotsrecht.

Letztlich werden hier sehr ähnliche Wertungen getroffen, wie für Bestimmungshinweise im Markenrecht (Art. 6 Abs. 1 lit. c Marken-RL und Art. 12 lit. c

---

662 Zum nationalen Recht zutreffend *Eichmann*/v. Falckenstein, GeschmMG⁴, § 40 Rn. 8; zur GGV nicht ganz so deutlich *Ruhl*, GGV², vor Art. 20–23 Rn. 6, vgl. auch Art. 19 Rn. 37.

663 Siehe oben S. 79 ff.

664 Darauf stellt auch *Eichmann*/v. Falckenstein, GeschmMG⁴, § 40 Rn. 8 ab. Vgl. auch *Kurtz*, KVzW 2014, 3, 5.

665 *Eichmann*/v. Falckenstein, GeschmMG⁴, § 40 Rn. 8.

GMV und § 23 MarkenG).[666] Das ist kein Zufall, sondern Folge davon, dass beides gewerbliche Schutzrechte sind und bei Bestimmungshinweisen eine sehr ähnliche Interessenlage besteht. Es ist deshalb interessengerecht die marken-rechtlichen Wertungen zu Bestimmungshinweisen zu berücksichtigen und mit dem übergeordneten Ziel des Designrechts abzugleichen. Aus dem übergeord-neten Telos folgt dann die teleologische Reduktion des Benutzungsbegriffes.

b) Rechtsfortbildung der Schranken

Wenn man diesen eingeschränkten Benutzungsbegriff aber ablehnt, muss man sich der Frage stellen, ob stattdessen eine Rechtsfortbildung der Schranken angemessen ist.[667]

aa) Regelungslücke

Wenn der Benutzungsbegriff in Art. 12 GRL so weit verstanden wird und weil das Designrecht für Bestimmungshinweise keine Regelungen bereithält, kann man eine Lücke herleiten. Dem Gesetzgeber kann nicht unterstellt werden, dass er die Bestimmungshinweise bedacht, den im Raum stehenden Wertungswi-derspruch gesehen und dann stillschweigend ignoriert hat. Das ist schon des-halb nicht überzeugend, weil ihm grundsätzlich die Gefahr bewusst war, die ein Design für Sekundärmärkte haben kann und er sich z. B. in Art. 8 Abs. 2 GGV um eine interessengerechte Lösung bemüht hat.[668]

bb) Wertmaßstab: Art. 6 Abs. 1 lit. c Marken-RL und Art. 12 lit. c GMV

Auf Unionsebene lässt sich der Wertmaßstab für Benutzungshinweise deutlich aus der markenrechtlichen Schranke in Art. 6 Abs. 1 lit. c Marken-RL und Art. 12 lit. c GMV ableiten.

Diese markenrechtliche Schranke soll zum einen verhindern, dass der Her-steller des Primärproduktes über sein Kennzeichenrecht auch die Folgemärkte gegen Konkurrenten abschottet. Zum anderen sollen die Drittanbieter nicht an den Besitzständen des Originalherstellers schmarotzen.[669] Auf Grundrechts-ebene geht es also darum, einen angemessen Ausgleich zwischen dem jeweiligen Recht auf unternehmerische Freiheit (Art. 16 GRCh) und dem geistigen Eigen-tum (Art. 17 GRCh) herbeizuführen.

Über diese Schranke wird es den Anbietern von Sekundärprodukten erlaubt, in ihrer Werbung auch geschützte Kennzeichen Dritter zu verwenden.[670] Das ist

---

666 Vgl. etwa Ströbele/*Hacker*, MarkenG[11], § 23 Rn. 100 ff.
667 Diesen Weg hält auch *Ruhl*, GGV[2], Vor Art. 20 – 23 Rn. 6 für möglich; a. A. wohl *Eichmann/v. Falckenstein*, GeschmMG[4], § 40 Rn. 9.
668 So auch schon *Kurtz*, KSzW 2014, 3, 7.
669 Ströbele/*Hacker*, MarkenG[11], § 23 Rn. 96.
670 Vgl. Ströbele/*Hacker*, MarkenG[11], § 23 Rn. 97.

zulässig, soweit dies notwendig[671] ist, um die angesprochenen Verkehrskreise verständlich und vollständig über die Bestimmung der Sekundärprodukte zu informieren[672]. Diese grundsätzliche Freistellung kennt einige Ausnahmen: So ist die Verwendung nur erlaubt, solange sie nicht gegen die guten Sitten verstößt[673], die Verkehrskreise nicht irrig eine falsche Produktherkunft annehmen können[674] und auch sonst keine geschäftlichen Beziehungen suggeriert werden[675]; die Unterscheidungskraft und Wertschätzung des fremden Zeichens darf auch nicht in unlauterer Weise ausgenutzt[676], blickfangmäßig herausgestellt[677], herabgesetzt oder schlechtgemacht werden[678].

cc)　Angemessenheit des Wertmaßstabes im Designrecht
Dieser Wertungsmaßstab passt auch zum Designrecht. Wie das Markenrecht ist das Designrecht ein gewerbliches Schutzrecht. Es ist darauf gerichtet, eine gewerbliche Leistung zu fördern und zu schützen.[679] Mit Blick auf Bestimmungshinweise muss im Designrecht daher derselbe Grundrechtskonflikt gelöst werden. Es ist gibt keinen Grund, dabei einen anderen Weg zu gehen als im Markenrecht.

Mit Art. 6 Abs. 1 lit. c Marken-RL, Art. 12 lit. c GMV und ihren aufgezeigten Ausnahmen werden zwar erkennbar auch einige Probleme gelöst, die so nur im Kennzeichenrecht vorkommen. Eine Herkunftsfunktion kann im Designrecht nicht beeinträchtigt werden, weil es diese Funktion nicht hat. Das ist aber unschädlich. Es geht nicht darum, die markenrechtlichen Normen ohne Unterschied zu übernehmen, sondern die Elemente des Wertmaßstabes zu übernehmen, die auch im Designrecht angemessen sind. Abgesehen von den spezifischen

---

671　Vgl. dazu Ströbele/*Hacker*, MarkenG[11], § 23 Rn. 101; *Ingerl/Rohnke*, MarkenG[3], § 23 Rn. 116 f.

672　EuGH, ECLI:EU:C:2005:177 = GRUR 2005, 509 Tz. 35 – Gillette Company/LA-Laboratories; BGH, GRUR 2011, 1135 Tz. 20 – GROSSE INSPEKTION FÜR ALLE.

673　EuGH, ECLI:EU:C:2005:177 = GRUR 2005, 509 Tz. 41 – Gillette Company/LA-Laboratories; ECLI:EU:C:2004:11 = GRUR 2004, 234 Tz. 24 – Gerolsteiner/Putsch; ECLI:EU:C:1999:82 = GRUR Int. 1999, 438 Tz. 61 – BMW/Deenik; BGH, GRUR 2011, 1135 Tz. 23 – GROSSE INSPEKTION FÜR ALLE; Ströbele/*Hacker*, MarkenG[11], § 23 Rn. 103.

674　Vgl. etwa BGH, GRUR 2005, 423, 425 – Staubsaugerfiltertüten; GRUR 2005, 163, 164 – Aluminiumräder.

675　EuGH, ECLI:EU:C:2005:177 = GRUR 2005, 509 Tz. 42 – Gillette Company/LA-Laboratories; ECLI:EU:C:1999:82 = GRUR Int. 1999, 438 Tz. 63, Tz. 51 – BMW/Deenik.

676　EuGH, ECLI:EU:C:2005:177 = GRUR 2005, 509 Tz. 43 – Gillette Company/LA-Laboratories; ECLI:EU:C:1999:82 = GRUR Int. 1999, 438 Tz. 63 i. V. m. Tz. 52 – BMW/Deenik; näher dazu Ströbele/*Hacker*, MarkenG[11], § 23 Rn. 109.

677　So zumindest der BGH, GRUR 2011, 1135 Tz. 27 – GROSSE INSPEKTION FÜR ALLE.

678　EuGH, ECLI:EU:C:2005:177 = GRUR 2005, 509 Tz. 44 – Gillette Company/LA-Laboratories.

679　Zum Zweck des Designrechts oben S. 72.

Ausnahmen bietet der erkennbare Wertmaßstab eine passende Lösung für eine in weiten Teilen fast identische Interessenlage.[680]

Weil also eine Lücke feststellbar ist und sie auch Wertungen widerspricht, die in der Gesamtrechtsordnung erkennbar sind, kommt eine analoge Anwendung der Schrankennormen grundsätzlich in Betracht.[681]

dd)   *Analoge Anwendung von Art. 6 Abs. 1 lit. c Marken-RL, Art. 12 lit. c GMV*

Der entscheidende Wertmaßstab zeigt sich zwar in Art. 6 Abs. 1 lit. c Marken-RL, Art. 12 lit. c GMV, wie oben dargestellt, funktioniert die analoge Anwendung von exogenen Schranken für die GRL jedoch nicht. Dagegen sprechen die strukturellen Besonderheiten, die bei Richtlinien zu beachten sind.[682]

ee)   *Teleologische Extension von Art. 13 GRL*

Doch könnte man eine *teleologische Extension* von Art. 13 GRL vornehmen und diese Norm analog auf Bestimmungshinweise anwenden. Die *vergleichbare Interessenlage* und *Planwidrigkeit* kann im Wege einer Gesamtanalogie zu Art. 6 Abs. 1 lit. c Marken-RL, Art. 12 lit. c GMV begründet werden. Dieser Weg ist möglich, hat aber gegenüber der *teleologischen Reduktion* des Benutzungsbegriffes keine Vorteile. Er ist nicht überzeugender, vermittelt keine größere Rechtssicherheit und führt zum gleichen Ergebnis.

c)   *Übertragungsakt*

Die Rechtsfortbildung der GRL, gleich ob in Art. 12 oder Art. 13, muss auch im deutschen DesignG nachvollzogen werden. Solange dies der deutsche Gesetzgeber nicht tut, müssen dies die Gerichte über eine *richtlinienkonforme Rechtsfortbildung* tun. Diese ist nicht nur zulässig, sondern zwingend.[683]

Verbindlich ist allerdings nur das Ergebnis, bei der Wahl der Form und Mittel ist der Rechtsanwender frei, Art. 288 Abs. 3 AEUV. Anders als in der GRL kann dies hier auch durch eine analoge Anwendung einer exogenen Schranke geschehen. Deshalb könnte man § 23 Abs. 3 MarkenG analog anwenden.[684] Daneben ist eine *teleologische Extension* von § 40 DesignG möglich. Auch auf nationaler Ebene gilt jedoch: Besser nimmt man eine *teleologische Reduktion* des Benutzungsbegriffes vor.[685]

Für die GGV kann man dieselben Rechtsfortbildungsinstrumente verwenden.

---

680 *Kurtz*, KSzW 2014, 3, 5.
681 *Kurtz*, KSzW 2014, 3, 8 hält sie für die GGV für möglich.
682 Dazu oben S. 52 f.
683 Dazu oben S. 56 ff.
684 I. E. so auch *Kurtz*, KSzW 2014, 3, 8.
685 *Eichmann*/v. Falckenstein, GeschmMG⁴, § 40 Rn. 8.

Entweder man wendet Art. 12 lit. c GMV analog an oder der Benutzungsbegriff in Art. 19 GGV wird teleologisch reduziert.[686]

3. Ergebnis

Egal für welche dogmatische Herleitung man sich entscheidet, das Ergebnis bleibt dasselbe: Bestimmungshinweise unterliegen grundsätzlich[687] nicht dem Verbotsrecht des Designinhabers.[688]

Am besten interpretiert man schon den Benutzungsbegriff in Art. 12 GRL einschränkend.[689] Das übergeordnete Telos des Designrechts bietet genügend Anhaltspunkte, um diese Wertung überzeugend zu begründen.

Wenn man den Benutzungsbegriff dagegen weit versteht, ist eine Rechtsfortbildung der Schranken zulässig und geboten. Dann besteht nämlich eine planwidrige Lücke und Art. 6 Abs. 1 lit. c Marken-RL und Art. 12 lit. c GMV kann ein passender angemessener Wertmaßstab entnommen werden.

Als Rechtsfortbildungsinstrument überzeugt die *teleologische Reduktion* des Benutzungsbegriffes am meisten – das gilt auf Unions- und nationaler Ebene gleichermaßen. Stattdessen könnte man auch eine *teleologische Extension* von Art. 13 GRL, Art. 20 GGV und § 40 DesignG vornehmen. In Deutschland ist auch eine analoge Anwendung von § 23 Abs. 3 MarkenG denkbar, für das Gemeinschaftsdesign könnte man Art. 12 lit. c GMV analog anwenden.[690] Vernünftiger ist es allerdings, in allen Rechtsakten dasselbe Rechtsfortbildungsinstrument zu bemühen.

Bei den Bestimmungshinweisen zeigt sich auch, was die Methodik leisten kann und wo ihre Grenze liegt. Grundsätzlich kann das richtige Ergebnis auf unterschiedliche Weise konstruiert werden. Entweder man begreift den passenden Wertmaßstab des Markenrechts schon als systematisches Argument und nutzt das übergeordnete Telos des Designrechts für eine teleologische Reduktion oder man verwendet die markenrechtlichen Regelungen im Wege eines Analogieschlusses. Entscheidend ist letztlich immer, dass in der Gesamtrechtsordnung ein Wertmaßstab ableitbar ist, der sicher erkennen lässt, wie der Gesetzgeber solche Sachverhalte behandelt hätte. Hier sollte der Unionsgesetzgeber tätig werden und endgültige Klarheit schaffen.

---

686 Vgl. *Kurtz*, KSzW 2014, 3, 8.
687 Abgesehen von den oben S. 125 angesprochenen Einschränkungen.
688 So auch *Kurtz*, KSzW 2014, 3, 8.
689 So auch *Eichmann*/v. Falckenstein, GeschmMG⁴, § 40 Rn. 8, der deutlich auf die dem Designrecht immanenten Wertungen abstellt und eine analoge Anwendung externer Schranken ablehnt. *Ruhl*, GGV², vor Art. 20–23 Rn. 6, der allerdings ausdrücklich an externe Wertmaßstäbe anknüpft; ähnlich auch *Kurtz*, KSzW 2014, 3, 4.
690 *Kurtz*, KSzW 2014, 3, 8.

IV.   Freie Informationsvermittlung

Mit einem Design kann potentiell die freie Informationsvermittlung beeinträchtigt werden. Anders als das Urheberrecht (vgl. § 50 UrhG) kennt das Designrecht keine Schranken, die eine Wiedergabe des Designs etwa in der Presse
oder Fernsehberichterstattung freistellen. Der deutsche Gesetzgeber ging davon
aus, dass solche Handlungen trotzdem erlaubt sind. Wenn nötig, seien die urheberrechtlichen Schranken analog anzuwenden.[691] Die Sachlage ist allerdings
längst nicht so einfach, wie sich der deutsche Gesetzgeber das vorgestellt hat.
Seine lapidare Aussage verdeckt, wie kompliziert und mitunter umstritten die
Rechtsfortbildung ist, wenn das nationale Recht derart mit dem Unionsrecht
verflochten ist, wie es das Designrecht heute ist.

Klar ist, dass die Rechtsfortbildung auf Unionsebene erfolgen muss. Deshalb
bildet nicht das deutsche UrhG den Referenzrahmen für die Rechtsfortbildung,
sondern die InfoSoc-RL. Bei der GRL scheidet die analoge Anwendung dieser
exogenen Schranken aus.[692] Im Ergebnis könnte der deutsche Gesetzgeber
dennoch Recht behalten. Denn die analoge Anwendung der urheberrechtlichen
Schranken ist als Umsetzungsakt zumindest denkbar, wenn auch unvernünf-
tig.[693]

Letztlich stellen sich bei diesen Sachverhalten dieselben Fragen wie bei den
Bestimmungshinweisen. Deshalb wird im Folgenden geklärt, ob sie überhaupt
vom Verbotsrecht des Designinhabers erfasst sind. Danach werden die weiteren
Rechtsfortbildungsmöglichkeiten erörtert.

1.   Berichterstattung über Tagesereignisse

Von allen denkbaren Sachverhalten dient die Berichterstattung über Tagesereignisse am deutlichsten dem Interesse der Allgemeinheit an einer freien Informationsvermittlung. Dieses Interesse würde spürbar eingeschränkt, wenn die
Medien für jede bebilderte Berichterstattung auf Lizenzen angewiesen wären.

a)   *Einschränkende Interpretation des Benutzungsbegriffes in Art. 12 Abs. 1 GRL*
Deshalb liegt der Schluss nahe, dass die damit verbundenen Benutzungshandlungen schon gar nicht dem Designinhaber zugewiesen sind. Der deutsche
Gesetzgeber impliziert das mit seiner Behauptung, die Berichterstattung könne
über eine analoge Anwendung der Schranken freigestellt werden. Tatsächlich ist
die Rechtsfortbildung der Schranken unnötig, weil die Berichterstattung über

---

691 BT-Drucks. 15/1075, S. 54.
692 Dazu oben S. 52 f.
693 Dazu oben S. 62.

Tagesereignisse richtigerweise von vornherein keine Benutzung i. S. v. Art. 12 GRL ist.

aa) *Definition der Berichterstattung über Tagesereignisse*

Diese Wertung hängt davon ab, was man unter einer Berichterstattung über Tagesereignisse versteht. Das ergibt sich nicht allein aus dem Designrecht, denn bis auf das übergeordnete Telos gibt es keine erhellenden Anhaltspunkte. Dieses Merkmal findet sich aber in Art. 5 Abs. 3 lit. c InfoSoc-RL. Es ist angemessen, die Berichterstattung über Tagesereignisse im Designrecht an den schon bestehenden Vorgaben orientiert auszulegen.[694]

Im europäischen Urheberrecht dient Art. 5 Abs. 3 lit. c InfoSoc-RL denselben Interessen und Erwägungen[695]. Medienunternehmen ist es praktisch kaum möglich, die erforderlichen Rechte zeitnah vor einer Berichterstattung einzuholen. Die Wiedergabe im Rahmen einer Berichterstattung ist aber nicht nur erlaubnis-, sondern auch vergütungsfrei. Denn die Berichterstattung steht in keiner Konkurrenz mit der normalen Verwertung des Werkes.[696] Der BGH hielt diese Einschränkung mit Blick auf den vergleichbaren § 50 UrhG für verfassungsgemäß,[697] und auch der Unionsgesetzgeber teilt diese Auffassung, wie sich schon aus der Existenz von Art. 5 Abs. 3 lit. c InfoSoc-RL ergibt.

Eine Berichterstattung i. S. v. Art. 5 Abs. 3 lit. c InfoSoc-RL ist die »ausschnittsweise, gleichwohl möglichst wirklichkeitsgetreue Wiedergabe oder sachliche Schilderung von tatsächlichen Geschehnissen«.[698] Das Merkmal Tagesereignisse hat zwei Komponenten, eine zeitliche und eine qualitative. Zum einen müssen die tatsächlichen Geschehnisse aktuell sein. Die Berichterstattung braucht nicht am selben Tag stattzufinden, ein naher zeitlicher Zusammenhang ist aber erforderlich. Zum anderen sind Tagesereignisse nur solche Geschehnisse, die zumindest für einen relevanten Teil der Allgemeinheit von Interesse sind.[699]

Unter diesen Voraussetzungen sind urheberrechtlich alle Verwertungshandlungen gestattet, die für die Berichterstattung notwendig sind. Das bedeutet, dass das Werk im Verlauf des Ereignisses, über das berichtet wird, tatsächlich

---

694 Siehe oben S. 121 f.

695 Vgl. *v. Lewinski/Walter*, European Copyright Law, Rn. 11.5.55 ff.

696 Vgl. *Dreier*/Schulze, UrhG⁴, Vor § 50 Rn. 1.

697 BGH, GRUR 1983, 25, 27 – Presseberichterstattung und Kunstwerkwiedergabe I, und GRUR 1983, 28, 30 – Presseberichterstattung und Kunstwerkwiedergabe II.

698 *Vogel*, in: *Schricker/Loewenheim*, UrhR⁴, § 50 Rn. 9.

699 Vgl. *v. Lewinski/Walter*, European Copyright Law, Rn. 11.5.57; zum sehr ähnlichen § 50 UrhG *Dreier*/Schulze, UrhG⁴, vor § 50 Rn. 4.

wahrnehmbar geworden sein muss; ein bloßer sachlicher Zusammenhang zu dem Ereignis oder Thema[700] reicht nicht aus.

Wie umfangreich ein Medienunternehmen geschützte Werke Dritter verwenden darf, hängt vom Einzelfall ab. Dabei spielen z. B. der Zweck der Berichterstattung und deren Begleitumstände eine Rolle. Kann ein Medienunternehmen problemlos die betroffenen Rechte einholen, dürfte die erlaubnis- und vergütungsfreie Nutzung nicht mehr geboten sein.[701]

bb)   *Vereinbarkeit mit dem übergeordneten Telos*
Definiert man die Berichterstattung über Tagesereignisse auch im Designrecht auf diese Weise, ist eine engere Interpretation des Benutzungsbegriffes ohne weiteres mit dem übergeordneten Telos des Designrechts vereinbar. Denn durch die Wiedergabe des Designs im Rahmen einer solchen Berichterstattung hat der Designinhaber in aller Regel keine wirtschaftlichen Nachteile zu befürchten.

Anders als im Urheberrecht muss der Designer im Rahmen der Berichterstattung nicht als Quelle benannt werden. Dafür müsste es eine allgemeine Pflicht geben, den Designer als solchen zu benennen. Die gibt es nicht und sie lässt sich auch nicht aus dem Designerpersönlichkeitsrecht ableiten.[702]

Der gebotene Umfang der Wiedergabe ergibt sich aus dem Einzelfall. Dass hier für den Designinhaber ein gewisses Maß an Rechtsunsicherheit entsteht, ist bei einem Abwägungsprozess, der Einzelfallgerechtigkeit herbeiführen soll, unvermeidlich.

cc)   *Grundrechtliche Relevanz der Berichterstattung*
Diese Interpretation berücksichtigt auch die grundrechtliche Relevanz der Berichterstattung über Tagesereignisse. Die Medienunternehmen können sich insbesondere auf den Schutz von Art. 11 Abs. 2 GRCh berufen. Die Bedeutung dieses Grundrechts »in einer demokratischen und pluralistischen Gesellschaft [kann] nicht genug betont werden«.[703] Nimmt man dies ernst, liegt der Schluss nahe, dass auch das Recht an dem geistigen Eigentum häufig hinter Art. 11 Abs. 2 GRCh zurücktreten muss. Der Unionsgesetzgeber hielt es dennoch für zulässig, Art. 5 Abs. 3 lit. c InfoSoc-RL fakultativ auszugestalten. Er akzeptiert damit, dass sich Art. 17 Abs. 1, 2 GRCh gegen Art. 11 Abs. 2 GRCh auch im Rahmen von Berichterstattungen über Tagesereignisse durchsetzt, wenn die Mitglied-

---

700 BGH, GRUR 1983, 25, 26 f. – Presseberichterstattung und Kunstwerkwiedergabe I, und GRUR 1983, 28, 30 – Presseberichterstattung und Kunstwerkwiedergabe II; Vgl. *Dreier/ Schulze,* UrhG[4], vor § 50 Rn. 7. Hier kann u. U. die Zitat-Schranke des § 51 UrhG eingreifen.
701 Zu § 50 UrhG BGH, GRUR 2012, 1062 Tz. 24 – Elektronischer Programmführer.
702 Vgl. zum Designerpersönlichkeitsrecht allgemein *Eichmann/*v. Falckenstein, GeschmMG[4], Allg. Rn. 15 ff.
703 EuGH, ECLI:EU:C:2013:28 = GRUR Int. 2013, 288 Tz. 52 – Sky Österreich.

staaten es für angemessen halten. Wie bei allen Grundrechtsabwägungen kann er sich bei dieser Wertung auf eine weite Einschätzungsprärogative berufen. Ob diese Grundrechtsabwägung tatsächlich gerechtfertigt ist, darf mit Blick auf die besondere Bedeutung des Art. 11 Abs. 2 GRCh bezweifelt werden. Selbst wenn eine Grundrechtsabwägung nicht zwangsläufig zugunsten der Medienunternehmen ausfallen müsste und die engere Interpretation des Benutzungsbegriffes im Designrecht grundrechtlich nicht zwingend ist, weist die besondere Bedeutung von Art. 11 Abs. 2 GRCh dennoch den richtigen Weg: Wenn ein enger Benutzungsbegriff mit dem übergeordneten Telos – also einer immanenten Wertung des Designrechts – vereinbar ist, sollte man der grundrechtlichen Relevanz der Berichterstattung Rechnung tragen und sie als zusätzliches Argument für die Einschränkung begreifen.

b)   Rechtsfortbildung der Schranken

Wenn man diese dem europäischen Designrecht immanenten Wertungen ignoriert und einem weiten Benutzungsbegriff folgt, lässt sich dieser Fehler durch eine Rechtsfortbildung der Schranken kaum noch überzeugend korrigieren.[704]

Damit diese Rechtsfortbildung zulässig ist, bräuchte man zunächst eine planwidrige Regelungslücke. Die Regelungslücke lässt sich noch herleiten, denn der Unionsgesetzgeber schweigt zu den betroffenen Sachverhalten vollkommen. Nirgendwo lässt er erkennen, dass er sie bedacht hat. Auf der anderen Seite zeigt der Blick in Art. 5 Abs. 3 lit. c InfoSoc-RL, dass er vergleichbare Sachverhalte grundsätzlich ausdrücklich regelt. Im Designrecht hat er dies unterlassen. Dafür sind folgende Gründe denkbar: Zum einen könnte er den zutreffenden engeren Benutzungsbegriff vor Augen gehabt haben; ferner ist möglich, dass er die Berichterstattung dem Verbotsrecht des Designinhabers unterstellen und keine Schranke vorsehen wollte; schließlich könnte er die Sachverhalte schlicht nicht bedacht haben. Man könnte sich ersteres wünschen, die Gesetzesmaterialien lassen darauf aber nicht schließen. Es fehlen aber auch Hinweise darauf, dass der Unionsgesetzgeber die Sachverhalte bewusst in den Benutzungsbegriff einschließen wollte. Letztlich muss man deshalb davon ausgehen, dass er sie überhaupt nicht bedacht hat. Das liegt nahe, wenn er sie gar nicht erwähnt, obwohl die Berichterstattung über Tagesereignisse auch grundrechtlich offenkundig relevant ist. In der neueren InfoSoc-RL von 2001 wurde er durch vergleichbare Regelungen der Mitgliedstaaten auf dieses Problem gestoßen und hat es dann auch geregelt.

---

[704] *Eichmann*/v. Falckenstein, GeschmMG[4], § 40 Rn. 9 nimmt unter Hinweis auf BVerfG, GRUR 2001, 43 – Klinische Versuche, für Schranken eine allgemeine Rechtsfortbildungsschranke an, die sich aus Art. 14 GG ergeben soll. Das ist so nicht überzeugend, vgl. zu Art. 17 Abs. 1, 2 GRCh oben S. 67 f.

Trotz dieser Regelungslücke scheitert aber eine Rechtsfortbildung im Designrecht. Unter der Prämisse, dass die Freistellung der Berichterstattung über Tagesereignisse nicht grundrechtlich zwingend ist (oben cc), kommt es entscheidend darauf an, ob man aus der europäischen Gesamtrechtsordnung Wertungen des Unionsgesetzgebers ableiten kann, die sicher genug offenbaren, wie er diese Sachverhalte im Designrecht *rechtspolitisch* geregelt hätte, wenn sie ihm bewusst gewesen wären.

Im Unionsrecht findet man die vergleichbare Regelung zwar in Art. 5 Abs. 3 lit. c InfoSoc-RL. Aus ihr ergibt sich aber gerade nicht, dass der Unionsgesetzgeber die Schranke für zwingend hält, denn er hat es den Mitgliedstaaten freigestellt, ob sie von dieser Schranke Gebrauch machen wollen.

Man kann daher nicht sicher sagen, welche rechtspolitische Wertung er im Designrecht vorgenommen hätte. Letztlich wäre der EuGH deshalb gezwungen, selbst eine *rechtspolitische* Entscheidung zu treffen. Genau das darf er mit einer *Rechtsfortbildung* aber nicht.[705]

In Betracht käme einzig noch, den Anwendungsbereich der GRL durch Rechtsfortbildung zu reduzieren und diese Sachverhalte komplett aus dem Regelungsbereich herauszunehmen. Dies wiederum würde ähnliche methodologische Probleme aufwerfen wie eine nachträgliche Erweiterung des Anwendungsbereiches.[706] Es ist höchst zweifelhaft, ob das überhaupt möglich und zulässig wäre. Darüber hinaus würde es auch dem klaren Ziel des Unionsgesetzgebers zuwiderlaufen, einen abschließenden und vollharmonisierten Rechtsakt zu erlassen, der in allen Mitgliedstaaten eine einheitliche Rechtslage schafft.[707]

c) Ergebnis

Berichterstattungen über Tagesereignisse sind designrechtlich erlaubt, denn sie sind schon keine Benutzung i. S. d. Art 12 GRL, Art. 19 GGV und § 38 DesignG.[708] Dass dieses einschränkende Verständnis richtig ist, folgt aus dem übergeordneten Telos des Designrechts.[709] Eine angemessen definierte Berichterstattung über Tagesereignisse ist nicht geeignet, die wirtschaftlichen Interessen des Designinhabers zu gefährden. Auf der anderen Seite besteht ein erhebliches Interesse daran, diese Informationsvermittlung zu erlauben. Diese Interpretation

---

705 Vgl. oben S. 49 ff.
706 Siehe dazu oben S. 60 f.
707 Die fakultative Ausgestaltung von Art. 5 Abs. 2, 3 InfoSoc-RL führt schon im Urheberrecht zu einer kaum erträglichen Situation, vgl. *Schack*, ZGE 1 (2009), 275, 279. Diesen Fehler sollte man im Designrecht nicht wiederholen.
708 I. E. genauso *Eichmann*/v. Falckenstein, GeschmMG⁴, § 38 Rn. 32.
709 Für *Eichmann*/v. Falckenstein, GeschmMG⁴, § 38 Rn. 32 ergibt sich dieses Ergebnis auch aus der Grundrechtsabwägung.

berücksichtigt außerdem, dass die Berichterstattung über Tagesereignisse auch auf Unionsebene über Art. 11 Abs. 2 GRCh grundrechtlich geschützt ist. Diese Interessenabwägung ist zwar nicht primärrechtlich zwingend. Solange aber das übergeordnete Telos keinen weiteren Benutzungsbegriff fordert, gibt es keinen Grund, sie anders vorzunehmen.

Wenn man dagegen den Benutzungsbegriff zu weit versteht, ist dieser Fehler nicht behebbar. Die dann notwendige rechtspolitische Wertung darf nur der Unionsgesetzgeber vornehmen, die Rechtsfortbildung einer Schranke durch den EuGH wäre hier unzulässig.[710]

Der deutsche Gesetzgeber hat diese Rechtslage in der Gesetzesbegründung zum GeschmMG schlicht verkannt, als er meinte man könne einfach die urheberrechtliche Schranke analog anwenden.[711]

2.   Unwesentliches Beiwerk

Zu § 57 UrhG hat der deutsche Gesetzgeber dieselbe Auffassung vertreten. Ist ein Design nur unwesentliches Beiwerk, sei die urheberrechtliche Schranke analog anwendbar.[712] Wie gerade gezeigt, ist diese Einschätzung falsch.

a)   *Einschränkende Interpretation des Benutzungsbegriffes in Art. 12 Abs. 1 GRL*
Richtigerweise ist die Wiedergabe des Designs als unwesentliches Beiwerk schon keine Benutzung i.S.v. Art. 12 GRL.[713] Wie bei der Berichterstattung über Tagesereignisse folgt dies aus dem übergeordneten Telos des Designrechts und dem angemessenen Verständnis des unwesentlichen Beiwerks.

Was ein unwesentliches Beiwerk ist, ergibt sich ebenfalls nicht allein aus dem Designrecht. Weiter hilft ein Blick in Art. 5 Abs. 3 lit. i InfoSoc-RL. Unwesentliches Beiwerk ist, was in Bezug auf den Hauptgegenstand dermaßen nebensächlich ist, dass es für einen Betrachter keinen Unterschied macht, ob es dort auftaucht oder nicht.[714] Es darf keinen Einfluss auf die Gesamtwirkung haben und keine inhaltliche Beziehung zum Hauptgegenstand. Ob das betreffende Werk in diesem Sinne zufällig erscheint, hängt wie immer vom Einzelfall ab.[715]

---

710   Mit anderer Begründung ebenso *Eichmann*/v. Falckenstein, GeschmMG[4], § 40 Rn. 9.

711   Vgl. BT-Drucks. 15/1075, S. 54.

712   BT-Drucks. 15/1075, S. 54; ohne Begründung auch *Rehmann*, Geschmacksmusterrecht, Rn. 170.

713   So wohl auch *Eichmann*/v. Falckenstein, GeschmMG[4], § 40 Rn. 9; *Ruhl*, GGV[2], vor Art. 20 – 23 Rn. 7 geht von Erschöpfung aus. Das wiederum überzeugt nicht. Zur Erschöpfung als Auffangtatbestand oben S. 117 f.

714   Vgl. *v. Lewinski/Walter*, European Copyright Law, Rn. 11.5.64; zum deutschen Urheberrecht *Riecken*, Filmkulisse, S. 79 ff., 101; *Schack*, UrhR[7], Rn. 566 f.

715   *Vogel*, in: *Schricker/Loewenheim*, UrhR[4], § 57 Rn. 9; für eine grundsätzlich enge Auslegung *v. Lewinski/Walter*, European Copyright Law, Rn. 11.5.64; *Schack*, UrhR[7], Rn. 566; *Poeppel*,

Maßgebend ist die objektive Sicht des Betrachters; die Absicht des Verwerters des Hauptgegenstandes ist hingegen bedeutungslos.[716]

Diese urheberrechtlichen Wertungen sind auch für das Designrecht angemessen. Denn dort werden die gleichen Interessen ausgeglichen. Wenn etwas völlig nebensächlich ist, kann es außerdem nicht die wirtschaftlichen Interessen des Designinhabers beeinträchtigen. Deshalb entspricht die einschränkende Interpretation auch dem übergeordneten Telos des Designrechts und dessen Charakter als gewerblichem Schutzrecht.

b) Rechtsfortbildung der Schranken

Wie auch schon bei der Berichterstattung über Tagesereignisse muss diese immanente Wertung beim Benutzungsbegriff festgemacht werden. Auch für unwesentliches Beiwerk gilt: Hielte man diese Sachverhalte vom Verbotsrecht des Designinhabers erfasst, wäre es unmöglich sie noch durch eine Rechtsfortbildung freizustellen, weil die betreffende urheberrechtliche Schranke aus Art. 5 Abs. 3 lit. i InfoSoc-RL lediglich fakultativ ist.[717]

c) Ergebnis

Richtigerweise unterliegt die Wiedergabe eines Designs als unwesentliches Beiwerk deshalb schon nicht dem Verbotsrecht des Designinhabers aus Art. 12 Abs. 1 GRL, Art. 19 GGV, § 38 Abs. 1 DesignG.

3. Zusammenfassung

Grundsätzlich bergen Designs die Gefahr, die freie Informationsvermittlung massiv zu beeinträchtigen. Das kann man verhindern, indem man den designrechtlichen Benutzungsbegriff in Art. 12 Abs. 1 GRL, Art. 19 GGV, § 38 Abs. 1 DesignG vernünftig einschränkend interpretiert. Methodisch lässt sich das überzeugend mit dem übergeordneten Telos begründen. Die Wertung ist dem Designrecht immanent, sodass eine analoge Anwendung von Schranken unnötig ist. Diese Rechtslage hat der deutsche Gesetzgeber zwar verkannt, das ist aber unschädlich.

Wenn man dagegen die Wiedergabe im Rahmen einer Berichterstattung über Tagesereignisse oder als unwesentliches Beiwerk als vom Verbotsrecht des Designinhabers umfasst sähe, ließe sich eine Freistellung durch eine Rechtsfort-

---

Schranken, S. 389. Für eine weite Auslegung zumindest in Filmkulissen *Riecken*, Filmkulisse, S. 79 ff.

716 Zum deutschen UrhG *Schack*, UrhR[7], Rn. 566; diese Wertung ist auch für das Unionsrecht richtig. Vgl. *Riecken*, Filmkulisse, S. 79 ff, 99 f., für den auch ein bewusst platzierter Gegenstand unwesentliches Beiwerk sein kann.

717 Vgl. oben S. 133 f.

bildung der Schranken nicht mehr erreichen.[718] Die Regelungslücke ließe sich zwar noch herleiten, das Unionsrecht enthält aber keine Anhaltspunkte, aus denen man eine rechtspolitische Entscheidung des Gesetzgebers für solche Schranken ableiten könnte. Ganz im Gegenteil zeigt die InfoSoc-RL deutlich, dass der Unionsgesetzgeber sich gerade nicht festlegen wollte.

V.   Panoramafreiheit

Die urheberrechtliche Panoramafreiheit[719] zielt nicht in erster Linie darauf, eine freie Informationsvermittlung zu fördern. Sie verfolgt einen breiteren Zweck. Ihr liegt die Erwägung zu Grunde, dass ohne diese Schranke viele Freiheitsrechte Dritter massiv eingeschränkt würden. Der Urheber hat sein Werk aber freiwillig in einem Raum platziert, der nicht ihm, sondern allen gehört. Deshalb müssen seine Interessen hinter denen der Allgemeinheit zurücktreten, wenn Dritte den öffentlichen Raum und damit auch sein Werk nutzen.[720]

Im Designrecht besteht eine sehr ähnliche Konfliktlage. Wenn ein Erzeugnis mit einem geschützten Design dauerhaft im öffentlichen Raum verbleibt, könnte man dessen Vervielfältigung und die nachgelagerten Verwendungen mit dem Verbotsrecht aus Art. 12 GRL, 19 GGV und § 38 DesignG unterbinden, falls diese Handlungen Teil des Benutzungsbegriffes sind und keine Schranke existiert. Dies würde einen Wertungswiderspruch zum Urheberrecht provozieren. Denn neu geschaffene, urheberrechtlich geschützte Werke könnte man einfach als Design anmelden, um die Panoramaschranke zu umgehen.

Dieses Problem löst sich nicht von alleine dadurch, dass diese Nutzungshandlungen urheberrechtlich erlaubt sind.[721] Denn das Designrecht ist eine eigenständige Rechtsmaterie, die sich heute nicht mehr nur graduell vom Urheberrecht unterscheidet.[722] Nimmt man das ernst, dann ist auch ein unterschiedliches Schicksal der Verwertungsrechte möglich. Das Designrecht will

---

718 A. A. *Schulze*, FS Ullmann, S. 93, 108 f. auch wenn er eine Antwort dafür schuldig bleibt, wie es genau funktionieren soll; die Unionsebene ignoriert ebenso *Riecken*, Filmkulisse, S. 143 f.

719 Art. 5 Abs. 3 lit. h InfoSoc-RL, § 59 UrhG.

720 Zur InfoSoc-RL etwa *v. Lewinski/Walter*, European Copyright Law, Rn. 11.5.63; zum deutschen UrhG vgl. BT-Drucks. IV/270, S. 76 zu § 60 UrhG; *Schack*, UrhR[7], Rn. 567 f. m. w. N.; *Dreier*/Schulze, UrhG[4], vor § 59 Rn. 1. Daraus ist aber kein allgemeiner Grundsatz ableitbar, dass bei öffentlich zugänglichen Gestaltungen immer die Interessen des Urhebers zurücktreten müssten; BGH, GRUR 2001, 51, 53 – Parfumflakon.

721 A. A. *Schulze*, FS Ullmann, S. 93, 107 f.; das scheint auch *Eichmann*/Kur, Designrecht, S. 116 Rn. 185 anzunehmen, ohne allerdings darzulegen, warum das so sein soll. Zur Unabhängigkeit der beiden Rechtsgebiete voneinander oben S. 70 ff.

722 Dazu oben S. 70 ff. m. w. N.; a. A. *Schulze*, FS Ullmann, S. 93, 103 f.

keinen Einfluss auf das Urheberrecht nehmen[723]; genauso wenig vermag das Urheberrecht auf das Designrecht einzuwirken. Durch ein Design kann eine urheberrechtliche Schranke nicht außer Kraft gesetzt werden; ebenso wenig kann eine urheberrechtliche Schranke ein Design beschneiden. Dafür müsste sie analog angewendet werden.[724]

1.   Einschränkende Interpretation des Benutzungsbegriffes in Art. 12 Abs. 1 GRL

Die Frage ist damit zunächst wieder, ob solche Sachverhalte überhaupt dem Verbotsrecht des Designinhabers unterliegen.

a)   *Vereinbarkeit mit dem übergeordneten Telos*
Bei den Bestimmungshinweisen, der Berichterstattung über Tagesereignisse und der Design-Wiedergabe als unwesentliches Beiwerk war eine wirtschaftliche Beeinträchtigung des Designinhabers kaum zu befürchten. Die Panoramafreiheit würde auch Handlungen erlauben, bei denen das anders ist.

Wenn Designs, die sich dauerhaft im öffentlichen Raum befinden, erlaubnis- und vergütungsfrei von jedermann auch kommerziell verwertet werden können, ist damit zwangsweise der Verlust von Verwertungsmöglichkeiten des Designinhabers verbunden. Das Design eines besonders gelungenen Fassadenelements mag der Designinhaber etwa als Postkarte nutzen und verkaufen wollen.[725]

Das übergeordnete Telos des Designrechts allein reicht deshalb nicht aus, um diese teleologische Reduktion des Benutzungsbegriffes zu rechtfertigen. Weil im Designrecht selbst auch sonst keine hinreichenden Anknüpfungspunkte für dieses Verständnis auffindbar sind, könnte eine solche Interpretation also nur durch externe Wertungen geboten sein.

b)   *Systematischer Vergleich zur InfoSoc-RL*
Selbst wenn man das Unionsrecht als ein stimmiges Gesamtsystem wertet, kann der systematische Vergleich nichts Entscheidendes für eine einschränkende Interpretation beitragen.

Das Unionsrecht regelt die Panoramafreiheit in Art. 5 Abs. 3 lit. h InfoSoc-RL für das Urheberrecht. Die Formulierung entspricht im Wesentlichen dem deutschen § 59 UrhG.[726] Auch wenn sich auf Unionsebene damit die Panoramafreiheit

---

723 Artt. 16 und 17 GRL machen das deutlich.

724 Zur ausgeschlossenen analogen Anwendung von exogenen Schranken auf bei Richtlinien oben S. 52 f.

725 Auch im Urheberrecht wird über eine Vergütung für den Urheber nachgedacht, vgl. etwa BT-Drucks. 16/7000, S. 264, 267; *Dreier*/Schulze, UrhG[4], Vor § 59 Rn. 1.

726 Zur InfoSoc-RL etwa *v. Lewinski/Walter*, European Copyright Law, Rn. 11.5.63; zum

wiederfindet, ist der Wert dieser Regelung als systematisches Argument begrenzt. Wie die anderen Schranken auch ist Art. 5 Abs. 3 lit. h InfoSoc-RL lediglich fakultativ ausgestaltet worden. Der Unionsgesetzgeber wollte es also bewusst in das Belieben der Mitgliedstaaten stellen, ob sie eine solche Schranke für angemessen halten. Wenn er die mit der Panoramafreiheit verbundene Wertung aber schon im Urheberrecht nicht für zwingend hielt, ist nicht ableitbar, dass diese Wertung im Designrecht existieren müsste, weil sonst die innere Ordnung des europäischen Immaterialgüterrechts gefährdet wäre. Eine teleologische Reduktion kann mit ihr deshalb nicht begründet werden.

c)   Grundrechtskonforme Auslegung

Ein engerer Benutzungsbegriff könnte sich deshalb allenfalls aus einer grundrechtskonformen Auslegung ergeben. Denn auch das Designrecht muss so ausgelegt werden, dass die betroffenen Grundrechte möglichst schonend ausgeglichen werden.[727] Dabei steht dem Gesetzgeber eine weite Einschätzungsprärogative zu. Art. 5 Abs. 3 lit. h InfoSoc-RL zeigt, dass der Unionsgesetzgeber davon ausgeht, dass auch die Panoramafreiheit zumindest im Urheberrecht gerade nicht zwingend grundrechtlich geboten ist, sondern nur eine zulässige Schranke sein soll. Soweit ersichtlich, hat diese Einschätzung noch niemand angezweifelt. Das ist nicht überraschend, denn bisher kann jeder Mitgliedstaat seine eigene Rechtsauffassung zur Panoramafreiheit vertreten. Hielte man die Panoramafreiheit im Designrecht für grundrechtlich zwingend geboten, wäre die Folgerung unvermeidlich, dass es primärrechtswidrig war, die Panoramafreiheit in der InfoSoc-RL nur fakultativ auszugestalten.

Aus einer deutschen Perspektive mag man diese Folgerung für richtig halten. Europäische Grundrechte müssen jedoch mit Blick auf die Rechtstraditionen aller Mitgliedstaaten ausgelegt werden. Die Rechtslage ist insoweit uneinheitlich. Der französische Code de la propriété intellectuelle etwa kennt keine Panoramafreiheit[728] – dort setzen sich grundsätzlich die Interessen des Urhebers gegenüber den Nutzungsinteressen Dritter durch.[729] Die Grundrechtsabwägung fällt hier ebenso deutlich, aber genau entgegengesetzt aus. Das Ergebnis einer Grundrechtsabwägung wird immer davon bestimmt, welches Gewicht man den

---

deutschen UrhG *Schack*, UrhR[7], Rn. 567 f. m. w. N.; *Dreier*/Schulze, UrhG[4], Vor § 59 Rn. 1 f.; *Lüft*, in: Wandtke/Bullinger, UrhR[4], § 59 Rn. 1 f.

727 Siehe oben S. 28 f.

728 Ähnlich auch in Belgien Art. 22 § 1 Nr. 2 URG 1994, der nur die Wiedergabe als unwesentliches Beiwert gestattet, oder Italien, dessen *URG 1941* auch keine Panoramafreiheit kennt.

729 Etwa C.A. Paris, 23. 10. 1990, RIDA 150 (1991) 134 = JCP 1991 II 21682 – La Géode; TGI Paris, 12. 7. 1990, RIDA 147 (1991) 359 – La Grande Arche; dazu *Schack*, ZEuP 2006, 150, 154.

einzelnen Positionen zumisst. In einem großen Staatenverbund gewinnt dieser Abwägungsprozess zusätzlich an Komplexität und Unsicherheit.

Es ist schlicht unvorhersehbar, wie der grundrechtliche Konflikt um die Panoramafreiheit auf Unionsebene aufzulösen wäre. Am Ende ist es höchstwahrscheinlich, dass grundrechtlich ein großer Spielraum besteht.

Deshalb kann man *de lege lata* nicht annehmen, dass die Panoramafreiheit grundrechtlich zwingend geboten ist. Dann wiederum muss sie auch nicht zwingend Teil des Designrechts sein.

d)   Ergebnis: keine Einschränkung des Benutzungsbegriffes

Das Designrecht enthält keine Wertungen, die eine Panoramafreiheit erzwingen. Anders als bei Bestimmungshinweisen, unwesentlichem Beiwerk oder der Berichterstattung über Tagesereignisse sind hier wirtschaftliche Auswirkungen auf die normale Verwertung des Designs möglich. Das übergeordnete Telos des Designrechts kann hier keine teleologische Reduktion des Benutzungsbegriffes rechtfertigen. Auch durch den Vergleich mit Art. 5 Abs. 3 lit. h InfoSoc-RL kann ein engeres Verständnis nicht überzeugend begründet werden, weil die Schranke dort gerade fakultativ ist. Schließlich weckt diese fakultative Ausgestaltung auch große Zweifel daran, ob die Panoramafreiheit grundrechtlich zwingend geboten ist. Wie bei den anderen urheberrechtlichen Schranken, sieht zumindest der Unionsgesetzgeber das anders. Mit Blick auf die sehr unterschiedlichen Rechtsauffassungen in den Mitgliedstaaten, steht ihm eine sehr weite Einschätzungsprärogative zu.

Weil das Designrecht die wirtschaftlichen Interessen des Designinhabers schützen soll, muss der Benutzungsbegriff so verstanden werden, dass auch Handlungen, die in Deutschland urheberrechtlich Teil der Panoramafreiheit sind, vom Verbotsrecht des Schutzrechtsinhabers erfasst sind.

2.   Rechtsfortbildung der Schranken

Damit wäre eine Freistellung allenfalls durch eine Rechtsfortbildung der Schranken erreichbar.

Wie bei den anderen ungeregelten Sachverhalten muss man auch für die Panoramafreiheit davon ausgehen, dass der Unionsgesetzgeber sie im Designrecht schlicht nicht bedacht hat. Auch in Hinblick auf die Panoramafreiheit verhindert die fakultative Ausgestaltung der InfoSoc-RL aber, dass man hinreichend sicher auf den rechtspolitischen Willen des Unionsgesetzgebers schließen könnte. Er hat sich bisher gerade nicht rechtspolitisch positioniert.

Dem EuGH sind deshalb die Hände gebunden. Eine rechtspolitische Entscheidung steht ihm nicht zu.[730]

3.   Ergebnis

Im Designrecht gibt es dementsprechend keine Panoramafreiheit.[731] Eine teleologische Reduktion des Benutzungsbegriffes scheidet aus. Das Designrecht enthält keine Wertungen, mit der man sie überzeugend begründen könnte. Auch der weite Benutzungsbegriff ist primärrechtskonform. Genauso wenig kann diese Schranke durch eine Rechtsfortbildung der Schranken geschaffen werden. Die Panoramafreiheit ist nicht zwingend im Unionsrecht verankert. Deshalb ist es eine rechtspolitische Entscheidung, ob es sie geben soll oder nicht. Die Gesamtrechtsordnung lässt keine sicheren Rückschlüsse darauf zu, wie der Unionsgesetzgeber diese Sachverhalte behandelt hätte. Der EuGH darf wiederum nicht einfach selbst eine rechtspolitische Wertung vornehmen. Er muss den unbewusst sehr weit geratenen Benutzungsbegriff akzeptieren, solange dieser primärrechtskonform ist.

Damit ergibt sich in Deutschland ein Wertungswiderspruch zwischen § 59 UrhG und dem nationalen DesignG. Wegen des Anwendungsvorranges des europäischen Rechts kann weder der deutsche Gesetzgeber noch ein deutsches Gericht diesen Wertungswiderspruch beseitigen. Letztlich ist es auch unerheblich, ob das GG ein anderes Ergebnis fordern würde. Denn bei einer vollharmonisierenden Richtlinie wie der GRL kommt es nur auf die GRCh an.[732]

Bei der Panoramafreiheit offenbart sich, dass die Bezugnahme auf den europäischen Referenzrahmen für den nationalen Rechtsanwender zu ungewohnten und teilweise unliebsamen Ergebnissen führen kann. Zusammen mit einer Vollharmonisierung besteht immer die Gefahr, dass dies Wertungswidersprüche in den nationalen Rechtsordnungen provoziert. Bei der Panoramafreiheit hat sie sich verwirklicht.

Viele Benutzungshandlungen im öffentlichen Raum bleiben dennoch erlaubt. Privatpersonen dürfen weiterhin nach Herzenslust fotografieren und filmen, denn sie können sich auf Art. 13 Abs. 1 lit. a GRL berufen. Die Informationsvermittlung wird auch nicht unangemessen eingeschränkt, weil Berichterstattungen über Tagesereignisse und unwesentliches Beiwerk richtigerweise schon nicht vom Verbotsrecht des Designinhabers umfasst sind.

---

730 Vgl. oben S. 49 ff.
731 A. A. *Schulze*, FS Ullmann, S. 93, 106 f., der die analoge Anwendung von § 59 UrhG ohne nähere Begründung auch für unionsrechtlich zulässig hält. Die Unionsebene ignorierend *Riecken*, Filmkulisse, S. 243 f.; undeutlich *Eichmann*/v. Falckenstein, GeschmMG[4], § 38 Rn. 32.
732 Dazu oben S. 29 f.

Gegen die kommerzielle Vermarktung von fremden Designs z. B. durch Post-
karten kann der Designinhaber allerdings vorgehen. Für ältere Erzeugnisse, die
bisher noch nicht designrechtlich geschützt sind, spielt das keine Rolle. Für sie
wird man kein Design mehr bekommen, weil sie nicht neu i. S.v. Art. 3 Abs. 2 GRL
sind. Für neue Erzeugnisse ist das anders. Hier öffnet die fehlende Panoramafreiheit dem Designinhaber die Möglichkeit, ein Verbotsrecht in Deutschland zu
erhalten, das urheberrechtlich unerwünscht ist.

VI.   Vorübergehende digitale Vervielfältigungshandlungen

In unserem zunehmend von IT geprägten Alltag, stellt sich immer dringlicher
die Frage, wie mit digitalen Benutzungshandlungen umgegangen werden muss.
Viele dieser Benutzungshandlungen lassen sich einem der bereits dargestellten
Sachverhalte zuordnen, die getroffenen Wertungen gelten dann grundsätzlich
gleichermaßen.

Teilweise sind digitale Kommunikationsprozesse mit zusätzlichen vorübergehenden Vervielfältigungshandlungen verbunden. Für das Urheberrecht hat
der Unionsgesetzgeber mit Art. 5 Abs. 1 InfoSoc-RL solche Handlungen zwingend vom Verbotsrecht freigestellt.[733] Auch hierfür gibt es kein direktes Pendant
im Designrecht. Trotzdem sind diese Vervielfältigungen auch designrechtlich
erlaubt. Diese Wertung folgt demselben Begründungsmuster, wie es z. B. für
Bestimmungshinweise herausgearbeitet wurde.[734]

Richtigerweise sind vorübergehende, technisch notwendige Vervielfältigungshandlungen ohne eigene wirtschaftliche Bedeutung schon keine Benutzungen. Solange sie keine eigenständige wirtschaftliche Bedeutung haben,
kommt es zu keiner Beeinträchtigung der Interessen des Designinhabers. Der
Anhaltspunkt für diese einschränkende Interpretation ist wieder das übergeordnete Telos. Was man unter einer vorübergehenden Vervielfältigung versteht,
folgt letztlich aus der in Art. 5 Abs. 1 InfoSoc-RL erkennbaren Wertung. Auch
durch diese zwingende urheberrechtliche Schranke werden nur solche vorübergehenden Vervielfältigungen freigestellt, die technisch notwendig sind und
keine eigene wirtschaftliche Bedeutung haben.

Wenn man den Benutzungsbegriff dagegen zu weit versteht, muss man eine
Regelungslücke annehmen. Dann wiederum kommt eine Rechtsfortbildung in
Betracht. Hier enthält Art. 5 Abs. 1 InfoSoc-RL die klare rechtspolitische Ent-
scheidung des Unionsgesetzgebers, solche Benutzungshandlungen freizustellen.

---

733 Vgl. dazu etwa *v. Lewinski/Walter*, European Copyright Law, Rn. 11.5.15 f.; *Stieper*,
    Schranken, S. 8 ff. und § 44a UrhG.
734 Vgl oben S. 124 ff.

Denn anders als bei der Berichterstattung über Tagesereignissen, der Wiedergabe als unwesentliches Beiwerk und der Panaromafreiheit ist diese Schranke zwingend und von allen Mitgliedstaaten umzusetzen. Weil diese exogene, urheberrechtliche Schranke nicht analog angewendet werden kann[735], sollte diese Wertung mit einer *teleologischen Reduktion* des designrechtlichen Benutzungsbegriffes nachvollzogen werden. Als Übertragungsakt auf nationaler Ebene kommt auch eine analoge Anwendung von § 44a UrhG in Betracht, und für das Gemeinschaftsdesign kann Art. 5 Abs. 1 InfoSoc-RL analog angewendet werden. Sinnvollerweise bemüht man aber auch dort die *teleologische Reduktion* von § 38 DesignG und Art. 19 GGV.

VII.   Weitere Sachverhalte

Grundsätzlich sind noch weitere Sachverhalte denkbar, in denen es angemessen sein könnte, den Benutzungsbegriff einschränkend zu interpretieren oder eine Schranke zu entwickeln. Im Urheberrecht gibt es jedenfalls noch weitere Schranken. So können die Mitgliedstaaten z.B. die Benutzung urheberrechtlicher Werke gestatten, wenn dadurch die öffentliche Sicherheit gefördert wird (Art. 5 Abs. 3 lit. e InfoSoc-RL) oder wenn die Benutzung auf religiösen Veranstaltungen oder offiziellen, von Behörden durchgeführten Veranstaltungen geschehen soll (Art. 5 Abs. 3 lit. g InfoSoc-RL).

Wenn solche Sachverhalte tatsächlich einmal Berührungspunkte mit dem Designrecht haben sollten, wird man nach dem oben angewendeten Begründungsmuster vorgehen können. Falls die wirtschaftlichen Interessen des Designinhabers überhaupt nicht beeinträchtigt werden, ist der Benutzungsbegriff einschränkend zu interpretieren. Die Schranken des Designrechts in diese Richtung fortzubilden kann allerdings nicht überzeugend gelingen, solange die Schrankenregelung innerhalb der InfoSoc-RL nur fakultativ ist.

---

735 Siehe oben S. 52 f.

Zusammenfassung

Ziel dieser Arbeit war darzustellen, inwieweit das aktuelle Designrecht einen angemessenen Ausgleich zwischen den Interessen des Designinhabers und denen der Allgemeinheit und anderer Marktakteure herstellt. Der kurze Schrankenkatalog in Art. 13 GRL hat daran Zweifel geweckt. Es ging deshalb letztlich darum, die Wertungen herauszuarbeiten, die das Designrecht enthält und ob eine Rechtsfortbildung nötig und möglich ist.

Um dieses Ziel zu erreichen, waren zunächst die bestehenden Vorgaben und Spielräume darzustellen. Das aktuelle Designrecht ist auf internationaler, europäischer und nationaler Ebene vielfältig verwoben. Es hat sich gezeigt, dass unter den internationalen Konventionen nur das TRIPs-Übereinkommen Vorgaben für die Schrankenregelungen enthält. Art. 26 Abs. 2 TRIPs enthält das designrechtliche Pendant zum Dreistufentest.[736] Das entscheidende Regelungsregime für das Designrecht ist das Unionsrecht. Alle designrechtlichen Normen müssen sich an der GRCh messen lassen, damit sind die nationalen Grundrechterechte weitgehend unerheblich geworden.[737] Der Grund hierfür ist, dass die GRL vollharmonisierend wirkt und den Mitgliedstaaten heute für die Sachverhalt-Ergebnis-Relation überhaupt keine Spielräume mehr eingeräumt sind. Darüber hinaus fallen alle designrechtlichen Sachverhalte in den Anwendungsbereich der GRL. Das hat für das Designrecht weitgehende Folgen. Letztlich werden alle Entscheidungen auf der Unionsebene getroffen und es zählt allein der europäische Referenzrahmen.[738]

Bei einer derart verwobenen Rechtsmaterie war ein vertiefter Blick auf die Methodenlehre zu werfen. Sie ist nicht nur für eine saubere und nachvollziehbare Argumentation unerlässlich, sondern letztlich auch Ausdruck dessen, wie man die Befugnisse zwischen Legislative und Judikative verteilt sieht. Die europäische Methodenlehre ähnelt der deutschen, doch sind wichtige Besonder-

---

736 Siehe oben S. 19 ff.
737 Siehe oben S. 25 ff.
738 Siehe oben S. 30 ff.

heiten des Unionsrechts beachten. Auch im Unionsrecht ist eine Rechtsfortbildung zulässig,[739] und die richtlinienkonforme Rechtsfortbildung auf nationaler
Ebene ist nicht nur zulässig, sondern zwingend.[740]

Genauso wichtig ist es, einige übergeordnete Wertentscheidungen offenzu-
legen. Schranken und Schutzbereich sind untrennbar miteinander verbunden.[741]
Man muss beides im Blick behalten, wenn man herausfinden möchte, ob das
Designrecht einen angemessenen Interessenausgleich schaffen kann. Das an-
gebliche Gebot einer engen Auslegung von Schranken ist nicht überzeugend zu
bergründen, sondern nur ein Hindernis für die nötige grundrechtskonforme
Auslegung.[742] Ebenso wenig gibt es ein generelles Analogieverbot für Schranken.
Es kommt einzig darauf an, ob dieses Rechtsfortbildungsinstrument im Einzelfall passt.[743] Im Designrecht stehen einer Rechtsfortbildung weder Art. 17
Abs. 1, 2 GRCh[744] noch der enumerative Schrankenkatalog entgegen[745]. Auch
wenn dies mitunter gefordert wird, gibt es im Designrecht heute keine zwingenden Gründe mehr, die Wertungen des Urheberrechts zu übernehmen. Das
Designrecht ist mittlerweile eine eigenständige Rechtsmaterie. Dessen ungeachtet können die Wertungen des Urheberrechts einen wertvollen Orientie-
rungspunkt bieten.[746]

Eine Schranke ist nur dann notwendig, wenn die Benutzungshandlung überhaupt dem Designinhaber in Art. 12 GRL (Art. 19 GGV, § 38 DesignG) zugewiesen
ist. Der Zusammenhang von Benutzungsbegriff und Schranken ist deshalb von
herausragender Bedeutung. Der designrechtliche Benutzungsbegriff muss am
übergeordneten Telos des Designrechts orientiert ausgelegt werden. Das Designrecht ist ein gewerbliches Schutzrecht, und schon daraus ergeben sich für die
Befugnisse des Designinhabers Grenzen.[747]

Ausdrücklich sieht das Designrecht in Art. 13 GRL (Art. 20 GGV, § 40 DesignG)
Schranken für Benutzungshandlungen durch Privatpersonen vor. Solche
Handlungen werden umfassend freigestellt,[748] ebenso Handlungen zu Versuchszwecken[749]. Das Designrecht kennt eine besondere Privilegierung für das
internationale Transportwesen[750].

---

739 Siehe oben S. 41 ff.
740 Siehe oben S. 56 ff.
741 Siehe oben S. 63 ff.
742 Siehe oben S. 65 f.
743 Siehe oben S. 66 f.
744 Siehe oben S. 67 f.
745 Siehe oben S. 68 ff.
746 Siehe oben S. 70 ff.
747 Siehe oben S. 79 ff.
748 Siehe oben S. 81 ff.
749 Siehe oben S. 86 f.
750 Siehe oben S. 104 f.

Benutzungshandlungen zum Zwecke der Lehre oder Zitierung werden in Art. 13 Abs. 1 lit. c GRL (Art. 20 Abs. 1 lit. c GGV; § 40 Nr. 3 DesignG) freigestellt.[751] Dies ist eine zentrale Schranke im Designrecht. Der Zitatbegriff muss designrechtlich autonom und weit ausgelegt werden. Es ist zwar eine innere Verbindung zwischen der Wiedergabe des Designs und dem Kontext nötig. Das Maß dieser inneren Verbindung liegt aber deutlich unter den Anforderungen im Urheberrecht.[752] Über die Zitat-Schranke werden aber keine Wiedergaben zu Dekorationszwecken freigestellt.[753] Genauso wenig fällt Werbung generell unter diese Schranke. Nur bei der vergleichenden Werbung besteht die nötige innere Verbindung zwischen dem fremden Design und dem Werbekontext.[754]

Eine weitere zentrale Schranke ist die designrechtliche Erschöpfung, Art 15 GRL (Art. 21 GGV, § 48 DesignG).[755] Wenn deren Voraussetzungen vorliegen[756], erschöpfen alle Rechte des Designinhabers, die eine freie Verbreitung der in den Verkehr gebrachten Erzeugnisse verhindern könnten.[757] Das schließt auch Werbemaßnahmen für diese Erzeugnisse ein.[758] Obwohl der Erschöpfungsgrundsatz weit zu verstehen ist, taugt er grundsätzlich nicht als Auffangtatbestand für gesetzlich nicht geregelte Sachverhalte.[759]

Bei ihnen kann ein angemessener Interessenausgleich nur durch eine einschränkende Interpretation des designrechtlichen Benutzungsbegriffes oder durch eine Rechtsfortbildung der Schranken erreicht werden. Beide Wege sind grundsätzlich denkbar, führen im Designrecht aber zu unterschiedlichen Ergebnissen.[760]

Bestimmungshinweise sind immer erlaubt. Richtigerweise unterliegen sie schon nicht dem Verbotsrecht des Designinhabers. Wenn man dagegen den Benutzungsbegriff weit versteht, so ist jedenfalls eine Rechtsfortbildung der Schranken geboten.[761]

Anders als das Urheberrecht enthält das Designrecht keine Schranken, die eine freie Informationsvermittlung privilegieren. Das ist unschädlich, wenn man solche Handlungen schon nicht dem Verbotsrecht des Designinhabers zuweist. Diese Wertung lässt sich überzeugend mit dem übergeordneten Telos des De-

---

751 Siehe oben S. 88 ff.
752 Siehe oben S. 93 f.
753 Siehe oben S. 95 ff.
754 Siehe oben S. 99 ff.
755 Siehe oben S. 105 ff.
756 Siehe oben S. 701 ff.
757 Siehe oben S. 115 ff.
758 Siehe oben S. 115 ff.
759 Siehe oben S. 117 f.
760 Siehe oben S. 121 ff.
761 Siehe oben S. 124 ff.

signrechts begründen. Nimmt man diese Wertung anders vor, scheidet eine Rechtsfortbildung der Schranken allerdings aus.[762]

Aus deutscher Perspektive wenig wünschenswert ist, dass es im Designrecht keine Panoramafreiheit gibt. Die gewerbliche Verwertung von Designs, die bleibend an öffentlichen Orten zu sehen sind, ist alleine dem Designinhaber vorbehalten. Eine entsprechende Schranke kann man auch nicht durch eine Rechtsfortbildung einführen. Grund dafür ist die lediglich fakultative Ausgestaltung von Art. 5 Abs. 2, 3 InfoSoc-RL.[763]

Vorübergehende digitale Vervielfältigungshandlungen sind auch im Designrecht erlaubt.[764] Solche Sachverhalte haben im Designrecht allerdings wesentlich weniger Bedeutung als im Urheberrecht. Grundsätzlich sind alle diese gesetzlich nicht geregelten Sachverhalte nach demselben Begründungsmuster zu lösen. Sollten sich im Laufe der Zeit noch weitere Sachverhalte zeigen, für die das Designrecht keine unmittelbaren Regelungen bereithält, wird man sie mit der gleichen Methode bewerten können.[765]

Als Fazit kann man festhalten: Richtig interpretiert bietet das Designrecht für die allermeisten Sachverhalte schon jetzt einen angemessenen Interessenausgleich. Er lässt sich allerdings nur finden, wenn man das Zusammenspiel der internationalen, europäischen und nationalen Ebene beachtet und sich den damit verbundenen – zum Teil sehr komplexen – methodologischen Problemen stellt.

Es zeigt sich auch, dass es immer mehr auf die Auslegung und Rechtsfortbildung durch den EuGH ankommt. Wenn man das rechtspolitisch akzeptiert, müsste man ihn auch mit den erforderlichen Mitteln und qualifiziertem Personal ausstatten, damit er die immer größer werdende Arbeitslast als »Verfassungsgericht« und auf den vielfältigen Spezialgebieten angemessen bewältigen kann.

---

762 Siehe oben S. 130 ff.
763 Siehe oben S. 137 ff.
764 Siehe oben S. 142 f.
765 Siehe oben S. 143.

Literaturverzeichnis

Ahmling, Rebecca Analogiebildung durch den EuGH im Europäischen Privatrecht, Berlin 2012.

Alexy, Robert Begriff und Geltung des Rechts, 4. Aufl., Freiburg im Breisgau 2005.

Anweiler, Jochen Die Auslegungsmethoden des Gerichtshofs der Europäischen Gemeinschaften, Frankfurt am Main u. a. 1997.

Arnull, Anthony The European Union and its Court of Justice, 2. Aufl., Oxford u. a. 2006.

Babusiaux, Ulrike Die richtlinienkonforme Auslegung im deutschen und französischen Zivilrecht: ein rechtsvergleichender Beitrag zur europäischen Methodendiskussion, Baden-Baden 2007.

Bäcker, Carsten Der Syllogismus als Grundstruktur des juristischen Begründens?, Rechtstheorie 40 (2009), S. 404 – 424.

Baldus, Christian Gesetzesbindung, Auslegung und Analogie: Römische Grundlagen und Bedeutung des 19. Jahrhunderts, in: Riesenhuber, Karl (Hrsg.), Europäische Methodenlehre, 2. Aufl., Berlin 2010, S. 26 – 111.

v. Becker, Bernhard Parodiefreiheit und Güterabwägung. Das »Gies-Adler«-Urteil des BGH, GRUR 2004, S. 104 – 109.

Becker, Guido M. Anmerkung zu EuGH, Urt. v. 20. 10. 2011, C-281/10 P, CIPR 2011, S. 52 – 53.

ders. PepsiCo und die Folgewirkungen des market approach im europäischen Geschmacksmusterrecht, GRUR Int. 2012, S. 610 – 618.

Becker, Maximilian Zur Berechnung der zulässigen Zahl digitaler Privatkopien, ZUM 2012, S. 643 – 652.

Beier, Friedrich-Karl Die Zukunft des geistigen Eigentums in Europa, Gedanken zur Entwicklung des Patent-, Gebrauchs- und Geschmacksmusterrechts, GRUR Int. 1990, S. 675 – 684.

Bengoetxea, Joxerramon The legal reasoning of the European Court of Justice: towards a European jurisprudence, Oxford 1993.

Benkard, Georg (Begr.) Patentgesetz, Gebrauchsmustergesetz, 10. Aufl., München 2006.

Bergel, Jean-Louis Méthodologie juridique, Paris 2001.

Bleckmann, Albert Die Auslegungsmethoden des Europäischen Gerichtshofs, NJW 1982, S. 1177 – 1182.

ders. Probleme der Auslegung von EWG-Richtlinien, RIW 1987, S. 929 – 935.

Borchardt, Klaus-Dieter Richterrecht durch den EuGH, in: Randelzhofer, Albrecht /

Scholz, Rupert / Wilke, Dieter (Hrsg.), Gedächtnisschrift für Eberhard Grabitz, München 1995, S. 29–43.

Bornkamm, Joachim Der Dreistufentest als urheberrechtliche Schrankenbestimmung: Karriere eines Begriffs, in: Ahrens, Hans J. u. a. (Hrsg.), Festschrift für Willi Erdmann zum 65. Geburtstag, Köln u. a. 2002, S. 29–48.

Brechmann, Winfried Die richtlinienkonforme Auslegung: zugleich ein Beitrag zur Dogmatik der EG-Richtlinie, München 1994.

Bredimas, Anna E. Methods of interpretation and community law, Amsterdam 1978.

Britz, Gabriele Europäisierung des grundrechtlichen Datenschutzes?, EuGRZ 2009, S. 1–11.

Buchmann, Tobias Umsetzung vollharmonisierender Richtlinien: zugleich ein Beitrag zur Normkonkretisierung im Anwendungsbereich des Lamfalussy-Verfahrens, Baden-Baden 2008.

Buchmüller, Christoph Das nicht eingetragene Gemeinschaftsgeschmacksmuster, Hamburg 2015.

Buck, Carsten Über die Auslegungsmethoden des Gerichtshofs der Europäischen Gemeinschaft, Frankfurt am Main 1998.

Büren, Roland v. / David, Lucas (Hrsg.) Schweizerisches Immaterialgüter- und Wettbewerbsrecht, Band VI, Basel 2007.

Busche, Jan / Stoll, Peter-Tobias / Wiebe, Andreas (Hrsg.) TRIPs. Internationales und europäisches Recht des geistigen Eigentums, Kommentar, 2. Aufl., Köln 2013.

Büscher, Wolfgang / Dittmer, Stefan / Schiwy, Peter (Hrsg.) Gewerblicher Rechtsschutz, Urheberrecht, Medienrecht: Kommentar, 3. Aufl., Köln 2015.

Bydlinski, Franz Fundamentale Rechtsgrundsätze: zur rechtsethischen Verfassung der Sozietät, Wien u. a. 1988.

ders. Juristische Methodenlehre und Rechtsbegriff, 2. Aufl., Wien u. a. 1991.

ders. Thesen zur lex-lata-Grenze der Rechtsfindung, JBl. 1997, S. 617–623.

ders. Über die Lex-Lata-Grenze der Rechtsfindung, in: Koller, Ingo / Hager, Johannes / Junker, Michael / Singer, Reinhard / Neuner, Jörg (Hrsg.), Einheit und Folgerichtigkeit im juristischen Denken: Symposion zu Ehren von Claus-Wilhelm Canaris, Rechtsstand: 1. Februar 1998, München 1998, S. 27–88.

Calliess, Christian / Ruffert, Matthias (Hrsg.) EUV/AEUV, 4. Aufl., München 2011.

Calliess, Christian Europäische Gesetzgebung und nationale Grundrechte – Divergenzen in der aktuellen Rechtsprechung von EuGH und BVerfG?, JZ 2009, S. 113–121.

ders. Grundlagen, Grenzen und Perspektiven europäischen Richterrechts, NJW 2005, S. 929–933.

Canaris, Claus-Wilhelm Das Rangverhältnis der »klassischen« Auslegungskriterien, demonstriert an Standardproblemen aus dem Zivilrecht, in: Beuthin, Volker u. a. (Hrsg.), Festschrift für Dieter Medicus zum 70. Geburtstag, Köln u. a. 1999, S. 25–61.

ders. Die Feststellung von Lücken im Gesetz: eine methodologische Studie über Voraussetzungen und Grenzen der richterlichen Rechtsfortbildung praeter legem, 2. Aufl., Berlin 1983.

ders. Die richtlinienkonforme Auslegung und Rechtsfortbildung im System der juristischen Methodenlehre, in: Koziol, Helmut / Rummel, Peter (Hrsg.), Im Dienste der Gerechtigkeit. Festschrift für Franz Bydlinski, Wien 2002, S. 47–103.

Cornish, William / Llewelyn, David / Aplin, Tanya Intellectual Property: Patents, Copyright, Trade Marks and Allied Rights, 8. Aufl., London 2013.

v. Danwitz, Thomas / Depenheuer, Otto / Engel, Christoph Bericht zur Lage des Eigentums, Berlin u. a. 2002.

v. Danwitz, Thomas Funktionsbedingungen der Rechtsprechung des Europäischen Gerichtshofes, EuR 2008, S. 769–786.

Dänzer-Vanotti, Wolfgang Die richtlinienkonforme Auslegung deutschen Rechts hat keinen rechtlichen Vorrang, RIW 1991, S. 754–755.

de Carvalho, Nuno Pires The TRIPS Regime of Trademarks and Designs, 3. Aufl., Alphen aan den Rijn 2014.

Dederichs, Mariele Die Methodik des EuGH: Häufigkeit und Bedeutung methodischer Argumente in den Begründungen des Gerichtshofes der Europäischen Gemeinschaften, Baden-Baden 2004.

Dietz, Adolf Der »design approach« als Entlastung des Urheberrechts, in: Straus, Joseph (Hrsg.), Aktuelle Herausforderungen des geistigen Eigentums, Festschrift für Friedrich-Karl Beier zum 70. Geburtstag, Köln 1996, S. 355–364.

Dörr, Oliver / Grote, Rainer / Marauhn, Thilo (Hrsg.) EMRK/GG: Konkordanzkommentar zum europäischen und deutschen Grundrechtsschutz, Band II, 2. Aufl., Tübingen 2013.

Dreier, Thomas / Schulze, Gernot Urheberrechtsgesetz, Urheberrechtswahrnehmungsgesetz, Kunsturhebergesetz, Kommentar, 4. Aufl., München 2013.

Dusollier, Séverine Pruning the European intellectual property tree: in search of common principles and roots, in: Geiger, Christophe (Hrsg.), Constructing European Intellectual Property – Achievements and New Perspectives, Cheltenham 2013, S. 24–57.

Dworkin, Ronald Taking rights seriously: new impression with a reply to critics, London 2000.

Eck, Matthias Neue Wege zum Schutz der Formgebung, Köln u. a. 1993.

Edward, David A. O. How the Court of Justice Works, European Law Review 20 (1995), S. 539–558.

ders. CILFIT and Foto-Frost in their Historical and Procedural Context, in: Maduro, Miguel Poiares / Azouli, Loi'c (Hrsg.), The Past and Future of EU Law, The Classics of EU Law Revisited on the 50th Anniversary of the Rome Treaty, Oxford u. a. 2010, S. 173–184.

ders. Richterrecht in Community Law, in: Schulze, Reiner / Seif, Ulrike (Hrsg.), Richterrecht und Rechtsfortbildung in der Europäischen Rechtsgemeinschaft, Tübingen 2003, S. 75–80.

Eeckhout, Piet EU External Relations Law, 2. Aufl., Oxford 2011.

Ehlers, Dirk (Hrsg.) Europäische Grundrechte und Grundfreiheiten, 3. Aufl., Berlin u. a. 2009.

Ehricke, Ulrich Die richtlinienkonforme und die gemeinschaftsrechtskonforme Auslegung nationalen Rechts. Ein Beitrag zu ihren Grundlagen und zu ihrer Bedeutung für die Verwirklichung eines »europäischen Privatrechts«, RabelsZ 59 (1995), S. 598–644.

Eichmann, Helmut / Kur, Annette (Hrsg.) Designrecht: Praxishandbuch, Baden-Baden 2009.

Eichmann, Helmut / von Falckenstein, Roland Vogel Geschmacksmustergesetz, 4. Aufl., München 2010.

Eichmann, Helmut Das europäische Geschmacksmusterrecht auf Abwegen?, GRUR Int. 1996, S. 859 – 876.

ders. Gemeinschaftsgeschmacksmuster und Gemeinschaftsmarken: Eine Abgrenzung, MarkenR 2001, S. 10 – 22.

ders. Geschmacksmusterrecht und EWG-Vertrag, GRUR Int. 1990, S. 121 – 134.

Eisenführ, Günter / Schennen, Detlef Gemeinschaftsmarkenverordnung, 4. Aufl., Köln 2014.

Elze, Hans Lücken im Gesetz: Begriff und Ausfüllung; ein Beitrag zur Methodologie des Rechts, Halle 1913.

Emmerich, Volker / Doehner, Rupert Maximalharmonisiertes Verbraucherkreditrecht und Binnenmarktkompetenz, in: Bub, Wolf-Rüdiger u. a. (Hrsg.), Zivilrecht im Sozialstaat, Festschrift für Peter Derleder, Baden-Baden 2005, S. 367 – 381.

Engisch, Karl Einführung in das juristische Denken, 11. Aufl., Stuttgart u. a. 2010.

Epping, Volker Grundrechte, 6. Aufl., Heidelberg 2015.

Erdmann, Willi / Rojahn, Sabine / Sosnitza, Olaf (Hrsg.) Handbuch des Fachanwalts Gewerblicher Rechtsschutz, 2. Aufl., Köln 2011.

Erdmann, Willi Die Relativität des Werkbegriffes, in: Erdmann, Willi (Hrsg.), Festschrift für Michael Loschelder zum 65. Geburtstag, Köln 2010, S. 61 – 73.

Everling, Ulrich On the Judge-Made Law of the European Community's Courts, in: O'Keeffe, David (Hrsg.), Judicial Review in European Union Law. Liber Amicorum in Honour of Lord Slynn of Hadley, Band I, Den Haag 2000, S. 29 – 44. (zitiert: FS Lord Slynn)

ders. Richterliche Rechtsfortbildung in der Europäischen Gemeinschaft, JZ 2000, S. 217 – 227.

Fabbio, Philipp Die Umsetzung der Richtlinie 98/71/EG über den rechtlichen Schutz von Mustern und Modellen in Italien, GRUR Int. 2002, S. 914 – 919.

Fischinger, Philipp S. Anmerkung zu EuGH, Urteil vom 17.4.2008 – 404/06 Quelle AG/ Bundesverband der Verbraucherzentralen und Verbraucherverbände, EuZW 2008, S. 312 – 313.

Fleischer, Holger Rechtsvergleichende Beobachtungen zur Rolle der Gesetzesmaterialien bei der Gesetzesauslegung, AcP 211 (2011), S. 317 – 351.

Franzen, Martin Privatrechtsangleichung durch die Europäische Gemeinschaft, Berlin u. a. 1999.

Frenz, Walter Handbuch Europarecht, Band IV, Europäische Grundrechte, 2. Aufl. Berlin u. a. 2009.

Gaster, Jens Die Erschöpfungsproblematik aus der Sicht des Gemeinschaftsrechts, GRUR Int. 2000, S. 571 – 584.

Gebauer, Martin / Wiedmann, Thomas (Hrsg.) Zivilrecht unter europäischem Einfluss: die richtlinienkonforme Auslegung des BGB und anderer Gesetze; Kommentierung der wichtigsten EU-Verordnungen, 2. Aufl., Stuttgart u. a. 2010.

Geerlings, Jörg Das Urheberrecht in der Informationsgesellschaft und pauschale Geräteabgaben im Lichte verfassungs- und europarechtlicher Vorgaben, GRUR 2004, S. 207 – 213.

Geiger, Christophe Intellectual Property Shall be Protected!? – Article 17 (2) of the Charter of Fundamental Rights of the European Union: a Mysterious Provision with an Unclear Scope, EIPR 2009, S. 113 – 117.

Geiger, Christophe The Private Copy Exception, an Area of Freedom (Temporarily) Preserved in the Digital Environment, IIC 2006, S. 74–81.

Germann, Oscar Adolf Probleme und Methoden der Rechtsfindung, Bern 1967.

Gervais, Daniel J. The TRIPS agreement: drafting history and analysis, 4. Aufl., London 2012.

Gooren, Paul Anmerkung zu EuGH (Große Kammer), Urt. v. 26.2.2013, C-617/10 – Åkerberg Fransson, NVwZ 2013, S. 564–565.

Gottschalk, Sylvia Der Schutz des Designs nach deutschem und europäischem Recht, Baden-Baden 2005.

Götz, Wolfgang Schaden und Bereicherung in der Verletzerkette, GRUR 2001, S. 295–303.

Grabitz, Eberhard / Hilf, Meinhard / Nettesheim, Martin (Hrsg.) Das Recht der Europäischen Union, EUV/AEUV, Band II, 46. Ergänzungslieferung, Stand 10/2011, München.

Griffiths, Jonathan / McDonagh, Luke Fundamental rights and European IP law: the case of Art 17 (2) of the EU Charta, in: Geiger, Christophe (Hrsg.), Constructing European Intellectual Property. Achievements and New Perspectives, Cheltenham 2013, S. 75–93.

Groh, Thomas Methodenrelevante Normtexte im Gemeinschaftsrecht, in: Müller, Friedrich / Burr, Isolde (Hrsg.), Rechtssprache Europas: Reflexion der Praxis von Sprache und Mehrsprachigkeit im supranationalen Recht, Berlin 2004, S. 263–285.

Grosche, Nils Rechtsfortbildung im Unionsrecht: eine Untersuchung zum Phänomen richterlicher Rechtsfortbildung durch den Gerichtshof der Europäischen Union, Tübingen 2011.

Grosche, Nils / Höft, Jan Richtlinienkonforme Rechtsfortbildung ohne Grenzen? – Zugleich Besprechung von BGH, NJW 2009, 427 – Quelle, NJOZ 2009, S. 2294–2309.

Gruber, Urs Peter Methoden des internationalen Einheitsrechts, Tübingen 2004.

Grundmann, Stefan »Inter-Instrumental-Interpretation«. Systembildung durch Auslegung im Europäischen Unionsrecht, RabelsZ 75 (2011), S. 882–932.

ders. EG-Richtlinie und nationales Privatrecht: Umsetzung und Bedeutung der umgesetzten Richtlinie im nationalen Privatrecht, JZ 1996, S. 274–287.

ders. Richtlinienkonforme Auslegung im Bereich des Privatrechts – insbesondere: der Kanon der nationalen Auslegungsmethoden als Grenze?, ZEuP 1996, S. 399–424.

Grundmann, Stephan M. Die Auslegung des Gemeinschaftsrechts durch den Europäischen Gerichtshof: zugleich eine rechtsvergleichende Studie zur Auslegung im Völkerrecht und im Gemeinschaftsrecht, Konstanz 1997.

Gsell, Beate / Schellhase, Hans Martin Vollharmonisiertes Verbraucherkreditrecht – Ein Vorbild für die weitere europäische Angleichung des Verbrauchervertragsrechts?, JZ 2009, S. 20–29.

Haertel, Kurt A. Die Luxemburger Konferenz und ihre wesentlichen Ergebnisse, GRUR Int. 1976, S. 188–194.

Haratsch, Andreas / Koenig, Christian / Pechstein, Matthias Europarecht, 9. Aufl., Tübingen 2014.

Hassold, Gerhard Strukturen der Gesetzesauslegung, in: Canaris, Claus-Wilhelm / Diederichsen, Uwe (Hrsg.), Festschrift für Karl Larenz zum 80. Geburtstag, München 1983, S. 211–240.

Heiderhoff, Bettina Gemeinschaftsprivatrecht, 2. Aufl., München 2007.

Heinrich, Peter Kommentar. Schweizerisches DesignG/ Haager Musterabkommen, Zürich 2002.

Herresthal, Carsten Rechtsfortbildung im europarechtlichen Bezugsrahmen. Methoden, Kompetenzen, Grenzen dargestellt am Beispiel des Privatrechts, München 2006.

ders. Voraussetzungen und Grenzen der gemeinschaftsrechtskonformen Rechtsfortbildung, EuZW 2007, S. 396 – 400.

Heselhaus, Sebastian / Nowak, Carsten (Hrsg.) Handbuch der Europäischen Grundrechte, München u. a. 2006.

Hess, Burkhard Methoden der Rechtsfindung im Europäischen Zivilprozess, IPRax 2006, S. 348 – 363.

Hesse, Konrad Grundzüge des Verfassungsrechts der Bundesrepublik Deutschland, 20. Aufl., Heidelberg 1999.

Heutz, Stefan Freiwild Internetdesign? Urheber- und geschmacksmusterrechtlicher Schutz der Gestaltung von Internetseiten, MMR 2005, S. 567 – 572.

Hieber, Thomas Die Zulässigkeit von Versuchen an patentierten Erfindungen nach § 11 Nr. 2 PatG 1981, GRUR 1996, S. 439 – 447.

Hilty, Reto M. Vergütungssystem und Schrankenregelungen – Neue Herausforderungen an den Gesetzgeber, GRUR 2005, S. 819 – 828.

Höpfner, Clemens Die systemkonforme Auslegung: zur Auflösung einfachgesetzlicher, verfassungsrechtlicher und europarechtlicher Widersprüche im Recht, Tübingen 2008.

Höpfner, Clemens / Rüthers, Bernd Grundlagen einer europäischen Methodenlehre, AcP 209 (2009), S. 1 – 36.

Hruschka, Joachim Vorpositives Recht als Gegenstand und Aufgabe der Rechtswissenschaft, JZ 1992, S. 429 – 437.

Huber, Peter M. Auslegung und Anwendung der Charta der Grundrechte, NJW 2011, S. 2385 – 2390.

Ingerl, Reinhard / Rohnke, Christian Markengesetz. Gesetz über den Schutz von Marken und sonstigen Kennzeichen, 3. Aufl., München 2010.

Jäger, Torsten Überschießende Richtlinienumsetzung im Privatrecht: zugleich ein Beitrag zur Dogmatik der Mindestharmonisierung, der richtlinienorientierten Auslegung und des Vorabentscheidungsverfahrens, Baden-Baden 2006.

Jansen, Nils Methoden, Institutionen, Texte: Zur diskursiven Funktion und medialen Präsenz dogmatisierender Ordnungsvorstellungen und Deutungsmuster in Recht und Religion, Zeitschrift der Savigny-Stiftung für Rechtsgeschichte (Germanistische Abteilung) 128 (2011), S. 1 – 71. (zitiert: ZRG (GA)

Jarass, Hans D. Charta der Grundrechte der Europäischen Union, 2. Aufl., München 2013.

ders. Die Bindung der Mitgliedstaaten an die EU-Grundrechte, NVwZ 2012, S. 457 – 461.

ders. Grundfragen der innerstaatlichen Bedeutung des EG-Rechts: die Vorgaben des Rechts der Europäischen Gemeinschaft für die nationale Rechtsanwendung und die nationale Rechtsetzung nach Maastricht, Köln 1994.

ders. Zum Verhältnis von Grundrechtecharta und sonstigem Recht, EuR 2013, S. 29 – 45.

Joliet, René Geistiges Eigentum und freier Warenverkehr. Die Entwicklung der Rechtsprechung des Gerichtshofs der Europäischen Gemeinschaften in den Jahren 1987 und 1988, GRUR Int. 1989, S. 177 – 185.

ders. Markenrecht und freier Warenverkehr Abkehr von Hag I, GRUR Int. 1991, S. 177 – 184.

Jotzo, Florian Der Schutz personenbezogener Daten in der Cloud, Baden-Baden 2013.

Kahlenberg, Sienna Ein europäisches Geschmacksmusterrecht – Baustein im System des europäischen gewerblichen Rechtsschutzes, Berlin 1997.

Kelsen, Hans Allgemeine Staatslehre, Wien 1925.

ders. Reine Rechtslehre: Einleitung in die rechtswissenschaftliche Problematik, Leipzig u. a. 1934.

Kerl, Frederike Mareile Die geschmacksmusterrechtliche Ersatzteilfrage: Notwendigkeit und Rechtmäßigkeit einer Reparaturklausel, Köln 2011.

Klatt, Matthias Theorie der Wortlautgrenze: semantische Normativität in der juristischen Argumentation, Baden-Baden 2004.

Klawitter, Christian Werbung mit fremden Bildern: Für eine geschmacksmusterspezifische Auslegung des Zitatrechts bei der Abbildung geschützter Erzeugnisse Dritter, GRUR-Prax 2012, S. 1 – 4.

Klein, Eckart Objektive Wirkungen von Richtlinien, in: Due, Ole / Lutter, Marcus / Schwarze, Jürgen (Hrsg.), Festschrift für Ulrich Everling, Baden-Baden 1995, Band I, S. 641 – 650.

Koenig, Christian / Engelmann, Christina / Sander, Claude Parallelhandelsbeschränkungen im Arzneimittelbereich und die Freiheit des Warenverkehrs, GRUR Int. 2001, S. 919 – 927.

Koller, Peter Theorie des Rechts: eine Einführung, 2. Aufl., Wien u. a. 1997.

Köndgen, Johannes Die Rechtsquellen des Europäischen Privatrechts, in: Riesenhuber, Karl (Hrsg.), Europäische Methodenlehre, 2. Aufl., Berlin 2010, S. 189 – 223.

ders. Europäische Methodenlehre: zu wichtig, um sie nur den Europarechtlern zu überlassen, GPR 2005, S. 105.

Körner, Eberhard Der Verbrauch gewerblicher Schutzrechte durch Schadensersatzzahlungen nach begangener Verletzung, insbesondere im Hinblick auf parallele ausländische Schutzrechte, GRUR 1980, S. 204 – 208.

Koschtial, Ulrike Das Gemeinschaftsgeschmacksmuster: Die Kriterien der Eigenart, Sichtbarkeit und Funktionalität, GRUR Int. 2003, S. 973 – 982.

dies. Zur Notwendigkeit der Absenkung der Gestaltungshöhe für Werke der angewandten Kunst im deutschen Urheberrecht, GRUR 2004, S. 555 – 560.

Kramer, Ernst A. Juristische Methodenlehre, 4. Aufl., Bern 2010.

Kriele, Martin Theorie der Rechtsgewinnung entwickelt am Problem der Verfassungsinterpretation, 2. Aufl., Berlin 1976.

Kur, Annette Die Auswirkungen des neuen Geschmacksmusterrechts auf die Praxis, GRUR 2002, S. 661 – 670.

dies. Die Zukunft des Designschutzes in Europa – Musterrecht, Urheberrecht, Wettbewerbsrecht, GRUR Int. 1998, S. 353 – 359.

dies. The Green Paper's »Design approach« – what's wrong with it?, EIPR 1993, S. 374 – 378.

dies. TRIPs and Design Law, in: Beier, Karl-Friedrich / Schricker, Gerhard (Hrsg.), From GATT to TRIPs – The Agreement on Trade-Related Aspects of Intellectual Property Rights, Weinheim 1996, S. 141 – 159.

dies. Verwertung von Design, in: Beier, Friedrich-Karl u. a. (Hrsg.), Urhebervertragsrecht: Festgabe für Gerhard Schricker zum 60. Geburtstag, München 1995, S. 503 – 539.

Kurtz, Constantin Kann ein Geschmacksmuster beschreibend benutzt werden und wo kann man darüber streiten?, KSzW 2014, S. 3 – 9.

Laddie, Hugh National I.P. rights: a moribund anachronism in a federal Europe?, EIPR 2001, S. 402 – 408.

Langhein, A. W. Heinrich Das Prinzip der Analogie als juristische Methode: ein Beitrag zur Geschichte der methodologischen Grundlagenforschung vom ausgehenden 18. bis zum 20. Jahrhundert, Berlin 1992.

Larenz, Karl / Canaris, Claus-Wilhelm Methodenlehre der Rechtswissenschaft, 3. Aufl., Berlin 1995.

Leible, Stefan / Domröse, Ronny Die primärrechtskonforme Auslegung, in: Riesenhuber, Karl (Hrsg.), Europäische Methodenlehre, 2. Aufl., Berlin 2010, S. 250 – 284.

Leisner, Walter Georg Die subjektiv-historische Auslegung des Gemeinschaftsrechts. Der »Wille des Gesetzgebers« in der Judikatur des EuGH, EuR 2007, S. 689 – 707.

Leistner, Matthias Konsolidierung und Entwicklungsperspektive des Europäischen Urheberrechts: Referat im Rahmen der Vortragsreihe »Rechtsfragen der Europäischen Integration«, Bonn 2008.

ders. The German Federal Supreme Court's Judgment on Google's Image Search – A Topical Example of the »Limitations« of the European Approach to Exceptions and Limitations, IIC 2011, S. 417 – 442.

Lenz, Carl Otto / Borchardt, Klaus-Dieter (Hrsg.) EU-Verträge Kommentar: EUV – AEUV – GRCh, 6. Aufl., Köln u. a. 2012.

Leßmann, Andreas Erschöpfung bei Patentrechten bei Konzernvertrieb, GRUR 2000, S. 741 – 750.

Lindner, Josef Franz Grundrechtsschutz gegen gemeinschaftsrechtliche Öffnungsklauseln – zugleich ein Beitrag zum Anwendungsbereich der EU-Grundrechte, EuZW 2007, S. 71 – 75.

Loewenheim, Ulrich Höhere Schutzuntergrenze des Urheberrechts bei Werken der angewandten Kunst?, GRUR Int. 2004, S. 765 – 767.

Lutter, Marcus Die Auslegung angeglichenen Rechts, JZ 1992, S. 593 – 607.

Lutter, Marcus Zum Umfang der Bindung durch Richtlinien, in: Due, Ole / Lutter, Marcus / Schwarze, Jürgen (Hrsg.), Festschrift für Ulrich Everling, Baden-Baden 1995, Band I, S. 765 – 782.

MacCormick, Donald Neil Rhetoric and the rule of law: a theory of legal reasoning, Oxford u. a. 2005.

Maierhöfer, Christopher Geschmacksmusterschutz und UWG-Leistungsschutz: ein Vergleich unter Berücksichtigung des Konkurrenzverhältnisses, München 2006.

Martens, Sebastian A. E. Methodenlehre des Unionsrechts, Tübingen 2013.

ders. Rechtsvergleichung und grenzüberwindende Jurisprudenz im Gemeinschaftsrecht, in: Busch, Christoph / Koppe, Christina / Mc-Guire, Mary-Rose (Hrsg.), Europäische Methodik: Konvergenz und Diskrepanz europäischen und nationalen Privatrechts, Jahrbuch Junger Zivilrechtswissenschaftler 2009, S. 27 – 50.

Mathieu-Izorche, Marie-Laure Le raisonnement juridique, Paris 2001.

Maunz, Theodor / Dürig, Günter (Begr.) Grundgesetz: Kommentar, 72. Ergänzungslieferung, Stand: 7/2014, München.

Meer, Michael A. Die Kollision von Immaterialgüterrechten: Überschneidungen von Urheberrecht, Markenrecht und Designrecht und deren Konsequenzen – eine Untersuchung am Beispiel des Schutzes fiktiver Figuren, Bern 2006.

Meier-Hayoz, Arthur Der Richter als Gesetzgeber: eine Besinnung auf die von den Gerichten befolgten Verfahrensgrundsätze im Bereiche der freien richterlichen Rechtsfindung gemäss Art. 1 Abs. 2 des schweizerischen Zivilgesetzbuches, Zürich 1951.

Merkl, Adolf Prolegomena einer Theorie des rechtlichen Stufenbaues, in: Verdross, Alfred (Hrsg.), Gesellschaft, Staat und Recht, Festschrift für Hans Kelsen zum 50. Geburtstag, Wien 1931, S. 252 – 294.

Mertens de Wilmars, Joseph Marie Honoré Charles Reflexions sur les methodes d'interprétation de la Cour de justice des Communautés européennes, Cahiers de Droit Européen 22 (1986), S. 5 – 20. (zitiert: C.D.E.)

Mes, Peter Patentgesetz. Gebrauchsmustergesetz, Kommentar, 3. Aufl., München 2011.

Metzger, Axel Perspektiven des internationalen Urheberrechts – Zwischen Territorialität und Ubiquität, JZ 2010, S. 929 – 937.

Meyer, Jürgen (Hrsg.) Charta der Grundrechte der Europäischen Union, 4. Aufl., Baden-Baden 2014.

Möhring, Philipp / Nicolini, Käte (Begr.) Urheberrecht: UrhG, KUG, UrhWahrnG, VerlG; Kommentar, 3. Aufl., München 2014.

Möllers, Thomas M.J. Die Rolle des Rechts im Rahmen der europäischen Integration: zur Notwendigkeit einer europäischen Gesetzgebungs- und Methodenlehre, Tübingen 1999.

Möllers, Thomas M.J. / Möhring, Alexandra Recht und Pflicht zur richtlinienkonformen Rechtsfortbildung bei generellem Umsetzungswillen des Gesetzgebers, JZ 2008, S. 919 – 924.

Müller, Friedrich / Christensen, Ralph Juristische Methodik, Band I, Grundlegung für die Arbeitsmethoden der Rechtspraxis, 11. Aufl., Berlin 2013.

Müller, Friedrich / Christensen, Ralph Juristische Methodik, Band II, Europarecht, 3. Aufl., Berlin 2012.

Musker, David Community Design Law. Principles and Practice, London 2002.

Neuner, Jörg Die Rechtsfortbildung, in: Riesenhuber, Karl (Hrsg.), Europäische Methodenlehre, 2. Aufl., Berlin 2010, S. 373 – 392.

ders. Privatrecht und Sozialstaat, München 1999.

ders. Rechtsfindung contra legem, 2. Aufl., München 2005.

Nippe, Wolfgang Einzelne Vervielfältigungsstücke – Der Kampf mit den Zahlen, GRUR Int. 1995, S. 202 – 204.

Nordemann, Axel / Heise, Friedrich Nicolaus Urheberrechtlicher Schutz für Designleistungen in Deutschland und auf europäischer Ebene, ZUM 2001, S. 128 – 146.

Nordemann, Axel / Nordemann, Jan Bernd / Fromm, Friedrich Karl (Begr.) Urheberrecht: Kommentar zum Urheberrechtsgesetz, Verlagsgesetz, Urheberrechtswahrnehmungsgesetz, 11. Aufl., Stuttgart 2014. (zitiert: *Bearbeiter* in: Fromm/Nordemann, UrhR)

Ohly, Ansgar Designschutz im Spannungsfeld von Geschmacksmuster-, Kennzeichen- und Lauterkeitsrecht, GRUR 2007, S. 733 – 740.

ders. Die Europäisierung des Designrechts, ZEuP 2004, 296 – 318.

ders. Geistiges Eigentum?, JZ 2003, S. 545 – 554.

ders. Trade Marks and Parallel Importation – Recent Developments in European Law, IIC 1999, S. 512 – 530.

Oppermann, Thomas / Classen, Claus Dieter / Nettesheim, Martin Europarecht: ein Studienbuch, 6. Aufl., München 2014.

Oppermann, Thomas Europäische Verfassung – ein Unwort?: Eine merkwürdige und aufschlussreiche Debatte, in: Müller, Gerda / Osterloh, Eilert / Stein, Torsten (Hrsg.), Festschrift für Günter Hirsch zum 65. Geburtstag, München 2008, S. 149–153.

Paunio, Elina / Lindroos-Hovinheimo, Susanna Taking Language Seriously: An Analysis of Linguistic Reasoning and Its Implications in EU Law, ELJ 16 (2010), S. 395–416.

Pechstein Matthias / Drechsler, Carola Die Auslegung und Fortbildung des Primärrechts, in: Riesenhuber, Karl (Hrsg.), Europäische Methodenlehre, 2. Aufl., Berlin 2010, S. 224–249.

Peifer, Karl-Nikolaus Urheberrecht für Designer. Einführung in das Designrecht, München 2008.

Pentheroudakis, Chryssoula Die Umsetzung der Richtlinie 98/71/EG über den rechtlichen Schutz von Mustern und Modellen in den EU-Mitgliedstaaten, GRUR Int. 2002, S. 668–686.

Peukert, Alexander Intellectual property as an end in itself?, EIPR 2011, S. 67–71.

Pfeiffer, Thomas Richtlinienkonforme Auslegung gegen den Wortlaut des nationalen Gesetzes – Die Quelle-Folgeentscheidung des BGH, NJW 2009, S. 412–413.

Piekenbrock, Andreas / Schulze, Götz Die Grenzen richtlinienkonformer Auslegung – autonomes Richterrecht oder horizontale Direktwirkung, WM 2002, S. 521–529.

Pietzcker, Rolf Patentrechtliche Fragen bei klinischen Untersuchungen – eine Erwiderung, GRUR 1994, S. 319–321.

Piotraut, Jean-Luc Limitations and Exceptions: Towards a European »Fair Use« Doctrine?, in: Ohly, Ansgar (Hrsg.), Common Principles of Intellectual Property Law, Tübingen 2012.

Poeppel, Jan Die Neuordnung der urheberrechtlichen Schranken im digitalen Umfeld, Göttingen 2005.

Potacs, Michael Effet utile als Auslegungsgrundsatz, EuR 2009, S. 465–488.

Pötters, Stephan / Christensen, Ralph Richtlinienkonforme Rechtsfortbildung und Wortlautgrenze, JZ 2011, S. 387–394.

Rahlf, Sylvia / Gottschalk, Eckart Neuland: Das nicht eingetragene Gemeinschaftsgeschmacksmuster, GRUR Int. 2004, S. 821–827.

Raue, Benjamin Die Verdrängung deutscher durch europäische Grundrechte im gewerblichen Rechtsschutz und Urheberrecht, GRUR Int. 2012, S. 402–410.

ders. Wettbewerbseinschränkungen durch Markenrecht. Zugleich ein Beitrag zur Auslegung der absoluten Schutzausschließungsgründe(§§ 3 Abs. 2, 8 Abs. 2 Nr. 1, 2 MarkenG/ Art. 7 Abs. 1 lit. b, c, e GMV) bei neuen Markenformen, ZGE 6 (2014), S. 204–227.

Raue, Peter Zum Dogma von der restriktiven Auslegung der Schrankenbestimmungen des Urheberrechtsgesetzes, in: Loewenheim, Ulrich (Hrsg.), Urheberrecht im Informationszeitalter: Festschrift für Wilhelm Nordemann zum 70. Geburtstag, München 2004, S. 327–339.

Rehmann, Thorsten Geschmacksmusterrecht, München 2004.

Rehse, Mario Zulässigkeit und Grenzen ungeschriebener Schranken des Urheberrechts, Hamburg 2008.

Reinbothe, Jörg Beschränkungen und Ausnahmen von den Rechten im WIPO-Urheberrechtsvertrag, in: Tades, Helmuth / Danzl, Karl-Heinz / Graninger, Gernot (Hrsg.), Ein

Leben für die Rechtskultur: Festschrift für Robert Dittrich zum 75. Geburtstag, Wien 2000, S. 251–268.

Rhinow, René A. Rechtsetzung und Methodik, Basel 1979.

Riecken, John Schutzgüter in der Filmkulisse, Göttingen 2011.

Riehm, Thomas Die überschließende Umsetzung vollharmonisierender EG-Richtlinien im Privatrecht, JZ 2006, S. 1035–1045.

ders. Umsetzungsspielräume der Mitgliedstaaten bei vollharmonisierenden Richtlinien, in: Gsell, Beate / Herresthal, Carsten (Hrsg.), Vollharmonisierung im Privatrecht, Tübingen 2009, S. 83–111.

Riesenhuber, Karl Die Auslegung, in: Riesenhuber, Karl (Hrsg.), Europäische Methodenlehre, 2. Aufl., Berlin 2010, S. 315–348.

ders. Interpretation and Judicial Development of EU Private Law. The Example of the Sturgeon-Case, ERCL 2010, S. 384–408.

ders. System und Prinzipien des europäischen Vertragsrechts, Berlin 2003.

Ritscher, Michael Auf dem Wege zu einem europäischen Musterrecht, GRUR Int. 1990, S. 559–586.

Rodriguez Iglesias, Gil Carlos Reflections on the General Principles of Community Law, Cambridge Yearbook of European Legal Studies (C.Y.E.L.S.) 1 (1998), S. 1–16.

Röhl, Klaus F. / Röhl, Hans Christian Allgemeine Rechtslehre: ein Lehrbuch, 3. Aufl., Köln u. a. 2008.

Roth, Wulf-Henning Die richtlinienkonforme Auslegung, EWS 2005, S. 385–396.

ders. Die richtlinienkonforme Auslegung, in: Riesenhuber, Karl (Hrsg.), Europäische Methodenlehre, 2. Aufl., Berlin 2010, S. 393–424.

ders. Europäische Verfassung und europäische Methodenlehre, RabelsZ 75 (2011), S. 787–844.

ders. Kompetenzen der EG zur vollharmonisierenden Angleichung des Privatrechts, in: Gsell, Beate / Herresthal, Carsten (Hrsg.), Vollharmonisierung im Privatrecht, Tübingen 2009, S. 13–45.

Röthel, Anne Normkonkretisierung im Privatrecht, Tübingen 2004.

Ruhl, Oliver Gemeinschaftsgeschmacksmuster, Kommentar, 2. Aufl., Köln 2010.

ders. Anmerkungen zur geschmacksmusterrechtlichen Entscheidung des BGH »Verlängerte Limousinen«, GRUR 2010, S. 692–696.

Ruijsenaars, Heijo E. Die Zukunft des Designschutzes in Europa aus der Sicht des französischen und des Benelux-Rechts, GRUR Int. 1998, S. 378–385.

Rüthers, Bernd / Fischer, Christian / Birk, Axel Rechtstheorie mit juristischer Methodenlehre, 7. Aufl., München 2013.

Sack, Rolf Die Erschöpfung von gewerblichen Schutzrechten und Urheberrechten nach europäischem Recht, GRUR 1999, S. 193–215.

Savigny, Friedrich Carl v. System des heutigen römischen Rechts, Band I, Berlin 1840.

Schack, Haimo Urheber- und Urhebervertragsrecht, 7. Aufl., Tübingen 2015.

ders. Anmerkung zu Cour de cassation – Assemblée plénière vom 7.5.2004, ZEuP 2006, S. 150–157.

ders. Anmerkung zu BGH, Urteil v. 13.11.2013 – I ZR 143/12, – Geburtstagszug, JZ 2014, S. 207–208.

ders. Europäische Urheberrechts-Verordnung: erwünscht oder unvermeidlich?, ZGE 1 (2009), S. 275–291.

ders. Kunst und Recht: bildende Kunst, Architektur, Design und Fotografie im deutschen und internationalen Recht, 2. Aufl., Tübingen 2009.

ders. Dürfen öffentliche Einrichtungen elektronische Archive anlegen? Zur geplanten Neufassung des § 53 Abs. 2 UrhG im Lichte des Drei-Stufen-Tests, AfP 2003, S 1 – 8.

ders. Urheberrechtliche Schranken, übergesetzlicher Notstand und verfassungskonforme Auslegung, in: Ohly, Ansgar u. a. (Hrsg.), Perspektiven des geistigen Eigentums und Wettbewerbsrechts: Festschrift für Gerhard Schricker zum 70. Geburtstag, München 2005, S. 511 – 521.

Schmidt, Marek Privatrechtsangleichende EU-Richtlinien und nationale Auslegungsmethoden, RabelsZ 59 (1995), S. 569 – 597.

Schmidt-Räntsch, Jürgen Die Rechtsprechung der obersten Gerichtshöfe des Bundes, in: Riesenhuber, Karl (Hrsg.), Europäische Methodenlehre, 2. Aufl., Berlin 2010, S. 679 – 719.

Schnorbus, York Die richtlinienkonforme Rechtsfortbildung im nationalen Privatrecht, Eine Untersuchung zur europarechtlich bedingten Lücke im Gesetz, AcP 201 (2001), S. 860 – 901.

Schovsbo, Jens The Exhaustion of Rights and Common Principles, in: Ohly, Ansgar (Ed.), Common Principles of European Intellectual Property Law, Tübingen 2012, S. 169 – 187.

Schramm, Peter Der europaweite Schutz des Produktdesigns, Das Gemeinschaftsgeschmacksmuster und sein Verhältnis zur Gemeinschaftsmarke, Baden-Baden 2005.

Schricker, Gerhard / Loewenheim, Ulrich (Hrsg.) Urheberrecht: Kommentar, 4. Aufl., München 2010.

Schricker, Gerhard Der Urheberrechtsschutz von Werbeschöpfungen, Werbeideen, Werbekonzeptionen und Werbekampagnen, GRUR 1996, S. 815 – 826.

Schroeder, Werner Grenzen der Rechtsprechungsbefugnis des EuGH, in: Altmeppen, Holger / Fitz, Hanns / Honsell, Heinrich (Hrsg.), Festschrift für Günter H. Roth zum 70. Geburtstag, München 2011, S. 735 – 747.

Schulz, Daniela Der Bedeutungswandel des Urheberrechts durch Digital Rights Management – Paradigmenwechsel im deutschen Urheberrecht?, GRUR 2006, S. 470 – 477.

Schulze, Gernot Werke und Muster an öffentlichen Plätzen – Gelten urheberrechtliche Schranken auch im Geschmacksmusterrecht?, in: Ahrens, Hans Jürgen u. a. (Hrsg.), Festschrift für Eike Ullmann, Saarbrücken 2006, S. 93 – 110.

Schulze, Reiner / Seif, Ulrike Einführung, in: Schulze, Reiner / Seif, Ulrike (Hrsg.), Richterrecht und Rechtsfortbildung in der Europäischen Rechtsgemeinschaft, Tübingen 2003, S. 1 – 23.

Schünemann, Bernd Die Gesetzesinterpretation im Schnittfeld von Sprachphilosophie, Staatsverfassung und juristischer Methodenlehre, in: Kohlmann, Günter (Hrsg.), Festschrift für Ulrich Klug zum 70. Geburtstag, Köln 1983, Band I, S. 169 – 186.

Schürnbrand, Jan Die Grenzen richtlinienkonformer Rechtsfortbildung im Privatrecht, JZ 2007, S. 910 – 918.

Senftleben, Martin Copyright, limitations and the three-step test: an analysis of the three-step test in international and EC copyright law, Den Haag 2004.

ders. Grundprobleme des urheberrechtlichen Dreistufentests, GRUR Int. 2004, S. 200 – 211.

Skouris, Vassilios Leitartikel – Towards a European Legal Culture, ZEuP 2012, S. 1 – 7.

Stieper, Malte Rechtfertigung, Rechtsnatur und Disponibilität der Schranken des Urheberrechts, Tübingen 2009.

ders. Das Anti-Counterfeiting Trade Agreement (ACTA) – wo bleibt der Interessenausgleich im Urheberrecht?, GRUR Int. 2011, S. 124 – 131.

ders. »Digitalisierung« des Urheberrechts im Wege verfassungskonformer Auslegung, GRUR 2014, S. 1060 – 1065.

ders. Harmonisierung der Urheberrechtsschranken durch den EuGH, ZGE 4 (2012), S. 443 – 451.

ders. Acta?, ZRP 2012, S. 95.

Stöckel, Maximiliane Handbuch Marken- und Designrecht, 3. Aufl., Berlin 2013.

Stone, David European Union Design Law. A Practitioner‹s Guide, Oxford 2012.

Straus, Joseph Ende des Geschmacksmusterschutzes für Ersatzteile in Europa? Vorgeschlagene Änderungen der EU Richtlinie: Das Mandat der Kommission und seine zweifelhafte Ausführung, GRUR Int. 2005, S. 965 – 979.

ders. Zur Zulässigkeit klinischer Untersuchungen am Gegenstand abhängiger Verbesserungserfindungen, GRUR 1993, S. 308 – 319.

Streinz, Rudolf (Hrsg.) EUV/AEUV: Vertrag über die Europäische Union und Vertrag über die Arbeitsweise der Europäischen Union, 2. Aufl., München 2012.

Ströbele, Paul / Hacker, Franz (Hrsg.) Markengesetz. Kommentar, 11. Aufl., Köln 2015.

Sturma, Pavel EU Network of Independent Experts of Fundamental Rights. Commentary of the Charter of Fundamental Rights, 2006 (Online-Kommentar)

Tellis, Nikolaos D. Expansion of the Applicability of EU Company Law Directives via Analogy? – A Study Based on the Example of Greek Sea Trading Companies, European Company and Financial Law Review 2008, S. 353 – 377. (zitiert: ECFLR)

Tettinger, Paul J. Zum Schutz geistigen Eigentums in der Charta der Grundrechte der EU in: Haesemann, Manfred u. a. (Hrsg.), Festschrift für Kurt Bartenbach zum 65. Geburtstag, Köln u. a. 2005, S. 43 – 54.

Tettinger, Peter J. / Stern, Klaus (Hrsg.) Kölner Gemeinschaftskommentar zur Europäischen Grundrechte-Charta, München 2006.

Thym, Daniel Die Reichweite der EU-Grundrechte-Charta – Zu viel Grundrechtsschutz?, NVwZ 2013, S. 889 – 896.

ders. Europäischer Grundrechtsschutz und Familienzusammenführung, NJW 2006, S. 3249 – 3252.

Tritton, Guy / Davis, Richard / Edenborough, Michael / Graham, James / Malynicz, Simon / Roughton, Ashley Intellectual Property in Europe, 4. Aufl., London 2008.

Ukrow, Jörg Richterliche Rechtsfortbildung durch den EuGH dargestellt am Beispiel der Erweiterung des Rechtsschutzes des Marktbürgers im Bereich des vorläufigen Rechtsschutzes und der Staatshaftung, Baden-Baden 1995.

Ulmer, Eugen Gedanken zur schweizerischen Urheberrechtsreform, in: Brügger, Paul (Hrsg.), Homo creator: Festschrift für Alois Troller, Basel u. a. 1976, S. 189 – 205.

Ulmer-Eilfort, Constanze Zur Zukunft der Vervielfältigungsfreiheit nach § 53 UrhG im digitalen Zeitalter, in: Zollner, Bernward / Fitzner, Uwe (Hrsg.), Festschrift für Wilhelm Nordemann, Baden-Baden 1999, S. 285 – 294.

Vogenauer, Stefan Die Auslegung von Gesetzen in England und auf dem Kontinent: eine vergleichende Untersuchung der Rechtsprechung und ihrer historischen Grundlagen, Tübingen 2001.

ders. Eine gemeineuropäische Methodenlehre des Rechts – Plädoyer und Programm, ZEuP 2005, S. 234 – 263.

Wagner, Matthias Das Konzept der Mindestharmonisierung, Berlin 2001.

Walter, Konrad Rechtsfortbildung durch den EuGH: eine rechtsmethodische Untersuchung ausgehend von der deutschen und französischen Methodenlehre, Berlin 2009.

Walter, Michel M. / v. Lewinski, Silke (Hrsg.) European Copyright Law, A Commentary, Oxford 2010.

Wandtke, Artur-Axel / Bullinger, Winfried (Hrsg.) Praxiskommentar zum Urheberrecht, 4. Aufl., München 2014.

Wandtke, Artur-Axel / Ohst, Claudia Zur Reform des deutschen Geschmacksmustergesetzes, GRUR Int. 2005, S. 91 – 102.

Wang, Markus Schweizerisches Immaterialgüter- und Wettbewerbsrecht, Band VI, Designrecht, Basel 2007.

Wendel, Mattias Neue Akzente im europäischen Grundrechtsverbund. Die fachgerichtliche Vorlage an den EuGH als Prozessvoraussetzung der konkreten Normenkontrolle, EuZW 2012, S. 213 – 218.

Wichard, Johannes Christian Europäisches Markenrecht zwischen Territorialität und Binnenmarkt, ZEuP 2002, S. 23 – 57.

Würdinger, Markus Die Analogiefähigkeit von Normen. Eine methodologische Untersuchung über Ausnahmevorschriften und deklaratorische Normen, AcP 206 (2006), S. 946 – 979.

Zahn, Alexander Die Herausgabe des Verletzergewinnes, Köln u. a. 2005.

Zech, Susanne Der Schutz von Werken der angewandten Kunst im Urheberrecht Frankreichs und Deutschlands: rechtsvergleichende Untersuchung unter Berücksichtigung des europäischen Rechts, München 1999.

Zippelius, Reinhold Auslegung als Legitimationsproblem, in: Canaris, Claus-Wilhelm / Dederichsen, Uwe (Hrsg.), Festschrift für Karl Larenz zum 80. Geburtstag am 23. April 1983, München 1983, S. 739 – 749.

Zwanzger, Sibylle Das Gemeinschaftsgeschmacksmuster zwischen Gemeinschaftsrecht und nationalem Recht, Tübingen 2010.

Weitere Bände dieser Reihe

V&R Academic
Verlagsgruppe Vandenhoeck & Ruprecht | V&R unipress

www.v-r.de